股票投资

如何穿越牛熊市

余来文 温著彬 边俊杰◎编著

经济管理出版社
ECONOMY & MANAGEMENT PUBLISHING HOUSE

图书在版编目（CIP）数据

股票投资：如何穿越牛熊市/余来文，温著彬，边俊杰编著.—北京：经济管理出版社，2016.7
ISBN 978-7-5096-4441-6

Ⅰ.①股… Ⅱ.①余… ②温… ③边… Ⅲ.①股票投资 Ⅳ.①F830.91

中国版本图书馆 CIP 数据核字（2016）第 123892 号

组稿编辑：申桂萍
责任编辑：刘　宏
责任印制：黄章平
责任校对：超　凡　王纪慧

出版发行：经济管理出版社
　　　　　（北京市海淀区北蜂窝 8 号中雅大厦 11 层　　100038）
网　　　址：www. E-mp. com. cn
电　　话：（010）51915602
印　　刷：北京晨旭印刷厂
经　　销：新华书店
开　　本：720mm×1000mm/16
印　　张：15
字　　数：262 千字
版　　次：2016 年 8 月第 1 版　　2016 年 8 月第 1 次印刷
书　　号：ISBN 978-7-5096-4441-6
定　　价：49.00 元

前言
Preface

一入股市深似海，从此工资是路人；世界上，最幸福的事就是终于熬到了收盘；可谓是覆巢之卜，安有完卵；暴跌之下，还有段子手！这 条条网络段子，让人相信，股灾中，能够穿越牛熊的不是股票而是段子。

大家一定还记得2015年下半年的暴跌事件，记得2016年开年的熔断事件。大盘指数一路狂泻，愣是在股民不舍与无奈的表情中跌到一个又一个新低点。这两轮的暴跌几乎让所有的股民损失惨重，资产严重缩水，股民们可谓是欲哭无泪。

然而，虽然股市的暴跌冷了众多股民朋友的心，但是对股市充满渴望的股民人数依然如故，大部分人依然对股市充满期待。股市仍然奇迹般地制造了一个又一个暴富神话。或许正是看中了这种"创富"神话，虽然有风险，但是总有一些人勇敢地踏进去，结果却悲催地走出来。

贫富差距再大，在股市中却都能找到自己的一席之地。在索罗斯眼中，股市就是一个人性博弈、你死我亡的血腥之地，强者才能从战争的硝烟中活下来，从废墟里爬出来，重建，繁荣，昌盛，犹如他自己与命运搏斗的一生。在巴菲特眼里，股市是一个讲究价值观和信念的地方，选择与优秀的管理者为伍，给予毕生的信赖，与所有的股民跳着华尔兹，共同致富。在不少散户的眼里，股市就是追涨杀跌，与主力周旋，与恶庄搏斗。在A股"韭菜"的眼里，股市就是"钱多，人傻，速来"。在一众唱多者的心中，A股就是个政策市，国家要股市疯狂，任何喊停者都必须无情地碾压。在经济学家心中，A股就是个怪胎，学识越高赚得越少，最后大骂一声"赌场不如"，划清自己与之的界线。

也许这就是股市的魅力所在，"一千个股民心中有一千个哈姆雷特"。股市里有投资的，投机的，捂长线的，炒短线、做实业的，玩概念的，等等，哪怕同一

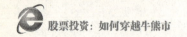

只股票，看客众，观点却是大相径庭。

股市还有一个魅力就是惊险刺激！当大盘跳水特别是你的那只股票跳水时，能给你失落和魂不守舍的感觉；当你的股票大涨甚至接近涨停时，你就会有一种幸福和充实的感觉；当你刚买了一只新股，眼看着绿色的数字一点点变成红色，并节节攀升时，让你对未来充满遐想和无限的期待。总之，是一种心跳的感觉，既有小时候滑滑梯的感觉，又有蹦极、跳伞的感觉。

对于很多股民来说，可以说他们的人生就是"股生"，或者说"股生"就是人生。几个小时不看 K 线都难受，好像少点什么。

然而，还记得我们来到股市是为了什么吗？是为了寻找自己心中的那个"哈姆雷特"？还是为了寻找人生的刺激？还是为了跑赢指数？还是为了写一大堆又臭又长的分析文章？抑或是仅仅为了获得价值投资者的虚名？我想这些稀奇古怪的目标都不是我们来到股市的初衷，它们也许只是我们在股市中摸爬滚打的副产品，我相信每个人来股市都是为了挣钱的，这也是最终目的。

换言之，每个投资者都希望自己能够稳定盈利，穿越牛熊市。

那么如何才能穿越牛熊呢？是依靠挖掘黑马股、大牛股和"10 倍股"吗？刚才说很多人的人生就是股生，也是有一点道理的。其实，炒股的背后就是人性。有的人贪婪、有的人疯狂，有的人谨慎、有的人激进，有的人坚守、有的人坦然，股票的背后就是人性的选择。选股固然重要，但是很多人却在不知不觉中忽视了最初的信仰。

能够穿越牛熊的不仅是股票，更重要的是股票背后的人。

什么样的股票才是好股票？什么样的人才能穿越牛熊市？对此，我们也不能给出一个准确的答案，也许本来就没有准确的答案。然而，在我们做投资的这些年里，对股票投资也有些自己的小小心得。往往在挑选股票的时候会从两方面看：一个是行业空间，必定是未来的朝阳行业，与时代共舞；二是商业模式。前者决定了企业的成长空间，后者决定了行业内的竞争力和市场地位。同时，关注 PE 水平、现实成长性、故事性、管理能力等。综合以上因素，我们这些年在股市中也有小小收获。然而，最重要的就是必须用闲钱投资，这是守住本心的重要前提。

在很多时候人非要自己去碰个头破血流才知道好歹。就算"吃一堑长一智"了，还要面对股市中不断更新的暗礁和地雷。不过即使如此，我们依然认为聪明的投资者可以在这个残酷的市场中获得收益。

目录
Contents

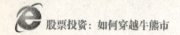

第一章

股票投资就是投未来

股票是股份证书的简称，是股份公司为筹集资金而发行给股东作为持股凭证并借以取得股息和红利的一种有价证券，每股股票都代表股东对企业拥有一个基本单位的所有权。

世界财富中，大约有 20% 左右以股票的形式存在。股市以其神奇的魅力，吸引了全球数以亿计的投资者。上至皇亲国戚，下至贩夫走卒，参与其间，乐此不疲。

一、我们生活的时代

我们生活在一个高速发展、急剧变革的时代。有人说，我们的时代，正从原来的"N 对一"时代、"一对 N"时代演变成现在的"N 对 N"时代，也就是分享经济时代。我们不仅从各种变革中获得便利，而且从经济生活中获得分享。

(一)"互联网+"

2015 年 3 月 5 日，李克强总理在十二届全国人大三次会议上的政府工作报告中提出制定"互联网+"计划，强调"推动移动互联网、云计算、大数据、物联网等与现代制造业结合，促进电子商务、工业互联网和互联网金融健康发展，引导互联网企业拓展国际市场"。自此，"互联网+"作为一项国家战略，为未来

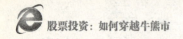

国家各领域的发展指明了方向。

"互联网+"代表着一种新的经济形态，它指的是依托互联网信息技术实现互联网与传统产业的联合，以优化生产要素、更新业务体系、重构商业模式等途径来完成经济转型和升级。

"互联网+"计划的目的在于充分发挥互联网的优势，将互联网与传统产业深入融合，以产业升级提升经济生产力，最后实现社会财富的增加。"互联网+"概念的中心词是互联网，它是"互联网+"计划的出发点。"互联网+"计划具体可分为两个层次的内容来表述。一方面，可以将"互联网+"概念中的文字"互联网"与符号"+"分开理解。符号"+"意为加号，即代表着添加与联合。这表明了"互联网+"计划的应用范围为互联网与其他传统产业，它是针对不同产业间发展的一项新计划，应用手段则是通过互联网与传统产业进行联合和深入融合的方式进行。另一方面，"互联网+"作为一个整体概念，其深层意义是通过传统产业的互联网化完成产业升级。互联网通过将开放、平等、互动等网络特性在传统产业的运用，通过大数据的分析与整合，试图理清供求关系，通过改造传统产业的生产方式、产业结构等内容，来促进经济健康有序发展。

（二）大众创业、万众创新

大众创业，是增加和扩大就业的重要途径；万众创新，是实现经济转型升级的重要途径。

李克强总理在十二届全国人大三次会议的发言中指出了 2015 年的工作总体部署，培育和催生经济社会发展新动力，推动大众创业、万众创新。这既可以扩大就业、增加居民收入，又有利于促进社会纵向流动和公平正义。我国有 13 亿多人口、9 亿多劳动力资源，人民勤劳而智慧，蕴藏着无穷的创造力，千千万万个市场细胞活跃起来，必将汇聚成发展的巨大动能，一定能够顶住经济下行压力，让中国经济始终充满勃勃生机。政府要勇于自我革命，给市场和社会留足空间，为公平竞争搭好舞台。

个人和企业要勇于创业创新，全社会要厚植创业创新文化，让人们在创造财富的过程中，更好地实现精神追求和自身价值。促进推进民生改革和社会建设，着力促进创业就业。坚持就业优先，以创业带动就业。要加强就业指导和创业教育，落实高校毕业生就业促进计划，鼓励到基层就业；实施好大学生创业引领计划，支持到新兴产业创业。做好结构调整、过剩产能化解中失业人员的再就业工作。统筹农村转移劳动力、城镇困难人员、退役军人就业，实施农民工职业技能提升计划，落实和完善失业保险支持企业稳定就业岗位政策。

未来政府期望将"大众创业、万众创新"作为经济体的新增长动力引擎，激活市场正能量，释放改革新红利。

（三）股票投资时代

随着改革开放的深入，中国经济飞速发展，人们的收入以及储蓄不断增加，投资理财意识也随之增强，越来越多的人们投资股票，可以毫不夸张地说现在是股票投资时代。

二、当前经济情况

当前，我国经济正处于增长动力转换的关键时期，经济发展进入新常态后尽管增速有所回落，但在近年来主动调结构、转方式的努力下，产业结构、需求结构、收入分配结构、节能降耗等方面都有积极变化，国民经济运行的质量和效益出现稳步增长及改善。

（一）新常态，2015 年的增长速度是 6.5%~7%

2011 年前后，我国从过去的两位数高速经济增长，下行到 7%~8% 的速度。我们开始认识到，经济增长放缓的主要原因是一种结构性减速，即中国经济的基本面发生了历史性的实质变化，已经不以人的意志为转移地进入了一个"新时代"或经济发展的新阶段。在这个新阶段中，将发生一系列全局性、长期性的新现象、新变化。经济发展将走上新轨道，依赖新动力，政府、企业、居民都必须有新观念和新作为。这一切可以被简要概括为经济发展的"新常态"。

中共十八大以来，以习近平为总书记的新一届中央领导集体，带领全党全国各族人民积极应对前进道路上的困难和挑战，坚定不移深化改革开放，大力推进国家治理体系和治理能力现代化建设，凝聚起实现中华民族伟大复兴中国梦的强大力量，开启了中国改革开放和现代化建设的新征程。

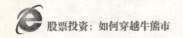

在 2014 年亚太经合组织工商领导人峰会上，国家主席习近平出席开幕式并发表题为《谋求持久发展　共筑亚太梦想》的主旨演讲，首次详细阐述中国经济"新常态"。

中国经济发展的"新常态"代表着一个相对意义上的时空状态和发展特征。"新"是指它在中国经济发展历程中刚刚出现，与过去的发展特征有所差异。"常态"是指它会在中国经济发展新阶段形成相对的稳态，不同于经济周期中的阶段性状态或经济波动中的临时性状态。中国经济发展"新常态"所代表的经济发展状态，在欧、美、日、韩的经济发展过程中都曾先后出现。

（二）增长动力切换，消费成为中国经济的引擎

近年来受多种因素的叠加效应影响，消费对经济增长的贡献率逐步提高。2014 年，最终消费对 GDP 增长的贡献率达到 51.2%，比资本形成总额贡献率高 2.6 个百分点。2015 年上半年最终消费支出拉动 GDP 增长 4.2 个百分点，贡献率达到 60%，比上年同期提高 5.7 个百分点，比上年提高 8.8 个百分点。消费已成为拉动经济增长的主引擎，消费驱动型经济模式初步显现。2015 年上半年消费品零售总额统计数据如表 1-1 所示。

表 1-1　2015 年上半年消费品零售总额统计数据

指　标	6 月		1~6 月	
	绝对量（亿元）	同比增长（%）	绝对量（亿元）	同比增长（%）
社会消费品零售总额	24280	10.6	141577	10.4
其中：限额以上单位消费品零售额	12009	7.8	66256	7.4
实物商品网上零售额	—		13759	38.6
按经营地分				
城镇	20886	10.4	121850	10.2
乡村	3394	11.8	19727	11.6
按消费类型分				
餐饮收入	2616	11.6	14996	11.5
商品零售	21664	10.5	126581	10.3
其中：限额以上单位商品零售额	11308	7.9	62306	7.4
粮油、食品类	1120	14.7	6241	12.6
饮料类	172	16.9	903	13.8
烟酒类	308	12.1	1857	10.9
服装鞋帽、针纺织品	1068	9.4	6375	10.7

续表

指　标	6月		1~6月	
	绝对量（亿元）	同比增长（%）	绝对量（亿元）	同比增长（%）
化妆品	168	8.1	980	9.2
金银珠宝	246	1.0	1547	5.2
日用品	407	8.9	2269	12.7
家用电器和音像器材	750	10.2	3820	10.7
中西药品	676	16.0	3680	14.5
文化办公用品	269	21.4	1310	14.3
家具	218	18.5	1078	16.5
通信器材	312	34.4	1580	37.0
石油及其制品	1640	−4.6	8893	−6.5
汽车	2960	4.8	16745	4.6
建筑及装潢材料	268	18.0	1280	17.4

资料来源：国家统计局。

从消费现状看，居民消费正在形成新的消费格局，主要表现为互联网和物联网技术的快速发展，极大地改变了人们的消费模式和行为，模仿型排浪式消费阶段基本结束，个性化、多样化消费逐渐成为主流。

（三）基础投资

1. 中国中西部建设

中西部地区除能源矿产资源丰富、国土面积广阔、低素质的劳动力更加富裕外，其他方面如经济发展水平、文化教育科技水平、劳动力素质、资金拥有量、技术创新能力、市场经济发育程度等，都远远落后于东部地区。地域经济分工的状况是：东部地区主要是生产和输出精加工、深加工和附加价值大的制成品，而中西部地区主要是生产和输出自然资源及其初级加工品。

就中西部建设来说，首先应该考虑的就是如何进一步转变观念、转换思路的问题。只有把思路的转变贯穿到具体的经济发展可选择战略中，才能形成中西部地区经济建设的基本内容。

2. 城市地铁

随着城市化进程的加快、汽车的普及，由于道路资源的低效率分配利用以及市区道路的结构性缺陷等原因，使得城市交通问题日益突出。

据有关部门统计，全国因城市交通堵塞造成的经济损失每年高达上千亿元。目前，大城市的交通堵塞问题，已经严重影响了大城市的经济和社会发展。交通是实现人和物的空间移动的手段，轨道交通是已被实践证明具有运量大、速度快、节约用地、保护环境等优势的现代交通工具，在实现人的空间移动方面，这是最有效的手段之一（见表1-2）。同时，轨道交通建设作为功能性的城市建设，还在客观上产生了巨大的投资，从而进一步带动城市经济发展。

表1-2　各种交通方式单位运输量占地/能耗/排放废气测定值比较

交通方式	自行车	步行	摩托车	小汽车	公共汽车	地铁	市郊铁路
每单位乘客占用面积（m²·人⁻¹）	2.0	0	2.5	26.7	1.6~0.9	<0.1	—
能耗	63.84	328.86	1495.00	2795.10	714.00	322.4	326.6
以自行车能耗为1的各方式能耗比	1.0	5.2	23.4	43.8	11.2	5.05	5.11
以公共汽车为1的废气总排放量比	0	0	27.5	19.0	1.0	0.7	—

资料来源：国家能源局。

3. 高铁

铁路发展关系国计民生，是国家重要基础设施和大众化运输工具。我国目前处于经济总量和发展规模快速扩张、城市化水平迅速提高的后工业化发展阶段，面对960多万平方公里的辽阔疆域、拥有13亿多人口的基本国情，曾被誉为"国民经济先行官"的铁路产业发展，其重要性显得更为突出。铁路运输能力严重不足的现状，已经对国民经济发展和人民生活水平提高形成了严重掣肘。积极支持高铁产业发展，快速提高铁路运输能力迫在眉睫。

我国政府对高铁发展始终给予积极支持，2004年1月，国务院审议通过了《中长期铁路网规划》。2007年国务院批复的《综合交通网中长期发展规划》，确定到2020年铁路网总规模达到12万公里以上。

（四）货币政策依然保持稳健和弹性

进入21世纪后，全球经济开始趋于低迷、萧条，许多西方国家面临通货膨胀的压力，而中国经济却持续高速增长，这是党中央国务院实行稳健货币政策的必然结果。中国经济增长扩大了对外开放市场，对外资来讲是一种难得的商机。

但令人遗憾的是，一些发达国家却认为这是对它们的威胁，于是提出了所谓的"中国威胁论"、"中国输出通缩论"、"人民币升值论"等论调，对中国进行大肆攻击和诋毁，企图通过国际压力来干扰中国经济的发展。国内也有一些人遥相呼应，提出种种货币政策主张，试图以西方货币主义理论为指导，改革中国现行货币政策，走金融自由化道路。我们认为，中国推行的稳健货币政策，对促进经济发展是有效的，应当充分肯定。中共中央在《关于完善社会主义市场经济体制若干问题的决定》（以下简称《决定》）中指出："货币政策要在保持币值稳定和总量平衡方面发挥重要作用，健全货币政策的传导机制。"因此，随着中国经济情况的变化和发展，我们应当按照《决定》精神，在现行稳健政策的基础上，实行适度弹性的货币政策。这对进一步促进中国市场发展和社会稳定，具有重要的现实意义。

（五）积极财政政策体现为支出结构的调整

中央经济工作会议提出，要进一步调整财政支出结构，厉行节约，提高资金使用效率。这意味着财政支出要量力而行，重点是把有限的资金用在最需要的地方，并花出实效。2015年中央在投资结构上将集中力量办大事，重点支持全局性、基础性、战略性的重大项目，主要投向棚户区改造和保障性住房配套基础设施、高标准农田和农村民生建设、水利等。同时，保障和改善民生，将是财政支出优先考虑的。对社会薄弱环节和重点领域加大投入，比如教育、医疗卫生、社会保障和就业、保障性安居工程等与人民群众生活直接相关的领域，以让发展成果更多更公平惠及广大人民群众。另外，"营改增"仍是深化财税体制改革的"重头戏"，将扩大"营改增"试点行业，让越来越多的企业享受到结构性减税的好处，并力推相关产业发展。在此基础上，继续完善结构性减税政策，实施有增有减的税收调整。比如，部分高耗能、高污染的产品将纳入到消费税征收范围；完善促进企业创新的税收政策，符合产业政策发展方向的企业将享受到越来越多的税收支持。

（六）改革是新一轮增长的制度红利：国企兼并、重组、混合制

在转型的蜕变中寻求新的生机的2015年，制造业在结构调整的状态下继续出清过剩产能，工业生产总值的增幅将继续维持下行趋势，GDP等经济总量指标的增速也会相应放缓，而推动我国大发展的主要原因是——改革。

证监会、财政部、国资委、银监会四部委联合发文《关于鼓励上市公司兼并重组、现金分红及回购股份的通知》（以下简称《通知》），针对上市公司兼并重组、现金分红、回购股份三个方面出台新规。《通知》对正在进行的国企改革方面也释放出积极信号。《通知》中的兼并重组、现金分红、股份回购等政策有助于推动国资国企改革进展，加速国资国企改革步伐。鼓励依托资本市场加强资源整合，《通知》指出，将鼓励国有控股上市公司依托资本市场加强资源整合，调整优化产业布局结构，提高发展质量和效益；有条件的国有股东及其控股上市公司要通过注资等方式，提高可持续发展能力；支持符合条件的国有控股上市公司通过内部业务整合，提升企业整体价值。推动银行以并购贷款、综合授信等方式支持并购重组，并通过多种方式为跨国并购提供金融支持。

（七）金融改革

从 2002 年下半年左右走出亚洲金融风暴影响开始，中国金融改革和发展进入了一个新的阶段。这个阶段金融改革和发展的主要内容可归纳为健康化、规范化和专业化。

金融改革的目标包括货币政策的调控手段由直接调控手段为主向间接调控手段为主转变，促进市场化的金融交易，以及商业银行成为法人治理结构完善、富有竞争力的金融组织机构。这三个目标的实现离不开利率市场化。利率市场化是将利率的决策权真正交给金融机构，由金融机构在对市场和资金的状况判断的基础上来自主确定利率水平，最终形成以央行基准利率为基础，货币市场利率作为中介，由市场供应和需求来决定金融机构存款利率和贷款利率的市场利率体系和利率形成机制。

一直以来，汇率和利率是金融市场中两个最重要的经济调节杠杆，汇率和利率的市场化改革是我国金融改革的核心内容之一。汇率市场化的本质在于完善人民币汇率形成机制，增加人民币汇率弹性，使之更加真实地反映外汇市场的供求状况。而利率市场化则要求微观市场主体自主决定利率水平，降低政府管制程度，其内容主要包括利率决定、利率传导、利率结构和利率管理等方面的市场化。

货币自由兑换是世界市场经济的客观要求，一国实行对外经济开放必须实行对外货币开放，同时，一国货币自由兑换又是以一定高度的市场经济为基础，以国内经济相对自由为前提的。国内经济自由程度越高，市场经济越发达，作为连接世界市场与国内市场桥梁的货币自由兑换才具有更为可靠的和扎实的基础，国家保证的民间通货兑换权才更有保障，其范围才更广阔，才更具有普遍性和平等性。实现人民币资本项目自由兑换标志着中国进一步开放市场，将促使外资企业进入外贸商业和其他服务领域等重要的产业，从而加强我国与国际社会的政治、经济和文化上的联系，加快与国际经济接轨的步伐。

非银行金融机构与银行的区别在于信用业务形式不同，其业务活动范围的划分取决于国家金融法规的规定。非银行金融机构在社会资金流动过程中所发挥的作用是：从最终借款人那里买进初级证券，并为最终贷款人持有资产而发行间接债券。通过非银行金融机构的这种中介活动，可以降低投资的单位成本；可以通过多样化降低投资风险，调整期限结构以最大限度地缩小流动性危机的可能性；可以正常地预测偿付要求的情况，即使流动性比较小的资产结构也可以应付自如。中国非银行金融机构的形式主要有信托投资公司、租赁公司和保险公司等。在金融改革的背景下，对非银行金融的限制也有所放开。

（八）资本市场改革

1. 沪港通、深港通

经过三十余年的改革和开放，我国资本市场的发展正面临一个重要的发展机遇，也面临着经济全球化等外部环境变化带来的一系列挑战。只有从全面建设小康社会和国民经济发展的全局来考虑和谋划资本市场的发展定位，在全球化背景下审视和推进资本市场的改革发展，统筹兼顾、内外结合，才能不断地推动我国资本市场实现更高水平的发展。因此沪港通、深港通、台陆通应运而生。

为促进内地与香港资本市场共同发展，中国证监会、中国香港证券及期货事务监察委员会决定原则批准上海证券交易所、中国香港联合交易所有限公司、中国证券登记结算有限责任公司、中国香港中央结算有限公司开展沪港股票市场交易互联互通机制试点（简称沪港通）。作为内地与香港股市进一步互联互通的举措，深港通在巩固内地与香港国际金融中心建设方面势必承担重要角色。在延续沪港通提升两地股市交投的同时，深港通也将促进两地资本市场的发展与融合。这是一种机制创新，有利于激发市场活力，改变投资人理念，也有利于内地股市和香港市场及台湾市场双向开放新格局，推动境内市场更加开放。此外，也有利于全球市场互补，让海外投资者更大限度地参与境内市场。同时也能够将海外证

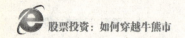

券交易制度的许多优点引进 A 股。

2. 上市从审核制变成注册制

证监会的发行审核制度从最早的额度制转变为审批制，再由审批制转变为核准制，今后在发行机制上的重大突破将由核准制向注册制转变。一旦实行注册制，交易所能否独立完成对 IPO 公司的实质性审核，这是一个必须正视的问题。同时，基于对上市资源的争夺，沪深交易所能否对 IPO 公司严格审核也是一个问题。

注册制首先考验的是证监会的监管能力。实行注册制不仅意味着证监会对 IPO 审核权力的下放，并且是证监会职能的改变，使证监会从 IPO 的审核者变成 IPO 的监管者，而这种职能的改变，尤其考验证监会的监管能力，特别是事后监管能力。在实行 IPO 注册制的情况下，事后监管尤其重要，即在 IPO 公司出现问题的情况下，证监会必须对相关的问题及责任人做出及时的、严厉的监管与处罚。

（九）地方债的处理

在我国，地方债是相对于中央政府发行的债券来说的，是由我国的地方政府及其部门、事业单位等作为借贷举债的主体形成的债务，主要用来满足地方公共事业发展的资金需要。

改革开放以来，我国经济以平均两位数的速度增长，经济发展取得了辉煌的成就。拉动我国经济多年来高速增长的动力主要是投资、贸易、消费这"三驾马车"，其中，投资是我国经济增长的重要动力。地方政府举债是弥补建设资金不足的重要举措，很多地方投资是地方政府通过借贷的方式实现的，地方债在我国经济发展中起到过非常重要的作用，成为经济增长的重要动力源。但与此同时，日益增多的地方债成为地方政府的沉重负担。

长期以来，尽管地方债在我国早已存在，但是，我国法律是不允许地方政府发行债券的。地方政府为了履行职能，在财政收入不足的情况下采取各种方式举债，这就造成了我国地方债"合理不合法"的尴尬境地。随着世界金融危机的蔓延和影响的日渐加深，我国在内需不旺的背景下采取的扩大内需的关键行动，都是为了刺激消费，扩大内需，推动经济发展。这直接导致了我国地方债增速过快。目前，我国地方债存在着规模庞大、增速过快、有些地方的地方债失控等一系列问题。在此背景下，本书认为要解决地方债问题，要从以下几个方面入手：

通过资本市场提高国有企业价值，让民企、外企参与；财政再补充养老金，用养老金购买地方债。

三、中国经济新空间：开放、改革、创新、发展

当前，国际经济进入深度调整阶段、我国经济进入新常态的时期，如何进一步拓展创新的新空间？自改革开放以来，改革、开放、创新、发展是我国经济永恒的话题，要想在我国目前的经济形势中取得更进一步的成就，改革、创新是必不可少的一环。

（一）新常态，未来经济增长在 6.5%~7%

2015 年，"新常态"成为中国经济领域的热词。"新常态"，就是中国经济发展的新阶段。如何理解、把握和适应新常态，对于中国经济可持续发展、对于世界了解中国至关重要。

新常态下，可以预测未来经济增长在 6.5%~7%。

（二）供给侧改革

供给侧改革就是从供给、生产端入手，通过解放生产力，提升竞争力促进经济发展。具体而言，就是要求清理僵尸企业，淘汰落后产能，将发展方向锁定新兴领域、创新领域，创造新的经济增长点。

在 2015 年 11 月初召开的中央财经领导小组第十一次会议上，习近平总书记指出，要在适度扩大总需求的同时，着力加强"供给侧结构性改革"，着力提高供给体系质量和效率，增强经济持续增长动力，推动我国社会生产力水平实现整体跃升。在"十三五"开局之际，高层首次提出"供给侧结构性改革"，可以说是对中国经济发展做出新的战术安排，显示高层经济判断和治理思路出现调整。

"供需错位"已成为中国经济持续增长的最大障碍。住房、教育、医疗甚至打车等问题无不显示出有效需求的不足。一方面，传统的中低端消费品供给严重过剩，如衣服鞋帽玩具等传统消费价格持续下滑；另一方面，高品质消费品供给不足，中国居民在海外大量扫货（见图 1-1）。

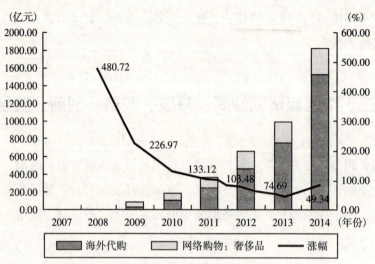

图1-1　近五年来海外代购及奢侈品网购需求突飞猛进

资料来源：根据网络资料整理而得。

目前中国经济客观需要供给升级，同时结构性分化过程正趋于明显。相应地，过去侧重总需求管理的宏观调控手段的可用空间已经显著收窄。一般周期性的宏观经济政策主要是在潜在增长率到一定的时候通过刺激需求端以实现经济的平稳增长、摊平经济周期。但是，从长期看，经济增长取决于长期潜在增长率，也就是资本、劳动力和技术进步。所以要实现长期可持续增长，仅靠需求侧的政策是不够的。必须通过改革、经济结构调整和科技进步来提高潜在增长率，也就是改善供给侧，而供给侧改革应该从新技术和新产品、新模式、新组织、新业态四个方面着手。

（三）国企改革

国企改革，是指国企产权改革，即将国有全资和控股企业改造为非公有资本控股的混合所有制企业，这样的混合所有制企业的经营机制与非国企相当，这种定义的国企改革也符合中共十八届三中全会所确定的方向。本书认为国企改革影响经济增速的主要机制有以下三点：

1. 国企改革与资本、劳动生产率的关系

由于多数行业国企的资本生产率低于非国企，国企改革后相同资本可以生产更多的产出，这将直接促进经济增长，因此，资本生产率的提高是国企改革提振经济增速的第一个机制。

2. 国企改革与资本的动态配置效率

由于国企资本生产率较低，在一个效率最大化的经济中，应该将新增投资更多配置于效率更高的非国企。国企改革可以改善这种由国企过度投资而造成的资本扭曲现象，提高动态资本配置的效率，从而有效促进经济增长。因此，资本动态配置效率的提高是国企改革提振经济增速的第二个机制。

3. 国企改革与全要素生产率（TFP）增长

主要受经济学研究基本范式的影响，以前的经验研究多数从 TFP 的角度来考察国企是否会拖累经济增速，TFP 增速的直接提升应该可以作为国企改革提振经济增速的第三个机制，其他研究中也多将其作为主要机制（见表 1-3）。

表 1-3 国企改革对工业部门全要素生产率的影响

单位：%

		2016 年	2017 年	2018 年	2019 年	2020 年	2021 年	2022 年	2023 年	2024 年
每年 5% 的国企改革	国企	0.05	0.05	0.05	0.04	0.04	0.04	0.04		0.03
	非国企	0.25	0.24	0.23	0.22	0.21	0.20	0.20	0.19	0.18
每年 10% 的国企改革	国企	0.10	0.09	0.08	0.07	0.06	0.06	0.05	0.05	0.04
	非国企	0.48	0.44	0.41	0.39	0.36	0.34	0.32	0.30	0.29
每年 20% 的国企改革	国企	0.20	0.16	0.13	0.10	0.08	0.06	0.05	0.04	0.03
	非国企	0.88	0.75	0.66	0.59	0.52	0.47	0.42	0.38	0.34

资料来源：根据国家发改委、国家统计局数据整理。

（四）军民融合和军改

"军民融合"主要指发展军民两用技术，实现军民两用技术的商业化和产业化；加强军民双向技术转移；在国防采办全过程推进军民一体化；在部门管理层次上推进军民一体化；在产业链分工层次上推进军民一体化等。其强调的核心理念是，要避免形成军用、民用两个分离的工业基础和科技基础，并且通过管理体制和运行机制的调整，最大程度地促进军用和民用工业基础的一体化，促进科学和技术基础的一体化；同时，尽可能利用经济全球化和科学技术全球化提供的机遇，获取我国现代化建设所需的科学技术知识、工业制造技术。

构建军民融合的创新体系，是当前世界新科技革命不断发展对我国现代化建设提出的紧迫要求，是提高国家科技竞争力的紧迫要求，也是国家利益和国家目标的集中体现。这实质上也是对贯彻"军民结合、寓军于民"方针提出了更现

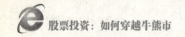

实、更高的要求。

当代综合国力的竞争实质上是科学技术的竞争，是创造、应用和转化科学技术成果效率的竞争。国家竞争力不仅取决于现有的科技生产能力，而且取决于面对挑战自我调整组织和运行机制的能力，取决于解决社会经济发展问题的能力。国家的长治久安，国家提高竞争力和创新绩效的要求，再也不能容许军工垄断和封闭倾向继续发展。这一问题，应当在十年之内，最迟在 2020 年之前，有一个根本性的解决。

（五）"一带一路"、丝绸之路：金砖银行、亚投行、丝路基金

金砖银行、亚洲基础设施投资银行（AIIB，简称亚投行）和丝路基金共享的一个关键词是"跨境基础设施投资"。三个新机构都将集中向"一带一路"沿线国家以及其他面临基础设施瓶颈的发展中国家进行投资，促进和帮助这些国家发展交通、运输、通信、电力等基础设施，将中国和它们连接起来，实现互联互通，推动地区经济一体化。与此同时，这些投资也将促进中国与"一带一路"国家在金融机构和安排上的制度协作。

在金砖银行、亚投行和丝路基金成立之前，中国进出口银行、国家开发银行以及它们成立的基金，是执行中国对外经济贸易政策和实施发展援助最为重要的金融机构。中国进出口银行和国家开发银行虽然都是外向型金融机构，但它们又是独属中国的政策性银行，广泛开展国内外业务，而跨境基础设施建设投资仅是其业务和贷款的很小部分。

金砖银行、亚投行和丝路基金都将是多边国际金融机构。除了重点投资在基础设施领域，它们在机制和运营上都和现有国际金融开发机构类似，贷款也将更多流向中国之外的发展中国家。

亚投行是一个区域性多边发展援助机构，将成为包括亚洲开发银行、非洲开发银行、泛美开发银行、加勒比开发银行等众多区域性开发银行网络中的一员，其架构和运营方式也将与现有的地区开发银行相似。除亚投行，现有的地区开发银行也对成员国的基础设施建设进行优惠贷款，但无一将基础设施建设作为其专长领域。

除了投资领域的专门化，金砖银行和亚投行在机构设置和运营方式上都将和现有多边开发银行类似。它们的工作人员为国际雇员，理事会将是银行的最高权

力机构，而执行董事会是银行的最高决策机构，各成员国指派一名董事，一般为本国财长。银行的日常决策被授权给执行主任委员会。惯例上，多边开发银行成员国的投票权由各国认缴资本份额决定，但也有一些地区开发银行做出规定，地区成员国要保证持有过半的投票权，如非洲开发银行和亚投行。

（六）京津冀一体化、长江经济带、长江中游经济带

1. 京津冀一体化

近年来京津两地土地供应紧张，交通拥堵严重，大城市病加剧；而环绕京津的河北省，重化工业密集，经济转型升级诉求强烈。京津冀共同面临产业结构大调整需求，环境治理也显得尤为急迫，京津冀协同发展势在必行（见图1-2）。

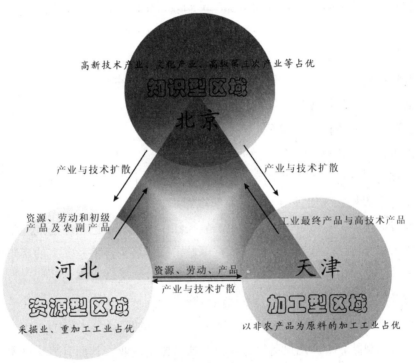

高新技术产业、文化产业、高级第三次产业等占优

知识型区域

北京

产业与技术扩散　　产业与技术扩散

资源、劳动和初级产品及农副产品　　工业最终产品与高技术产品

河北　　资源、劳动、产品　　天津

资源型区域　　产业与技术扩散　　加工型区域

采掘业、重加工工业占优　　以非农产品为原料的加工工业占优

图 1-2　京津冀一体化布局

2. 长江经济带

长江素有"黄金水道"之称，其流经地区城市集中、经济发达、资源丰富、人口众多，由此形成的长江经济带是我国国土开发和经济布局"T"字形空间结构战略中一条重要的一级发展轴，与沿海经济带构成了我国经济发展的黄金走

廊。"长江经济带"最早由中国生产力经济学会在 1984~1985 年提出，当时所用的概念是"长江产业密集带"，是指以长江流域若干特大城市为中心，通过其辐射和吸引作用，带动各自周边地区大中小型城市和农村的发展，从而形成一个较大范围的经济区。中共十四大提出，要以上海浦东开发为契机，进一步开放长江沿岸城市，把上海打造成长江流域的经济增长极，带动长江流域地区实现跨越式发展。中共十四届五中全会进一步明确，要"建设以上海为龙头的长江三角洲及沿江地区经济带"。进入 21 世纪后，长江沿岸各地区依托长江水道的优势纷纷提出各自的经济发展战略，如长江下游的长三角发展战略，中游的湖北"两圈一带"发展战略，上游的"成渝经济区"发展战略，在这些战略规划的引领和带动下，长江流域经济飞速发展。

目前，国家发改委正协同相关部门编制新一轮的长江经济带发展规划，提出要拓展我国经济发展空间，把长江经济带打造成为产业转型升级的新支撑带。如何加快转变经济发展方式，优化产业结构，促进产业升级，推进产业由沿海地区向内陆地区转移已成为长江经济带经济社会发展面临的重大课题。关于长江经济带的研究始于"长江经济带"概念的提出，但主要集中在经济发展战略、区域经济合作和经济一体化三个方面。

3. 长江中游经济带

根据《中华人民共和国国民经济和社会发展第十二个五年规划纲要》、《全国主体功能区规划》、《促进中部地区崛起规划》等对长江中游经济带的划分，基于经济发展的角度，安徽省被纳入其中。故长江中游经济带已从原先地理意义上的鄱阳湖生态经济区、武汉城市圈、长株潭城市群扩展为经济意义上的鄱阳湖生态经济区、武汉城市圈、长株潭城市群和皖江城市带等区域。

安徽省在采矿业领域应大力发展煤炭开采和洗选业，大力发展淮北矿业（集团）等龙头企业，在制造业上重点发展农副食品加工业，林木加工和木、竹、藤、棕、草制品业，通用设备制造业，电器机械制造业，其拥有美菱集团等一系列的大型知名企业作为支撑。湖北省应大力发展黑色金属矿采选业和非金属矿采选业，以发挥资源优势。其在制造业上，应着力发展食品制造业、酒及饮料和精制茶制造业、纺织业、化学原料和化学制品制造业。江西省应重点在采矿业领域大力发展有色金属矿采选业，突出对铜和稀土的开采、深加工，积极引进先进生产技术以提高产品附加值，尤其是稀土产业应进入深入提炼、开发环节，在提高附加值的同时也为区域乃至全国的芯片工业等高精密仪器工业的发展服务。湖南省在烟草制品业、专用设备制造业、铁路、船舶、航空航天和其他运输设备制造业占据比较优势，应大力发展以实现专业化（见表1-4）。

表1-4 长江中部经济带四省份采矿业部分产品区位商

省份	煤炭开采和洗选业	石油和天然气开采业	黑色金属矿采选业	有色金属矿采选业	非金属矿采选业
安徽	2.47	0.00	0.79	0.21	0.39
湖北	0.18	0.17	0.80	0.18	0.87
江西	0.69	0.00	0.65	1.30	0.48
湖南	0.76	0.00	0.13	0.52	0.22

资料来源：国家能源局。

（七）自贸区大发展：上海、广东、福建、天津自贸区

1. 上海自贸区

中国（上海）自由贸易实验区概念于2013年3月成形，在现有浦东新区圈出外高桥保税区（包括外高桥保税物流园区）、浦东机场综合保税区和洋山深水港区四个海关特殊监管区域推进制度改革，面积28.78平方公里。国务院2013年9月27日总体方案规定五项任务：经过2~3年改革的试验，加快政府职能转变；扩大投资领域开放；推进贸易发展方式转变；深化金融开放创新；完善法制领域制度保障；建设成为具有国际水准的投资贸易便利、货币兑换自由、监管高效便捷、法制环境规范的自由贸易试验区（见图1-3）。

图1-3 上海自贸区组成区域

资料来源：根据网络资料而得。

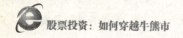

2. 广东自贸区

改革开放以来，广东省凭借着其地理优势和政策优势，经济发展在全国一路领跑，成为改革开放引领者。随着改革开放程度进一步加深，国内其他地区迅速追上甚至有赶超迹象，广东作为改革开放引领者的优势地位逐步弱化，第一个获批自贸区的上海就是重要例证。上海获批后，广东立即开始准备申报工作，期望能够在自贸区扩容中占据一席。

广东自贸区立足点就在于粤港澳深度融合（见表1-5）。实现货物贸易、服务贸易、与贸易有关的投资、与贸易有关的知识产权等全方位对接。在贸易、投资、金融等方面互联互通，形成合力，共同发展。人员、资金、信息等经济发展要素无障碍流通和共享，在经贸规则层面实现互认和互鉴。

表1-5 广东与其他三个自贸区的比较分析

指标	上海自贸区	广东自贸区	天津自贸区	福建自贸区
占地面积	28.78平方公里	116.2平方公里	119.9平方公里	118.04平方公里
区域位置	上海外高桥保税区，外高桥保税物流园，洋山港保税区，空港综合保税区	广州南沙新区，深圳前海蛇口新区，珠海横琴新区	天津港片区，天津机场片区，滨海新区	象屿保税区，象屿保税物流园，海沧保税区
经济腹地	长三角经济群	珠三角经济群	京津冀区域	海西经济区
定位	国际金融中心	粤港澳经济一体化示范区	京津冀区域合作发展	两岸经贸合作示范区
核心趋势	对外样本，金融基础良好，国内首例自贸区的先发优势	港澳合作优势，国内首个经济特区之一，改革开放的先行地	京津冀制造业体系	两岸经贸合作

3. 福建自贸区

作为大陆主要对台交流省份，福建在两岸区域经济格局中扮演着独特的角色。福建自贸区的落地，将为闽台产业融合和两岸经贸合作拓展更大政策空间。当前，福建自贸区发展势头良好，机遇与挑战并存。

福建自贸区定位于对台经贸合作、"海丝"新载体，采取"一区三片"模式，包括福州、厦门、平潭三个片区，总面积为118.04平方公里。按照"立足综改、借鉴上海、对接台湾、敢行敢试"的改革思路，福建自贸区边申报、边改革、边建设，在全面复制推广上海自贸区的试点经验和创新机制的基础上，出台"一线宽、二线管住、人货分离、分类管理"的对台优惠政策，实施保税展示交易"批次进出、集中申报"、"先进区、后报关"、区内自行运输、简化统一进出境备案清单、集中汇总纳税、简化无纸通关随附单证、内销选择性征税、智能化卡口验放等制度，在相关配套建设上取得了阶段性进展。

福建在两岸经贸关系中具有独特的地缘、人缘、商缘优势，设立福建自贸区，顺应了国家建设开放型经济新体制、"以开放促发展"的要求，符合两岸关系向好、经贸合作深入推进的大势。

4. 天津自贸区

成立天津自贸区是国家经济发展整体战略布局新的举措之一，是国家对天津经济发展的认可与期盼。天津滨海新区的发展充分证明了新区对我国东北部地区经济发展的促进作用。同时，天津自贸区的成立也有助于加快推进国家经济战略整体布局，天津自贸区与上海自贸区、广东自贸区和福建自贸区共同形成了面向全球的高标准自由贸易区网络，实现了中共十八届三中全会提出的"以周边为基础加快实施自由贸易区"战略。

自贸区开放服务业，应当充分利用天津地区服务业发展的巨大空间，天津加强服务行业建设应站在战略的高度对整个地区的产业结构进行优化，既注重引进技术含量高、带动作用强的项目来推动产业向高端化发展，又注重能够发展民生的服务行业。但天津自贸区服务贸易的开放是在天津地区整体服务行业并不发达的情况下展开的，相比于服务业发达地区仍有着一定的劣势，这就需要天津自贸区在建设中进行充分合理的设计，既要解决自贸区服务贸易开放上存在的很多需要单项批报的商业问题，又要切实以自贸区的服务业开放来辐射引导天津其他地区的服务业发展。

（八）PPP 模式

推广政府与社会资本合作模式（Public Private Partnership，PPP）的起源可以追溯至 18 世纪欧洲的收费公路建设计划，但其在现代意义上的形成和发展，主要归于新公共管理运动中以引入私人部门积极参与为核心内容的公共服务供给的市场化改革。

一般而言，PPP 是指政府公共部门在与非政府的主体（企业、专业化机构等）合作过程中，使非政府主体利用其所掌握的资源参与提供公共工程等公共产品和服务，从而实现政府公共部门的职能并同时也为民营部门带来利益。其管理模式包含与此相符的诸多具体形式。通过这种合作和管理过程，可以实现在不排除并适当满足私人部门投资盈利目标的同时，为社会更有效率地提供公共产品和服务，使有限资源发挥更大的效用。从开阔的视角看，PPP实质上是一种联结全社会内部公共部门、企业部门、专业组织和社会公众各方的准公共品优化供给制度，其现代意义上的形成和发展源自新公共管理运动中公共服务的市场化取向改革。"交易费用理论"和"委托—代理理论"等成为推动这一改革实践的理论力量，并随着PPP的广泛应用和不断深化而在理论层面清晰地呈现出政府和市场从分工、替代走向合作的基本脉络及升级趋势（见图1-4）。

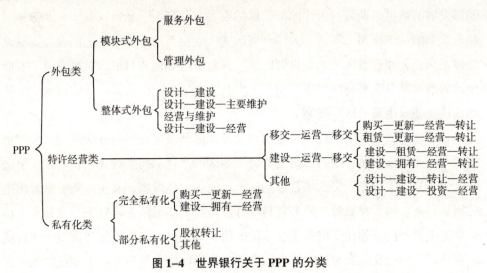

图1-4　世界银行关于PPP的分类

四、中国经济新空间："十三五"规划下的产业机会

2015年10月26~29日，五中全会在北京召开，讨论和通过第十三个五年计划。"十三五"规划是我国经济发展进入新常态后的第一个五年规划。适应新常态、把握新常态、引领新常态，是当前和今后一个时期我国经济发展的大逻辑。

通过对历次会议进行梳理，"十三五"规划重点集中在以下八个方面：①保持稳增长、促改革、调结构、惠民生、防风险；②开启新一轮高水平对外开放；③司法改革及依法治国；④体制改革；⑤扶贫及全面建成小康社会；⑥从"区间调控"到"定向调控"再到"相机调控"；⑦农业现代化及农村土地制度改革；

⑧生态文明。这是新一届领导集体关注的重点，也将成为"十三五"规划的工作重点。而对于投资者来说，"十三五"规划值得重点关注的产业领域如下：

（一）三个中国：美丽中国、健康中国、安全中国

中共十八届五中全会是在我国即将完成"十二五"规划、全面建成小康社会进入决胜阶段召开的一次重要会议。会议审议通过的《中共中央关于制定国民经济和社会发展第十三个五年规划的建议》，紧紧围绕全面建成小康社会的战略目标来制定我国经济社会发展规划，提出了"十三五"时期我国发展的指导思想和目标要求，为我国"十三五"期间的发展指明了方向。特别是全会首次提出的创新、协调、绿色、开放、共享"五大发展理念"，为绘就"健康中国"、"美丽中国"的宏伟蓝图提供了基本理念，也为我党履行职能提供了具体思路和行动指南。

1. 美丽中国：环保

前期粗放式增长模式，带来了严重的环境污染问题。根据《2014 中国环境公报》，全国 4896 个地下水水质监测点中，水质为优良级的比例仅为 10.8%，而水质较差与极差的比例分别高达 45.4%、16.1%；161 个开展空气质量新标准监测的地级及以上城市中，空气质量达标的城市比例仅为 9.9%；全国土壤总的点位超标率为 16.1%，而耕地土壤点位超标率高达 19.4%。

在"十二五"规划的基础上，"十三五"规划中生态环保建设将进一步强化。"十二五"规划的 24 项经济社会发展指标中，有 8 项是关于资源环境的，除农业灌溉用水有效利用系数外，其他均为约束性指标。随着环境与资源问题的突出，"十三五"时期生态环保建设压力有增无减。

现阶段所提出的引领"经济新常态"的发展方向，遵循经济规律的科学发展，遵循自然规律的可持续发展，遵循社会规律的包容性发展。强调推动中国经济创新、协调、绿色、开放、共享的发展，彰显了坚持协调发展，加强生态文明建设，打造"美丽中国"的构想。新能源、环境治理、环保交易、循环经济等将会是"十三五"期间的重点发展领域。

2. 健康中国：医疗食品安全

同时，全会公报提出了推进健康中国建设。同"十二五"规划相比，在"十三五"重大专项课题中，新增了"健康保障发展问题研究"的课题。深化医药卫生体制改革，理顺药品价格，实行医疗、医保、医药联动，建立覆盖城乡的基本

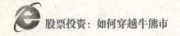

医疗卫生制度和现代医院管理制度，实施食品安全战略。未来5年里，政府对居民健康保健的关注度将会提升一个水平。医疗信息化、高性能医疗器械和生物医药三大领域将被确定为重点突破领域。努力提高全民健康水平，推动"健康中国"建设。

3. 安全中国：信息安全

21世纪是信息的时代。信息安全是信息经济发展的基础，没有信息安全，一切信息经济都没有保障。从个人角度看，国民隐私安全意识在增强，对金融、通信、物流等行业系统安全的需求与日俱增；从国家层面看，高度重视信息安全，习近平总书记担任组长的领导小组中，中央网络安全和信息化领导小组是唯一负责具体业务的小组。

一方面，信息技术和产业高速发展，呈现出空前繁荣的景象；另一方面，危害信息安全的事件不断发生，形势是严峻的。信息安全事关国家安全和社会稳定，因此，必须采取措施确保我国的信息安全。信息安全主要包括以下四个方面：信息设备安全、数据安全、内容安全和行为安全。信息系统硬件结构的安全和操作系统的安全是信息系统安全的基础，密码、网络安全等技术是关键技术。只有从信息系统的硬件和软件的底层采取安全措施、从整体上采取措施，才能比较有效地确保信息系统的安全。

（二）人口与养老服务

从20世纪末期开始，中国进入了人口老龄化阶段。虽然过去十几年中国的人口老龄化问题并不突出，但是"十二五"以后中国老龄化将呈现出加速发展态势，并将于2030年超过日本，成为全球老龄化程度最高的国家，图1-5为我国65岁以上人口所占比例趋势图。

同时，2015年12月27日全国人大常委会表决通过了《人口与计划生育法修正案》，全面开放二胎政策定于2016年1月1日起正式实施。这就意味着，2016年元旦以后出生的二胎，都是合法的。按修正案中规定，生育一胎或两胎的夫妻均可获得延长生育假的奖励。法律修改前按照规定应当享受扶助的失独家庭，将继续获得扶助。全面开放二胎政策下我国人口性别年龄结构金字塔如图1-6所示。

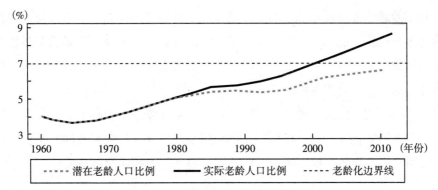

图1-5 65岁以上人口所占比例趋势

资料来源：国家社会劳动保障局。

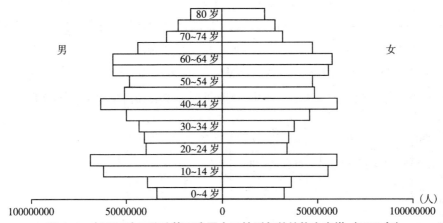

图1-6 全面开放二胎政策下我国人口性别年龄结构金字塔（2030年）

资料来源：国家社会劳动保障局。

预计"十三五"时期，应对人口老龄化危机将从两方面发力：一是放松计划生育政策，提高人口出生率，降低底部老龄化压力；二是增加与养老相关的服务业供给，满足老龄人生活与精神层面的需求。

二胎政策的放开，促使母婴食品、幼儿教育、玩具等行业迎来利好。同时，在养老设施建设方面，我国未能充分应对人口老龄化，养老设施严重不足。政策正在引导加快养老设施的建设。《国务院加快发展养老服务业意见》规定各地新建城区和新建小区都必须按照标准建设养老配套设施、鼓励社会资本参与养老服务提供。

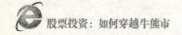

对于养老服务企业来说，国家鼓励加快培育养老服务企业。专业化、规范化的养老服务机构，能以更低的成本提供更优质的服务。未来，市场机制将使养老服务供给集中于拥有资金与相关资源、经验的大企业。同时，随着老年人口规模的增加，对养老家政服务的需求也在扩大，主要包括两个层次的需求：一是生活需求，包括餐饮、助浴、助洁、助医等；二是精神需求，包括老年教育、文娱活动、心理咨询安抚等。对市场而言，可利用互联网建设居家服务网络平台，提供紧急呼叫、家政预约、健康咨询、服务缴费等老年人需求的服务项目。

（三）《中国制造2025》

2015年3月5日，李克强总理在政府工作报告中指出，要实施《中国制造2025》，加快从制造大国转向制造强国。18世纪中叶开启工业文明以来，世界强国的兴衰史和中华民族的奋斗史一再证明，没有强大的制造业，就没有国家和民族的强盛。打造具有国际竞争力的制造业，是我国提升综合国力、保障国家安全、建设世界强国的必由之路。中国制造业综合指数预测模型如图1-7所示。

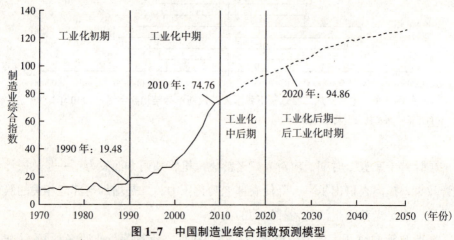

图1-7 中国制造业综合指数预测模型
资料来源：根据网络资料整理而得。

1. 智能制造

《中华人民共和国国民经济和社会发展第十三个五年规划纲要》（以下简称《纲要》）指出，深入实施《中国制造2025》，以提高制造业创新能力和基础能力为重点，推进信息技术与制造技术深度融合，促进制造业朝高端、智能、绿色、服务方向发展，培育制造业竞争新优势。

另外，《纲要》还提出，要实施高端装备创新发展工程，明显提升自主设计水平和系统集成能力。实施智能制造工程，加快发展智能制造关键技术装备，强化智能制造标准、工业电子设备、核心支撑软件等基础。加强工业互联网设施建设、技术验证和示范推广，推动"中国制造＋互联网"取得实质性突破。培育推广新型智能制造模式，推动生产方式向柔性、智能、精细化转变。鼓励建立智能制造产业联盟。实施绿色制造工程，推进产品全生命周期绿色管理，构建绿色制造体系。推动制造业由生产型向生产服务型转变，引导制造企业延伸服务链条、促进服务增值。推进制造业集聚区改造提升，建设一批新型工业化产业示范基地，培育若干先进制造业中心。

"互联网＋智能制造"是未来制造业升级的最优方向，其融合了软件、电子、控制、机械四个领域，将有力促进中国制造向中国智造、中国创造转型。《中国制造2025》勾勒出制造业未来10年的发展蓝图，互联网和传统工业的融合将是中国制造新一轮发展的制高点，智能制造将是中国制造未来的主攻方向。在此带动下，国内一大批制造业公司将积极探索转型升级，这将逐渐形成新的投资热点。

2. 机器人

支持新一代信息技术、新能源汽车、生物技术、绿色低碳、高端装备与材料、数字创意等领域的产业发展壮大。大力推进先进半导体、机器人、增材制造、智能系统、新一代航空装备、空间技术综合服务系统、智能交通、精准医疗、高效储能与分布式能源系统、智能材料、高效节能环保、虚拟现实与互动影视等新兴前沿领域创新和产业化，形成一批新增长点。

数据显示，2015年中国国产机器人产值16.4亿元，占比15%，外资机器人产值92.5亿元，占比85%；截至2015年年底，全国工业机器人产业园超过50个。业内人士表示，到2020年，国产机器人的产值目标合计约500亿元，是现有产值的30倍。

从产业增速和未来的发展空间来看，安信证券表示，机器替代人工正在我国持续推进，2015年工业机器人行业增速30%左右，到2020年，我国将基本建成以市场为导向、企业为主体、产学研用紧密结合的机器人产业体系。

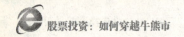

（四）大数据、云计算、物联网

国务院总理李克强在 2016 年 3 月 5 日作政府工作报告时说，《国民经济和社会发展第十三个五年规划纲要（草案）》明确了今后五年经济社会发展的主要目标任务，提出了一系列支撑发展的重大政策、重大工程和重大项目。会上，总理明确表示，要促进大数据、云计算、物联网的广泛应用。而该《纲要》提出实施国家大数据战略，把大数据作为基础性战略资源，全面实施促进大数据发展行动，加快推动数据资源共享开放和开发应用，助力产业转型升级和社会治理创新。一是加快政府数据开放共享；二是促进大数据产业健康发展。同时，协同云计算、物联网，推动我国产业升级。

2015 年，国务院印发了《促进大数据发展行动纲要》，这为我国大数据发展进行了顶层设计和统筹部署，工信部主要负责大数据产业发展以及应用示范相关工作。除制定《大数据产业"十三五"发展规划》外，工信部还将出台促进大数据产业发展的推进计划，促进规划、标准、技术、产业、安全、应用的协同发展。

围绕落实《中国制造 2025》，支持开发工业大数据解决方案，利用大数据培育发展制造业新业态，开展工业大数据创新应用试点。同时，促进大数据、云计算、物联网、个性化定制等的融合集成，推动制造模式变革和工业转型升级。

（五）农业现代化

中共十八届三中全会提出，要加快构建新型农业经营体系。稳定农村土地承包关系并保持长久不变，在坚持和完善最严格的耕地保护制度前提下，赋予农民对承包地占有、使用、收益、流转及承包经营权抵押、担保权能，允许农民以承包经营权入股发展农业产业化经营。鼓励承包经营权在公开市场上向专业大户、家庭农场、农民合作社、农业企业流转，发展多种形式规模经营。

鼓励农村发展合作经济，扶持发展规模化、专业化、现代化经营，允许财政项目资金直接投向符合条件的合作社，允许财政补助形成的资产转交合作社持有和管护，允许合作社开展信用合作。鼓励和引导工商资本到农村发展适合企业化经营的现代种养业，向农业输入现代生产要素和经营模式。

农业开发、农机及农产品生产加工项目，农村第一、第二、第三产业融合项目将成为农业现代化的关键；而在农机工业领域，行业公共平台建设工程、关键共性技术突破工程、高端农业装备发展工程、现代制造技术工程将成为农业现代化进程的助推器。

（六）海洋经济

"十二五"规划中，推进海洋经济发展的内容被列入"转型升级提高产业核心竞争力"一篇中，并未归并到区域协调发展中。"十三五"规划首次以"拓展蓝色经济空间"之名单列一章。过去空间区域仅强调陆地，如今强调陆海统筹，更加合理。这里的海洋经济还包括海洋资源的保护、海洋权益的维护等。其中提及要"深入推进山东、浙江、广东、福建、天津等全国海洋经济发展试点区建设"。海洋经济主要指有海岸线的省份和地区，试点主要围绕海洋经济开发，包括海洋科技应用（海水淡化等）、深海资源利用（生物医药等）等，探索海洋资源如何优化开发，协调海陆管理体制、海上安全等，同时也要保护海洋生态环境等。

根据国家海洋局战略规划和经济司司长张占海的观点，总体看来，海洋生产总值的增速略高于同期国民经济的增速。业内专家普遍认为，"新常态"背景下，中国海洋经济发展所处的内部和外部发展环境都发生了深刻变化，今后发展高质量的蓝色 GDP 对于建设海洋强国以及经济健康发展的重要意义进一步凸显。海洋经济是中国建设海洋强国和 21 世纪海上丝绸之路国家战略的重要支撑，已逐步成为中国经济可持续发展的新增长点。

我国经济增长已经进入了一个新常态，经济增长方式已经由原来较为单一的投资拉动转变为多引擎拉动，以往的野蛮成长方式已经不再适合当下及未来的经济环境。未来，我们应该抓住增长热点，找准投资标的，与时代共舞。

第二章

TMT，让娱乐幸福未来

作为战略性新兴产业中最为重要的组成，TMT 在政策扶持和产业资本推动下发展迅猛。旨在呈现产业发展趋势和市场热度的"中国 TMT 产业指数"于 2015 年 11 月 29 日在上海发布。《中国 TMT 产业指数白皮书（2015）》分析认为，TMT 产业的迅猛发展得益于基础设施加速建设和产业资本快速涌入的驱动。这一产业在国民经济中占据日益重要的地位，并将成为我国下一阶段经济增长的引擎。

一、TMT 行业

TMT（Technology，Media，Telecom），是科技、媒体和通信三个英文单词的第一个字母整合在一起，含义实际是未来互联网科技、媒体和通信。TMT 产业是以互联网等媒体为基础将高科技公司和电信业等行业链接起来的新兴产业，其显著特点是信息交流和信息融合。

（一）产业情况

以时间为轴，以传统互联网的历史为主线，可以将过去二十余年 TMT 产业的发展依据传统互联网的发展史分为诞生、成长和成熟这三个阶段（见图 2-1）：

（1）诞生——开发和培育阶段：诞生期的时间划分在 1985~1993 年，这一时期 PC 革命大大地带动了包括微处理器、芯片、系统及软件整条产业链的发展，

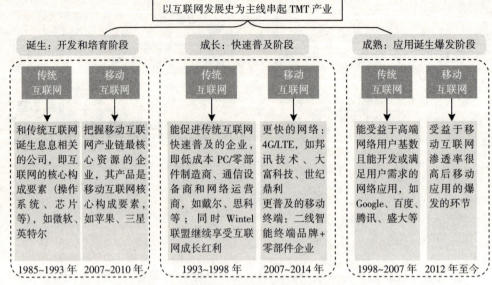

图 2-1　以互联网发展史为主线串起 TMT 产业

也孕育了互联网技术发展、普及的因子；在克林顿政府提出信息高速公路计划后，互联网踏上征程。PC 时代，微软与英特尔结成 Wintel 联盟，由微软提供操作系统，英特尔提供处理器，两者合力垄断了 PC 市场，由于它们的产品处于 PC 产业链上最难以替代的位置，因此 Wintel 联盟为它们带来了巨大的利益，同时也快速地推动了 PC 产业的发展。

（2）成长——快速普及阶段：成长期的时间划分在 1993~1998 年，随着 PC 成本的降低、PC 机需求的增大，同时 Wintel 联盟为品牌机厂商提供了可靠的解决方案（Wintel 架构），PC 开始快速普及，市场容量不断扩大；同时基于光纤的宽带在全球快速渗透，PC 的下沉和网速的提升促使互联网在全球渗透率快速提升。

（3）成熟——网络应用诞生爆发阶段：成熟期的时间划分在 1998~2007 年，经过成长期后的互联网积累了大量的网络用户，这给优秀的网络应用爆发提供了可能；从门户开始，到之后的搜索、游戏，再到电子商务、社交网络等，网络应用行业实现了快速的发展。

（二）未来市场空间

TMT 行业价值链分布共有 7 个子行业，截至 2014 年，这张世界地图上主要公司的全球总收入为 6.6 万亿美元，包括半导体及组件（9%）、终端设备（19%）、基础设施硬件（4%）、软件和 IT 服务（19%）、内容/互联网服务（9%）、传统行业 TMT 化（15%）、运营商服务（25%）。

未来 5~10 年，这张 TMT 价值地图的变化趋势，将围绕着以下四条主线进行。

主线 1：让生活变得更加智能。

TMT 创新将继续改善生活质量和效率，并将从"智能终端"主导的时代，跨入"智能世界"的时代，生活随时随处都与 TMT 相关。这一主线，衍生出云计算、大数据、物联网等诸多机会点。在"智能世界"中，物联网实现了全方位的数据收集，大数据技术实现了从数据中得到洞察，而云计算服务将提供高效的软硬件基础设施，三项创新技术的全面实用化和商业化将成为驱动变革的关键。

主线 2：价值将不断转移，尤其是从低差异化硬件向以软件、内容、服务为主的"客户体验"创造者转移。

以手机为例，传统上运营商补贴是常见的模式，将来可能会逐步衍生出以内容服务为补贴的模式（如亚马逊 Kindle、乐视视频补贴手机）。对那些缺少"集成用户体验"的硬件企业而言，生存变得"压力山大"。这一主线，将会催生出对终端设备不断创新和颠覆的尝试（新进入者、价格战等）、内容 2.0（交互、定制、实时、现实感）、对集成用户体验的不断追求（硬件、软件、服务的捆绑，跨界、生态系统打造）、对业务模式的纠结（封闭但优良的端到端体验 VS 开放但可能失控的生态链）。

主线 3：新一代的基础设施，将在架构上（并不是总收入上）发生很大变化，带来产品和业务模式创新的要求。

联入互联网的设备将持续保持 50% 以上的增速，并在几年之内超过全世界人口数量的总和，数据流量增长也将继续保持每两年翻一番的速度，摩尔定律将继续提升基础设施的容量和能力，并导致收入增长仅保持在个位数的水平。然而这些需求的增长，将大量来自移动终端、网下的传统终端联入互联网（如机器设备、楼宇的智能化等），并受到前两条主线的影响而对架构提出新的要求（如提高利用率，进一步提供海量、高质、快速的数据的存储、计算、传输等），因此某些细分领域将会增长更快（如云化、软件定义、融合架构等）。传统 IT 领域的巨头如 Cisco、IBM、HP、DELL 等公司，均已明显受到冲击，并在积极寻求转型，以走出连续多个季度亏损或低于市场盈利预期的困境。

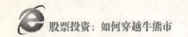

主线 4：传统行业会更快 TMT 化。

各行各业均存在"系统低效"，据估算，低效活动在各行业经济价值的占比可能高达 15%~45%。在未来的 TMT 创新中，将进一步帮助行业提高经济效率。提升空间较大的行业包括了第一梯队的医疗、建筑与交通、政府、教育这几个行业，以及第二梯队的能源、金融、物流、"低科技"制造等行业。这些领域将催生出诸多"智能化"机会（如智能电网、智能家居、智能汽车、智慧城市）、新的 IT 服务需求、更加严格的信息安全和知识产权保护制度。同时，主线 4 也会进一步加强其他三条主线的发展。

（三）重点技术

TMT 产业以两大技术为基础："泛在化"网络和云计算技术。

"泛在化"网络，即建设一种无所不在，无时不在的智能网络系统。泛在网络提供人与人之间的联系，更提供人与物、物与物之间的联系（泛在网络的 4A 特性：Anytime，Anywhere，Anyone，Anything）。

泛在网络囊括了传感器网络、物联网、电信运营商网络（见图 2-2 和表 2-1），其发展建立在传感器网络、物联网、电信运营商网络发展的基础之上。

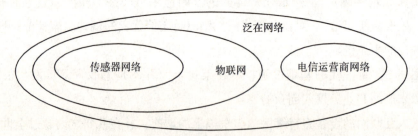

图 2-2　泛在网络的组成包括物联网和电信运营商网络

表 2-1　泛在网络提供了人与物之间全面的信息连通

	关键设备和技术	对象
传感器网络	传感器、近距离无线通信	物—物
物联网	传感器、条形码、RFID、二维码、NFC、摄像头	物—物 物—人
运营商电信网	手机、蜂窝网络、PC	人—人
泛在网	手机、PC、传感器、条形码、RFID、二维码、NFC、摄像头	物—物 人—人 物—人

云计算是一种使用户通过互联网从远程服务器获取计算服务、按任务来分配计算资源的技术架构。使用者通过互联网以按需、易扩展的方式获得所需的计算资源。"云"是提供这些计算资源的网络。对于"云"的使用者而言，计算资源不仅可以无限扩张，而且可以在任何地方、任何时间，按需使用、按量付费。

云计算的本质是"计算"加"存储"的网络。相比传统的端计算，云计算体现出了五大性能特征：低成本、大规模、可扩展、高弹性和超可靠。这五大性能特征，是对传统计算和存储原则的重大突破，将给业界带来计算和存储能力的数量级革命。

存储能力的提升：从 TB 级到 PB 级、EB 级云存储，通过集群应用、网格技术、分布式文件系统等技术，将网络中大量各种不同类型的存储设备通过应用软件集合起来协同工作。使用者可以在任何时间、任何地点存取数据。云存储相较于传统存储的优势在于大数据的管理，传统架构的存储中，当数据规模达到 TB 级，数据的索引效率将会降低；云存储的分布式文件系统，支持的索引数据规模达到 PB 级。

云计算是并行计算、分布式计算、网格计算的延伸。这类计算的共同特点是将计算任务分解，并由不同的计算资源分别计算完成，由此带来计算能力的提升。百度使用云计算系统处理每周 200TB 的数据，进行搜索日志分析和网页数据挖掘工作；淘宝网亦使用云计算系统用于存储并处理电子商务的交易相关数据。

（四）主要商业模式

在信息产业、传媒产业、电信产业相互融合的过程中，形成了一种全新的商业模式，而实施这种商业模式的企业成为了新媒体产业中的领军企业——平台公司。在新媒体产业领域中，平台公司利用其自身资源及互惠互利机制联系着硬件提供商、软件及技术提供商、消费者群体、内容提供商等其他群体。从产业分类来说，平台公司连接着信息产业、媒体产业、电信产业，并成为了它们彼此建立联系的重要通路（见图 2-3）。

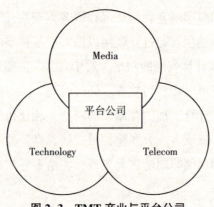

图 2–3　TMT 产业与平台公司

平台公司是指采用平台商业模式的公司。其主要特征：一是拥有同行业中规模第一的用户群；二是可为用户提供具有巨大黏性的服务；三是要始终坚持合作共赢，先人后己的商业模式；四是处于整个产业价值链的最高端。平台公司多以IT 公司为主，例如，阿里巴巴、淘宝、腾讯、新浪以及既做平台又做终端制造的苹果公司等。

（五）重点上市公司

TMT 代表新兴经济，行业基本面向好，整个产业链景气度持续提升，企业盈利增长确定性较高，受到市场的高度关注和深度挖掘。此外，存在多重催化剂，发展潜力巨大，既有政策支持和热点事件推动，又有高速增长的业绩支撑。总体来看，在我国鼓励战略新兴产业发展、调整经济结构的背景下，TMT 行业未来将有更多的白马成长股涌现。

TMT 行业成长潜力巨大，电子科技作为引领经济转型的重要行业，其被关注在情理之中；传媒产业则被认为是中国最后的暴利行业，文化产业按"十二五"规划看也应大步发展；通信则被市场认为是最切实可行的"高科技行业"，无论是 3G 的大力建设还是 4G 的前赴后继，其对经济的拉动和对科技的促进都是巨大的。因此，虽然最近 TMT 概念牛股倍出，但从中长期来看，板块的整体热度仍会继续。从基础分类来看，科技类重点上市公司有东软集团、东土科技、美利纸业等，媒体类有人民网、华谊兄弟、东方明珠、乐视网等，通信类有中国联通、东土科技、网宿科技等。

二、人民网

（一）公司介绍

1997 年 1 月 1 日，人民网正式上线，是世界十大报纸之一《人民日报》建设的以新闻为主的大型网上信息交互平台，是人民日报社控股的传媒文化上市公司，也是国际互联网上最大的综合性网络媒体之一（见图 2-4）。

2016年3月25日 星期五 农历 二月十七

图 2-4 人民网官网页面

资料来源：人民网。

人民网除中文版本外，还拥有 7 种少数民族语言及 9 种外文版本，用文字、图片、视频、微博、客户端等多种手段，每天 24 小时在第一时间向全球发布丰富多彩的信息，内容涉及政治、经济、社会、文化等各个领域，10 次荣获中国新闻奖一等奖。作为国家重点新闻网站的排头兵与第一家采编与经营"整体上市"的媒体，人民网形成了新闻采写、网络评论、在线访谈、微博发布互相配合的快速、权威、深度新闻报道模式，网民覆盖 200 多个国家和地区。

顺应数字化和全媒体发展的大趋势，人民网提供手机阅读、手机动漫、手机游戏、手机音乐、手机报及手机短信等移动无线增值服务，并着力向综合手机媒体平台转型。目前人民网移动互联网应用覆盖苹果、安卓、WindowsPhone、

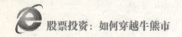

Windows8 等多个主流平台，拥有手机人民网（WAP 版）（见图 2-5）、Windows8
版人民网，人民日报、人民云拍等客户端应用，活跃用户过千万。

图 2-5　人民网手机客户端特点

资料来源：人民网手机客户端。

人民网旗下拥有人民在线、人民视讯、环球网、海外网、金台创投、人民澳
客、成都古羌科技有限公司等多家控股公司，并在 31 个省份设立地方频道。同
时，人民网还积极推进全球化布局，在日本东京、美国纽约、美国旧金山、韩国
首尔、英国伦敦、俄罗斯莫斯科、南非约翰内斯堡、澳大利亚悉尼以及中国香港
成立分社并设立演播室，以提升人民网的国际传播力和影响力。

2012 年 4 月 27 日，人民网在上海证券交易所上市交易（股票代码为
"603000"），创造了中国资本市场的两个第一：第一家在国内 A 股上市的新闻网
站，第一家在国内 A 股整体上市的媒体。

（二）发展空间

坚持正确舆论导向，以新闻内容为工作重心，不断提升自身传播力及影响
力。作为国家重点新闻网站，人民网始终坚持正确的舆论导向，坚持新闻真实性
原则，及时、客观、准确地进行新闻报道，理性、公正地开展评论，及时、准确
传达党和政府的路线、方针、政策，如实反映人民群众的呼声与要求。未来，人
民网将继续集中全力做好宣传报道工作，搭建政府与公众沟通的桥梁，坚持以人
为本，履行主流媒体的人文关怀责任。进一步创新探索，坚持 PC 端、移动端综

合发展，不断提升自身传播力及影响力。

积极推进媒体融合，进一步发展移动互联网业务作为国家重点新闻网站的排头兵，人民网响应中央号召，积极推进媒体融合，力争尽快发展成为具有传播力、影响力、公信力的新型主流媒体集团。作为未来媒体融合的主战场，公司将继续深入布局，大力发展移动互联网业务。通过推进新闻客户端、手机网站、手机视频等移动终端改进升级，积极提升用户体验，逐步完善公司移动终端平台建设。结合自身资源及内容优势，不断提升移动终端新闻内容数量及质量，实现移动端页面浏览量及访问者数量的迅猛增长，并进一步提升移动增值业务盈利能力。

加强地方公司规范管理，继续开拓业务资源。2014 年，公司对地方分公司加大投入，使分公司报道实力大幅提升，影响力不断扩大；通过与各地大型企业建立战略合作、策划大型活动、拓展服务项目、开发销售新产品等方式，促进分公司业务迅速发展，已形成可持续发展的良性循环。未来，公司将做大做强地方频道，通过联动效应，发挥集团内容优势，通过深耕地方资源，继续开拓市场，拓宽销售渠道。并将在分公司服务管理上进一步细化，提高协调工作效能。

（三）商业模式

公司未来商业模式将由"权威官方媒体"走向"权威官方媒体 + 垂直互联网"，垂直互联网包括体育、教育、健康、科技等细分领域。公司过去、现在以及未来的发展路径一直在验证我们此前的逻辑。习近平主席在中央全面深化改革领导小组第四次会议上强调，要推动传统媒体和新兴媒体融合发展，着力打造一批形态多样、手段先进、具有竞争力的新型主流媒体，建成几家拥有强大实力和传播力、公信力、影响力的新型媒体集团，人民网在这样一种大的政策环境下，将扮演非常重要的角色。

（四）投资价值

1. 移动端进展显著，影响力扩大

2014 年公司法人微博粉丝总量即超过 4500 万，粉丝数在我国网媒中排名第一；同时移动端访问量高速增长，日均页面浏览量较年初增长 142%，日均访问者数较年初增长 657%。到 2015 年 6 月，《人民日报》在 Facebook 上的粉丝数已达 460 万，超《华尔街日报》。

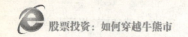

2. 广告业务增速放缓，移动端广告投放具潜力

2014 年年报显示公司广告业务实现营收 5.72 亿元，同比增长 5.68%，增速放缓，同时增速低于行业平均水平。原因在于目前公司来自于视频以及移动端的广告规模有限，而随着移动端访问量快速提升，来自于移动端的广告投放将会有所突破。

3. 外延并购支持移动增值业务高速增长

2014 年，公司移动增值业务营收 2.54 亿元，同比增长 68.97%，其中人民视讯增长 34.48%，加之微屏软件的并表保证了移动增值业务的高速增长。

4. 彩票业务是未来亮点

互联网彩票业务成为新的业务增长点，2014 年全年贡献营收 2.84 亿元。公司将成为首批获得互联网彩票销售的公司。目前互联网彩票业务暂停，2015 年彩票业务营收增速有限，获得牌照后会持续高增长，成为公司未来支柱业务之一。

（五）风险控制

1. 广告业务拓展风险

2014 年，互联网广告市场规模持续扩张，但增速已呈现小幅下降趋势，网络广告市场已整体进入成熟稳定阶段。市场的持续增长不断催生新型业务模式，并表现出强劲的增长势头，导致传统领域呈现出成熟态势下的增速放缓。就公司传统广告及宣传业务而言，目前市场品牌广告主预算进一步向移动互联网、搜索关键字、视频贴片类广告等细分领域倾斜，对公司业务形成了一定影响。且由于公司固有新闻媒体属性，在网站流量方面与商业网站仍有较大差距，存在受众结构集中度较高、覆盖面不够广泛等特点，在广告业务市场开拓方面仍面临挑战。公司面对这一趋势，将进一步加强对移动互联网、视频内容的投入，积极寻求新的广告合作模式，并充分利用自身内容优势，寻找新的增长点。

2. 用户分流风险

随着技术水平的不断提高，新兴媒体形态不断涌现，移动互联网行业进入井喷式发展。用户由 PC 端向移动端迁移加速，在一定程度上对公司页面浏览量及访问者数量的进一步提升产生影响。此外，在媒体融合不断加深拓展的形势下，新闻信息的传播更加强调互动性、开放性，一大批具有资源及内容优势的传统媒体加速在互联网及移动互联网领域的布局，也可能造成公司用户分流现象。尽快适应传播形态的多样性的变化，并推出更完善的多元服务产品，以及时捕捉和快速响应用户需求的变化，成为公司必须面对的挑战。

3. 募集资金投资项目风险

公司募集资金投资项目投资总额为 5.27 亿元，其中，超过 2 亿元用于购置设备等固定资产和软件等无形资产，且技术平台改造升级项目和采编平台扩充升级项目不能直接带来经济效益，项目实施后资产结构发生变化，可能会对公司未来收益造成一定的压力。另外，由于互联网行业市场参与者众多、技术升级速度加快，行业同质化竞争加剧，市场开发风险逐步加大。如上述业务未实现预定的市场开发计划，短期直接利润贡献难度较大，将影响募集资金项目的开展进度以及投资回报的实现。

4. 公司规模扩张的管理风险

随着公司规模的不断扩张，纳入合并范围的子公司及孙公司数量已达 36 家，导致公司组织结构日趋庞大，公司内部管理的复杂度和难度将不断提高。公司在战略规划、制度建设、组织机构设置、运营管理和内部控制等方面将面临更大的挑战。如果公司未能及时调整经营观念和管理手段，将面临企业规模扩张所带来的管理风险。

5. 股权投资子公司业绩承诺的风险

公司部分盈利来自于股权投资子公司的业绩贡献，由于目标公司的日常经营可能受到宏观经济政策和行业监管因素的影响，相对于 2014 年，2015 年的盈利能力明显降低，利润水平不及 2014 年。因此在业绩承诺期内，若出现子公司无法于正常状态运营时，实现的实际净利润可能低于对应年度的业绩承诺金额，业绩补偿义务人如不能履行业绩补偿承诺，可能会对目标公司现金流产生不利影响，从而影响投资股权回报的实现。2014~2015 年人民网利润情况如表 2-2 所示。

表 2-2 2014~2015 年人民网利润情况

报告日期	2015-09-30	2015-06-30	2015-03-31	2014-12-31
总资产净利润率（%）	7.1	3.5	1.8	14.1
销售净利率（%）	23.0	17.2	16.4	28.1
股本报酬率（%）	22.2	44.9	11.4	99.9
净资产报酬率（%）	8.2	8.4	2.1	18.5
资产报酬率（%）	7.1	7.1	1.8	15.7

资料来源：人民网 2014~2015 年年报。

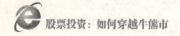
（六）注意事项

2015 年 2 月 25 日，国家体育总局正式下发《体育总局关于切实落实彩票资金专项审计意见　加强体育彩票管理工作的通知》。受该通知以及财政部、民政部和体育总局联合下发的《关于开展擅自利用互联网销售彩票行为自查自纠工作有关问题的通知》的影响，部分省级彩票管理中心从 2015 年 2 月 25 日起暂停接受互联网彩票销售订单。

为积极响应上述《通知》要求，公司下属控股子公司人民澳客自 2015 年 2 月 28 日起，暂停体彩、福彩的彩票委托业务，其他业务照常进行。另据媒体报道，截至 2 月 28 日，包括 500 彩票网、淘宝彩票、QQ 彩票、网易彩票等在内的各大互联网彩票投注门户也均发布公告称，将于当日起暂停全部或部分彩种的销售。

事实上，从 2000 年以来的彩票政策来看，我国对互联网彩票行业的监管把控一直在拉扯中逐步前行。截至此次叫停，互联网彩票累计已经被叫停过 5 次。但在体育产业大发展的背景之下，政策从"严格收紧，杜绝网络"的阶段，逐步过渡到"整体宽松，规范发展"的趋势并未改变，制度的建设和监管的完善正在逐步推进之中。

此次互联网彩票叫停仅为我国彩票行业规范制度建立和推行的先声，长远来看依然有利于整个行业的健康发展。

三、东方明珠

（一）公司介绍

上海东方明珠新媒体股份有限公司（证券代码 600637.SH）是上海广播电视台、上海文化广播影视集团有限公司（SMG）统一的产业平台和资本平台。公司以强大的媒体业务为根基，以互联网电视业务为切入点，全力构筑"内容、平台与渠道、服务"在内的媒体生态系统、商业模式和体制架构，实现受众向用户的转变以及流量变现，打造最具市场价值和传播力、公信力、影响力的新型互联网媒体集团。

2015 年上半年，公司在完成重大资产重组后，成为国内第一家以"内容制作与发行、渠道视频集成与平台、传媒娱乐相关服务"为三大板块业务，以互联网电视、IPTV、有线电视、网络视频、云平台与大数据、数字营销与广告、游戏业务、电视视频购物及电子商务、文化娱乐旅游和文化地产等 14 个子事业群为传媒生态系统的市值超过千亿，最具市场价值、传播力、影响力的综合文化传媒上市公司（见图 2-6）。

图 2-6　上海东方明珠新媒体股份有限公司互联网媒体生态系统

（二）发展空间

2015 年上半年，公司完成了重大资产重组，不仅造就了中国 A 股市场首家市值超过千亿的综合文化传媒上市公司，也为公司"互联网+"转型奠定了基础。作为上海广播电视台、上海文化广播影视集团有限公司（以下简称"SMG"）统一的产业平台和资本平台公司，公司正以强大的媒体业务为根基，以互联网电视业务为切入点，推进受众向用户的转变以及流量变现，加快构筑互联网媒体生态系统、商业模式与体制架构，打造中国最具市场价值和传播力、公信力、影响力的生态型互联网媒体集团。

公司依托完整的产业链布局及全牌照、全渠道运营的整合优势，通过内生增长与外延扩张，不断强化内容综合竞争力，拓展互联网电视渠道布局，优化产品用户体验，丰富媒体相关服务，有力完善和发展了以互联网电视为核心的互联网

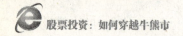

媒体生态系统，各项关键指标稳步攀升。

（三）商业模式

重组完成后，公司将推进传统媒体与新兴媒体的融合，成为文广集团统一的产业平台和资本平台，以强大的媒体业务为根基，以互联网电视业务为切入点，实现受众向用户的转变以及流量变现，构筑互联网媒体生态系统、体制架构，打造最具市场价值和传播力、公信力、影响力的新型互联网媒体集团（见图2-7）。

图2-7　东方明珠成员机构

公司互联网电视业务持续推进，用户规模+内容优势打造核心竞争力。在全产业链、全牌照和全渠道运营的优势下，公司2015年上半年不断强化其在有线电视以及新媒体电视上的优势。截止到2015年6月30日，公司共拥有2250万IPTV用户，5750万有线数字电视覆盖用户，2200万手机电视用户和720万户互联网电视机激活用户（390万付费用户），各项关键技术指标稳步攀升。这当中，作为公司最核心竞争力之一的内容在2015年上半年成果颇丰。

除了拥有国内垂直领域处于领先地位的SMG新闻、综艺、体育、纪实、财经、动漫少儿等频道的独家经营权之外，公司在此基础上，将在未来三年累计新增20亿元版权投入用于提高获取用户流量的竞争力；而2015年上半年，公司通过入股新英体育、盈方体育，占据英超、世界杯等国际级赛事内容版权；通过与BBC、迪士尼、维亚康姆战略合作，引入BBC-Cbeebies、迪士尼、尼克动画等国际知名少儿内容，成为国内领先的动漫少儿内容提供商；收购尚世影业、五岸传播，与全球最大的电视节目创意和制作公司之一的FremantleMedia合资成立节目研发公司，形成了涵盖内容研发、内容制作与版权经营的完整内容产业链等部署，都使得公司在内容核心业务上更具竞争优势。东方明珠的三大模式如图 2-8 所示。

图 2-8　东方明珠的三大模式

（四）投资价值

1. 打造内容核心竞争力

强势内容是公司获取用户流量的核心竞争力。公司在全面对接 SMG 内容资源的基础上，不断强化特色内容聚合及内容产业链建设，已积累精品内容版权超过 120 万小时，建成国内规模最大、门类最齐全的标清、高清的内容版权库，并在影视剧、体育、动漫少儿、纪实、教育等垂直领域形成差异化竞争优势。

2. 打造以互联网电视为核心的多渠道视频集成与分发平台（MVPDs）

目前，公司拥有互联网电视、IPTV、有线电视、移动等多种传播渠道，已成为中国最大的多渠道视频集成与分发平台。互联网电视业务是公司未来发展的核心，公司正从 B2B、B2C 两大渠道对其加快布局，优化用户体验，强化多屏互动，力争 3 年发展 3000 万互联网电视月活跃用户，成为中国互联网电视第一入口。2015 年上半年，多渠道视频集成与分发业务（MVPDs）实现收入 16.4 亿元，同比增长 6.9%，总投入增长 12.0 亿元，同比增长 8.2%，其中，扣除硬件销售的互联网电视投入同比增长 23%，用户界面、移动端产品研发进展顺利，发布后届时互联网电视产品体验有望大幅提升。

3. 构建生态型互联网企业的体制机制

为适应生态型互联网媒体集团发展需要，公司在 2014 年对治理结构、业务架构及激励机制做了调整。公司确立了"内容、渠道与平台、传媒娱乐相关服务"三大业务板块及互联网电视、云平台与大数据、数字营销与广告、游戏业

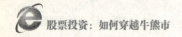

务、视频购物及电子商务、文化娱乐旅游事业群等 14 个事业群，为生态系统发展奠定了组织基础。公司正加紧研究制定股权激励方案，探索长效激励机制，力争年内获得激励方案审批通过。

（五）风险控制

重组完成后，公司业务涉及文化传媒行业、影视剧行业、广告行业、游戏行业、媒体购物行业、旅游行业等多个行业，存在政策变动、业务竞争等方面的可能风险。公司 IPTV 业务、数字付费电视业务和互联网电视及视频业务的相关牌照均经过上海广播电视台授权经营，影视剧、游戏内容等需经过有关部门审批，公司存在相关政策调整引起的业绩波动的风险。

公司重组完成后属于新媒体行业。目前国际、国内的新媒体行业出现了一批技术与资金实力雄厚的大型互联网企业，也出现了一批效率高、业务模式创新的新兴媒体和服务类企业。公司下一步必然面对互联网企业的正面竞争，在业务、体制、机制等方面，公司存在行业竞争的风险。

公司将通过加强管理，规范运作，加强与行业主管部门的工作沟通，促进业务平稳有序推进。同时，公司要通过体制、机制的创新，务实地推进互联网化能力建设，降低行业竞争风险。

（六）注意事项

2015 年 6 月 19 日，公司与兆驰股份针对互联网电视联合运营签署战略合作协议；公司、控股股东文广集团及青岛海尔分别以 22 亿元、11 亿元及 3.7 亿元参与兆驰股份非公开发行，公司认购完成后将成为其第二大股东。兆驰股份募集资金将主要用于：①高端互联网智能超级电视研发；②包括视频、游戏、医疗、教育、电商等在内的内容云平台搭建；③搭建全渠道覆盖的自有品牌销售平台。

双方的合作是基于东方明珠打造以互联网电视为核心业务的互联网媒体生态系统战略布局，借助兆驰股份在家庭视听消费类电子产品的研发、设计、制造和销售等方面的优势，共同加快推进实施东方明珠互联网电视面向家庭和个人消费者业务（B2C）硬件策略的具体落实。同时基于兆驰股份"互联网+"转型战略，借助东方明珠在内容、渠道、平台、服务和互联网电视牌照方面的优势，共同致力于加快推进兆驰股份从中国领先的家庭视听消费类电子制造商向互联网电视业务联合运营商的战略转型。

通过本次合作，双方将推出定制硬件终端，集成 BesTV 互联网电视服务，建立集内容、渠道、平台、终端、应用服务于一体的互联网生态圈闭环，以及集消费电子产品硬件研发、设计、制造、销售和互联网电视内容产品与应用服务营销、用户管理与运营维护在内的完整业务链，实现业务层面的联合运营和资本层面的紧密合作。

四、华谊兄弟

（一）公司介绍

华谊兄弟传媒集团，创业板股票代码：300027，是中国大陆一家知名综合性娱乐集团，由王忠军、王忠磊兄弟于 1994 年创立。开始时是因为投资冯小刚、姜文的电影而进入电影行业，尤其是每年投资冯小刚的贺岁片而声名鹊起，随后全面投入传媒产业，投资及运营电影、电视剧、艺人经纪、唱片、娱乐营销、时尚产业等领域，在这些领域都取得了不错的成绩，并且在 2005 年成立华谊兄弟传媒集团。

华谊兄弟传媒是中国最知名的综合性娱乐军团之一，华谊兄弟传媒集团旗下有华谊兄弟时代文化经纪有限公司、华谊兄弟影业投资有限公司、华谊兄弟电视节目事业有限公司、华谊兄弟音乐有限公司、华谊兄弟广告有限公司、华谊兄弟国际发行有限公司、华谊兄弟时尚文化传媒有限公司等。其中，华谊兄弟影业投资公司其前身为华谊兄弟广告公司影视部。短短几年间，华谊兄弟已经实现了从编剧、导演、制作到市场推广、院线发行等基本完整的生产体系，这为日后的竞争储备了强大的实力，同时也在国内业界迅速风生水起，声名显赫，成为最成功的民营影视公司之一。

（二）发展空间

2014 年度公司的核心竞争力得到显著提升。公司的核心竞争优势在于强大的内容制作能力、庞大的知识产权库及对影视、文化、在线娱乐等资源的整合能力。公司目前已经培养和聚集了一批优秀的娱乐业人才，打造了较为完善的集影视、艺人经纪、娱乐营销等于一体的原创内容制造链条，创造性地开发了一套适合市场和公司发展状况的品牌授权及实景娱乐运营模式，率先建立了包括游戏、新媒体、粉丝社区、在线发行等模块在内的互动娱乐系统，形成了一套行之有效的运营管理机制，积累了一批长期稳定的战略合作伙伴，从而确立了公司在产业链完整性、运营机制完善性、"华谊兄弟"企业品牌、专业人才的培养和储备以及合作伙伴资源丰富性等方面的全方位竞争优势，进一步引领影视娱乐、品牌授权及实景娱乐、互联网娱乐等娱乐元素、模式、资源等在公司平台上与公司业务的高效结合，打造了相对完善的娱乐生态圈。

1. 产业链的优势

公司是目前国内唯一一家将影视娱乐、品牌授权及实景娱乐和互联网娱乐三大业务板块实现有效整合的娱乐传媒企业，是业内产业链最完整、娱乐资源最丰富的公司之一。一方面，在公司统一平台的整体运作下，电影、电视剧等娱乐原创内容的制作，电影公社、文化城等娱乐内容的衍生发展，游戏、粉丝社区等娱乐通道的进一步拓展之间形成了显著的协同效应，影视娱乐板块能够为公司贡献优质的原创内容，不断丰富公司的知识产权库。另一方面，品牌授权及实景娱乐板块、互联网娱乐板块的快速发展不但能够为公司的原创内容提供流转最大化和价值最大化的可能，也可以根据线下、线上用户的需求反哺影视娱乐板块，三大板块互惠互利、互相促进。另外，公司在发展影视娱乐、品牌授权及实景娱乐、互联网娱乐三大业务板块的同时，也已经开始有序推进国际化战略，进一步扩大和完善公司的产业链。

2. 运营体系的优势

公司通过多年的丰富实践，将国外传媒产业成熟先进的管理理念与中国传媒产业的运作特点及现状相结合，将公司各业务环节以模块化和标准化的方式进行再造，主要包括"收益评估＋预算控制＋资金回笼"为主线的综合性财务管理模块、强调专业分工的"事业部＋工作室"的弹性运营管理模块以及强调"营销与创作紧密结合"的创作与营销管理模块等。通过贯穿始终并行之有效的财务管理、组织管理、创作管理（服务管理）、营销管理和人才管理等管理措施来确保各业务模块在具有一定管理弹性的基础上得以标准化运作，进而保证整个业务运作体系的规范化和高效率。

3. 公司品牌的优势

基于公司所拥有的品牌优势，公司已开展品牌授权业务，并在 2014 年实现了一定规模的收入和利润，这是公司充分挖掘自身品牌价值，提升公司盈利能力，进一步巩固品牌优势地位的一项积极举措。

（三）商业模式

华谊兄弟商业模式主要为"蝴蝶式"发展，所谓的"蝴蝶式"是指以内容生产为左翅，以渠道和衍生品为右翅，打造内容、渠道和衍生品为一体的全产业链协同模式。公司主要业务分为三大板块：影视娱乐、品牌授权与实景娱乐、互联网娱乐。

影视娱乐板块主要包括电影的制作、发行及衍生业务；电视剧的制作、发行及衍生业务；艺人经纪及相关服务业务；影院投资管理运营业务。品牌授权与实景娱乐板块主要依托"华谊兄弟"品牌价值，投身于实景娱乐项目。互联网娱乐板块主要包含新媒体、游戏及其他互联网相关产品。

（四）投资价值

1. 影视娱乐制作数量大增，国际化打开票房天花板

2015 年第一季度，公司推出 5 部电影，实现 15 亿元票房收入，全年将推出 15 部电影，实现 50 亿元票房收入，无论数量还是票房预期都高于往年（7~9 部，15 亿元票房收入）。公司和 STX 合作制片，共同开拓 300 亿美元的全球票房收入，打开国内 47 亿美元的票房天花板。

2. IP 衍生收入 2015 年放量，奠定未来稳定长牛

公司积极探索以实景娱乐为主的 IP 衍生业务，签约主题公园数量有望在 2014 年 11 家的基础上迎来翻倍，长期可获得媲美影视娱乐的稳定收入。

3. "互联网＋电影＋粉丝"战略下，积极布局上下游产业链

公司在现有的银汉科技、卖座网的布局背景下，近期不仅参与设立 10 亿元规模的并购基金，而且由副总裁胡明转任华谊兄弟新媒体公司董事长。预计未来公司将围绕"互联网＋电影＋粉丝"战略，积极布局上下游产业链。

4. 阿里、腾讯、平安参与定增，为华谊腾飞插上翅膀

2014 年年底，公司公布定增草案，阿里创投、腾讯、平安等作为战略投资

者参加了公司 36 亿元的定增。2015 年定增完成后，公司不仅能够补充 36 亿元资金扩大影视制作，而且能够和国内行业龙头进行上下游的合作，放开手脚，积极布局。

（五）风险控制

1. 产业政策风险

国家对电影、电视剧行业实行严格的行业准入和监管政策，一方面，给新进入广播电影电视行业的国内企业和外资企业设立了较高的政策壁垒，保护了公司的现有业务和行业地位；另一方面，随着国家产业政策将来的进一步放宽，公司目前在广播电影电视行业的竞争优势和行业地位将面临新的挑战，甚至整个行业都会受到外资企业及进口电影、电视剧的强力冲击。另外，电影、电视剧进口专营等限制性规定也在一定程度上制约和影响了公司部分业务拓展。

2. 税收优惠及政府补助政策风险

公司 2014 年依据国家相关政策享受了营业税减免和政府补助。尽管随着公司经营业绩的提升，税收优惠和政府补助对当期净利润的影响程度逐年下降，公司的经营业绩不依赖于税收优惠和政府补助政策，但税收优惠和政府补助仍然对公司的经营业绩构成一定影响，公司仍存在因税收优惠和政府补助收入减少而影响公司利润水平的风险。

3. 盗版风险

盗版现象给电影、电视剧的制作发行单位带来了极大的经济损失，造成了我国影视行业持续发展动力不足、原创缺乏等一系列问题。电影盗版对市场造成的损失暂时无法用一个准确的数据来衡量，但是其对电影市场的伤害无疑是巨大的，并且这种盗版行为屡禁不绝，盗版现象普遍存在。我国相关盗版和电影票房瞒报调查情况如图 2-9 和图 2-10 所示。

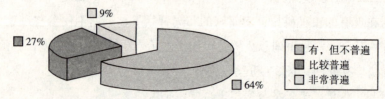

图 2-9 对合法光盘复制企业违规加工盗版音像制品的调查

资料来源：根据网络资料整理而得。

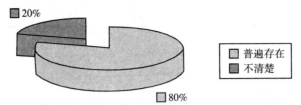

20%

□ 普遍存在
■ 不清楚

80%

图 2-10　中国电影制片企业对票房瞒报的调查

资料来源：根据网络资料整理而得。

政府有关部门近年来通过逐步完善知识产权保护体系、加强打击盗版执法力度、降低电影票价等措施，在保护知识产权方面取得了明显的成效。同时，公司也结合自身实际情况在保护自有版权上采取了许多措施，包括签订严密的版权合同，明确责任，预防版权侵权风险；采取反盗版技术、组织专门队伍打击盗版活动等。通过上述措施，在一定程度上减少了针对公司版权的盗版行为。

4. **市场竞争加剧的风险**

在电影类别方面，国产商业大片的数量和质量均实现了突破性飞跃。但是，中国的电影市场能否继续容纳更多的电影产量仍然有待验证。如果更多的影片竞争相同的档期，将不可避免地出现上映日期难以协调、观影人群分流的竞争新局面。电视剧方面，经过多年的迅猛发展，电视剧行业的市场化程度已经很高。精品电视剧的细分市场依然呈现供不应求的状况，但仍然无法完全避免整个行业竞争加剧所可能产生的系统性风险。

从图 2-11 来看，在电影市场上，华谊兄弟暂居第二，光线传媒以明显的优势领先于各大市场主体。华谊兄弟的主要竞争者有老牌竞争对手博纳影业、华策影视等，也有市场新贵阿里影业，更有日益崛起的凤凰传媒、宋城演艺、奥飞动漫等公司，市场竞争日益加剧。

5. **影视作品销售的风险**

电影、电视剧等文化产品的消费是一种文化体验，很大程度上具有一次性特征，客观上需要影视企业不断创作和发行新的影视作品。对于影视企业来说，始终处在新产品的生产与销售之中，是否为市场和广大观众所需要及喜爱，是否能够畅销并取得良好票房或收视率，能否取得丰厚投资回报均存在一定的不确定性。尽管公司有着丰富的剧本来源（包括但不限于外部购买剧本、委托编剧创作等），公司的影视作品立项及内容审查委员会及主要创作人员会仔细评审剧本初

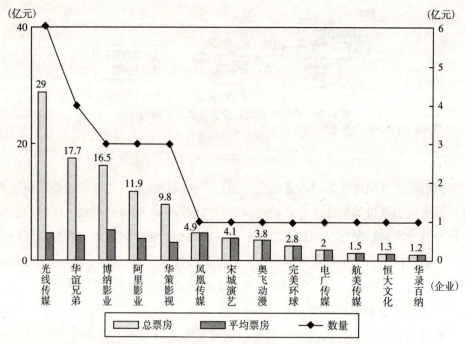

图2-11　2015年传媒企业票房过亿元电影及数量

资料来源：中国传媒协会数据。

稿和导演班底、演员阵容，充分考虑其中的商业元素，从思想性、艺术性、娱乐性、观赏性相结合的角度，通过集体决策制度，利用主要经营管理人员、创作人员多年成功制作发行的经验，能够在一定程度上保证新影视作品的适销对路，但仍然无法完全避免作为新产品可能存在的定位不准确、不被市场接受和认可而导致的销售风险。

（六）注意事项

公司将进一步完善以影视为主的原创IP驱动全娱乐的产业链，充分发挥影视娱乐、品牌授权及实景娱乐、互联网娱乐三大业务板块之间的协同效应，以资本运作为支撑，加快向多层次、跨平台、跨地区方向的扩张。公司将主要通过提高优秀影视剧作品产量和增加知名签约艺人数量来巩固和提升公司在影视娱乐板块的优势。同时，还凭借公司雄厚的内容优势、品牌优势、管理优势和资源整合能力，积极延伸产业链和价值链，拓展包括品牌授权业务、文化旅游业务、游戏业务、粉丝社区业务、在线发行业务等影视娱乐相关业务。公司将全力构建综合性娱乐媒体集团的全新形象和综合实力，努力实现成为"中国首屈一指的影视娱乐传媒集团"的总体发展目标。

五、乐视网

（一）公司介绍

乐视网成立于 2004 年 11 月，2010 年 8 月 12 日在中国创业板上市。乐视网是唯一一家在境内上市的视频网站，也是全球第一家 IPO 上市的视频网站。目前，乐视网的市值已经由上市之初的 30 亿元增长为 400 多亿元，曾多次创下创业板公司市值最高纪录，也是创业板龙头股之一。

长期以来，乐视致力于打造垂直整合的"平台＋内容＋终端＋应用"的生态模式，涵盖了互联网视频、影视制作与发行、智能终端、大屏应用市场、电子商务、生态农业等，日均用户超过 5000 万人，月均超过 3.5 亿人。近十年来，乐视网创造了多项全球或中国第一：中国用户规模第一的专业长视频网站，全球首家推出自有品牌电视的互联网公司，中国首家拥有大型影视公司的互联网公司；中国第一家提出内容自制战略的公司。乐视网正成为中国最具活力和影响力的科技与文化融合的创新型企业。

经过近十年发展，乐视网在行业内首创"平台＋内容＋终端＋应用"的生态模式，包含 4 层架构 9 大引擎。9 大引擎包含平台层的云视频平台和电商平台，内容层的内容制作和内容运营，终端层的硬件及 LetvUI 系统；应用层包括 LetvStore、视频搜索、浏览器，让电视成为互联网生活的大屏延展。乐视将依托科技和文化两轮驱动乐视生态持续发展、不断壮大。

在平台端，乐视构建起云视频开放平台和电商平台，其中，云视频平台具备业界最大的带宽储备规模，总量超过 2TB/s，平台总存贮数量 100PB，超过 200 个节点，遍布全球各个角落。乐视电商平台正式运营不足一年，日均访问用户已经突破 250 万人，已经跃居垂直电商前五名，为乐视生态提供了巨大的空间。

在内容端，乐视生态拥有乐视网、乐视影业、花儿影视等内容公司，其中乐视网具备国内最全正版影视版权库，涵盖 100000 多集电视剧和 5000 多部电影，

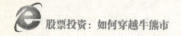

远超竞争对手；并正在加速向自制、体育、综艺、音乐、动漫等领域发力，实现内容的精品化和差异化，构筑起坚实的竞争壁垒。在内容运营方面，乐视网月度覆盖用户超过 3.5 亿人、日均浏览量超过 2.5 亿次，其中移动端日均播放量超过 1 亿次，大屏日均播放次数超过 1000 万次。

（二）发展空间

公司所处的互联网视频行业，对创新和变革有着极高的要求，行业发展迅速、竞争激烈。近年来，公司着力打造"平台＋内容＋终端＋应用"的"乐视生态系统"，以内容为基础，加强相关增值服务的开发及应用，在多屏领先技术优势与乐视生态的垂直产业链的整合布局支持下，通过 PC、Phone、Pad、TV 大屏等多屏终端为用户带来极致的体验。公司持续拓展产业链上下游及其周边，发布和实施各种重要战略，不断夯实和完善"乐视生态"，持续提升品牌知名度及用户规模，推动各主营业务快速发展。目前，公司逐步打造的乐视生态已具有较强的兼容性及延展性，生态各要素之间形成了紧密协同的运营机制，能创造出比单一经营要素独立运营更高的效率。公司未来将围绕"乐视生态"进行更为系统化的拓展，采用"内生＋外延"结合的方式进一步提升乐视生态的竞争优势、增强公司的抗风险能力、拓展公司的成长空间。

2015 年，公司将通过进一步完善，实现生态型内容结构、生态型平台、生态型终端、生态型应用、生态型组织及生态型营销，从链条的生态化进化至节点的生态化，以达到最具规模和力量的协同效应。公司通过生态化协同最大程度地获取并贴近用户，改变人们的互联网生活方式，实现打造高品质乐迷生活圈的目标，进而带动各主营业务收入快速增长。2015 年公司的整体营业收入有望突破 150 亿元，各主营业务增速力争达到 100%。

（三）商业模式

在视频网站同行还在深耕内容的路上时，乐视已经以内容为基础，外延出了一个"巨无霸"生态链（见图 2-12）。自 2012 年，乐视正式进入智能电视终端领域以来，时至今日，以乐视为代表的"平台＋内容＋终端＋应用"的垂直整合生态已比较成熟。到目前为止，乐视旗下已经成立了影业、音乐、体育、电视、移动、汽车、云计算、互联网金融等多个分公司。而乐视进一步将其垂直生态模式复制到各独立的垂直行业，如乐视体育、乐视移动等，以求生态协同。

图 2-12 乐视网生态图

1. 平台

云视频平台方面，控股子公司"乐视云计算有限公司"于 2014 年在广电、电商、教育、媒体、动漫、智能家居等多个领域积累了 2000 多家客户，并与海康威视、微软、唱吧、京东、沪江、UCloud、中金数据、新蓝网等开展了不同形式的服务合作。目前，将基于公司在云视频平台业务方面的优势，进一步加大对云视频业务的投入。2015 年乐视云全面支持 4K 和 H.265，并提供包含云点播、云直播、CDN、视频营销、广告等深度解决方案，打造领先的云计算服务平台，继续保持行业第一。

电商平台方面，2015 年实现综合实力进入电商行业前五、垂直电商保持第一的目标。围绕乐视生态，根据乐迷需求，针对性地提升产品覆盖范围。与此同时，大力加强电商平台基础能力建设，继续整合全国最优质的售后服务资源，通过乐视生态的专业化培训为用户提供最为专业的指导和服务，实现大陆覆盖无盲点，并逐步探索开展海外业务。

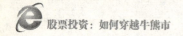

2. 内容

2014年乐视网在版权、自制、体育、音乐、电影等领域汇聚了众多热门资源，为生态型内容运作奠定了稳固基础。基于乐视生态，内容的生命周期可以通过各种内容形式得以无限延长，受众基数得到递增，并在五屏终端上充分呈现，其运营价值将得到深度挖掘，形成"大制作、大生态、大影响"的连锁规模化商业效应。

3. 智能终端

2015年，公司将继续通过垂直整合，不断拓展智能终端产品，为用户提供极致服务。具体包括，继续丰富和完善超级电视产品线，推出新一代的智能电视，进一步普及真正意义上的智能大屏；打造跨终端的LetvUI系统，并进行持续更新及迭代运营，继续保持行业领先地位，真正让大屏生态系统成为用户的家庭娱乐中心；同时，围绕超级电视产品线，推出多种配件，支撑用户的极致体验需求；择机推出智能电视之外符合"品质生活"的全新智能产品。2015年，超级电视的销售量目标会达到300万~400万台，保有量实现突破500万台。

4. 应用

移动端应用产品方面，公司将继续提升移动端流量，丰富优化移动端产品矩阵，不断提升移动端产品用户体验，实现用户量和行业排名的快速提升，以紧跟用户需求和市场趋势，促进乐视生态的进一步完善。应用市场方面，进一步丰富应用数量，提升用户体验，支持更多开发者围绕大屏进行产品开发，并进行应用市场的商业化探索，继续保持行业第一的地位。此外，在众多新型技术应用等方面进行有效布局，实现在大屏核心应用领域的战略卡位。

（四）投资价值

1. 乐视手机预约销售持续火爆，完善乐视生态链重要一环

乐视超级手机Max在2015年7月7日开放购买后，30000台量产机3秒售罄，预约人数超494万，再次刷新行业销售纪录。而其入股酷派手机更是有助于完善产业销售渠道，提高乐视手机的生产效率与售卖网络。配合其此前的超级电视持续热销及一系列周边智能硬件，乐视在智能硬件网络方面持续扩张，为其线上内容打造多个线下出口及应用场景。我们看好其智能硬件生态链的高速发展以及未来的巨大变现潜力和协同效应。2015年6月中国移动市场B2C市场份额如

表 2-3 所示。

表 2-3 2015 年 6 月中国移动市场 B2C 市场份额

品牌	份额（%）	MOM 变化（%）	销量（千台）	销售额（百万元）
MI	33.6	−4.5	3761	3428
HONOR	21.6	4.2	2420	3076
Meizu	10.4	2.0	1169	1134
Letv	4.9	4.9	550	877
Apple	4.5	−0.2	501	2238
Lenovo	4.5	0.1	500	326
Coolpad	3.6	0.3	406	249
Huawei	3.2	−1.4	359	722
Samsung	3.0	−0.6	336	695
xiaolajiao	1.9	−1.4	211	151
ZTE	1.8	−1.0	197	265
Nokia	1.1	−0.7	118	21
YOUSI	0.8	0.0	89	23
Daxian	0.6	0.0	71	10
TCL	0.6	0.0	66	36
OPPO	0.5	−0.1	53	104
F−FOOK	0.4	0.4	46	3
vivo	0.4	0.0	40	100
HTC	0.2	−0.3	27	53
Newsmy	0.2	−0.4	26	8

资料来源：http://www.askci.com.

乐视手机作为新晋品牌，以生态模式改变了人们对手机的传统认识，每次在乐视商城现货抢购都是瞬间售罄，Max 更是次次秒罄。乐视超级手机上市首月就晋升前五，其销售持续不可谓不火爆。

2. 线上应用场景不断丰富，内容储备有质有量

乐视对线上应用场景及生态链平台的打造同样令人瞩目。公司不断丰富内容端，触角涉及体育、影视、个人医疗健康、汽车出行、虚拟现实等。未来商业变现将随着场景不断完善指日可待。近期《小时代 4》的影院热播再次验证乐视影业走精品路线的策略，并为乐视影音储备提供优质素材。全方位的内容打造将有助于乐视进一步成长为国内互联网行业龙头公司。

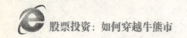
3. 继续看好乐视引领智能终端产业创新，线上线下生态闭环逐渐显现

我们看好乐视网持续建设生态产业链的决心和努力，相信后续会有更多利好动作。逐步完善的生态闭环将为公司的商业化变现打开通道，将有望极大地增厚公司未来业绩。

（五）风险控制

1. 并购重组盈利预测及整合风险

乐视以现金和发行股份相结合的方式购买花儿影视100%的股权，以发行股份的方式购买乐视新媒体99.50%的股权。花儿影视和乐视新媒体依法就本次发行股份及支付现金购买资产过户事宜履行工商变更登记手续，已经分别领取了重新核发的营业执照，标的资产过户手续已全部办理完成，相关股权已变更登记至乐视网名下，公司已持有花儿影视100%的股权和乐视新媒体100%的股权。此次并购重组仍存在以下风险：①因未来市场环境的变化花儿影视可能出现实际经营成果与盈利预测存在一定差异的情况，交易存在盈利预测风险；②交易双方能否通过整合既保证公司对花儿影视的控制力又保持花儿影视原有竞争优势并充分发挥本次交易的协同效应，具有不确定性，存在整合风险。

2. 规模扩张带来的管理风险

公司资产和经营规模持续扩大，使得公司组织结构和管理体系趋于复杂化，公司的经营决策、风险控制的难度增加，对公司经营管理团队的管理水平带来相当程度的挑战。如果公司在业务循环过程中不能对每个关键控制点进行有效控制，将对公司的高效运转及资产安全带来风险。

3. 网络自制内容合规风险

为实现公司与竞争对手差异化的内容策略，公司加大了网络剧、网络栏目等自制内容的投入，在为公司建立内容优势的同时，也使公司面临该项业务的合规风险。根据国家新闻出版广电总局和国家互联网信息办公室联合发布的《关于进一步加强网络剧、微电影等网络视听节目管理的通知》规定，目前网络自制内容执行"自审制"，由视频网站运营商组建内容审核小组对自制内容进行审核，通过后方可播出。公司已建立了完善的内容质量控制体系，并严格按照监管部门的要求对视频内容进行审核。但如果监管部门对网络自制内容的审核标准发生变化，公司将对已上线的网络自制内容进行重审或下线，可能会对公司的经营造成一定的影响。例如乐视 TV 自制剧《太子妃升职记》遭下架。

4. 行业监管政策从严风险

当前, 我国网络视频行业采取行政许可管理制度, 存在着对该行业进行多部门联合审查和分领域监管的机制, "多头管理"及"政出多门"导致的较低的管理效率在一定程度影响着网络视频企业的运营和发展。传统的广电、出版、文化等区块划分与管理部门职责分配已经难以适应当前新媒体的发展, 从而催生了对当前管理体制和部门设置进行潜在调整的可能性。若在调整后的管理体制下, 相应部门出台的针对网络视频行业的监管政策中限制性条款增加、鼓励性条款减少, 将会在一定程度上给公司业务的发展带来不利影响。

5. 海外业务风险

为了抓住中国互联网品牌走向全球并取得领先优势的历史性机遇, 经过半年时间的调研和论证, 公司于 2014 年 7 月起正式开拓海外业务。互联网时代将是中国互联网企业在全球范围内引领变革的时代, 且具有垂直整合能力的生态模式更优于传统分工模式, 更易赢得市场和用户。但在开拓过程中, 可能存在市场反应不确定、版权购买风险、竞争对手跟进等问题导致不能达到预期效果, 对公司的未来发展战略和经营产生一定影响。

(六) 注意事项

1. 公司流量、用户覆盖规模等优势进一步提升

在第三方专业媒体监测平台 comScore 发布的 2014 年 12 月 VideoMetrix 视频网站月度总播放时长 TOP10 榜单中, 乐视网排名居行业前两位; 在视频网站月度总 UV 排名中, 则以 1.88 亿的月度覆盖人数名列前三。

2. 终端稳步、快速发展, 生态协同效应增强

2014 年, 公司"乐视 TV·超级电视"已完成 Max70、X60S、X50Air、S50Air、S40Air、S40AirL 全系列产品线建设。完善的产品线, "双倍性能、一半价格"的产品特性, 使得超级电视销量占比快速、稳步上升。经过一年多时间的经验累积和持续建设, 乐视 TV 的研发、物流、客服等体系更趋完善, 并通过深度的互联网营销不断提升品牌价值。中怡康数据显示, 2014 年 1~10 月, 在中国绝大多数彩电品牌销量呈现不同程度下滑的背景下, 乐视 TV 超级电视逆势高速增长, 销量份额 (线上+线下) 从年初的 1.8%上升至 10 月的 7.73%, 市场占比

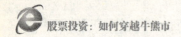

扩张超过四倍，继续领先三星、夏普、索尼（3S）等洋品牌。此外，乐视 TV 在 40 寸、50 寸、60 寸、70 寸的单品，累计夺得线上线下总量的 41 个月度第一，其中 50 寸和 60 寸的单品，连续 10 个月每个月单品总销量第一名，70 寸单品上市 8 个月勇夺 7 个月度销量第一。

3. 不断夯实上游内容，打造内容矩阵独具特色

2014 年，公司进一步坚持"内容为王"的运营战略，通过"独播＋非独播"的方式，加以强有力的内容运营，并在主攻差异化的细分领域及自制领域全面发力，公司版权优势不断巩固，为广大用户和乐迷提供了更为极致的内容服务。2014 年第一季度，乐视网独播《我是歌手》第二季，颠覆传统门户视频运营思路，通过以用户运营为核心的内容布局，实现用户规模聚合效应，全平台总播放量破 15 亿次。此外，乐视网还获得了东方卫视《中国梦之声》第二季和明星真人秀《两天一夜》的网络独家版权以及浙江卫视《奔跑吧兄弟》（中国版"Running Man"）的网络版权，构筑出"独播＋非独播"内容矩阵，为用户和乐迷打造最强综艺季。

4. 垂直产业链协同效应彰显，海外战略再添新翼

2014 年"平台＋内容＋终端＋应用"的生态模式进一步完善，生态效应在各个业务层面得到彰显。为了抓住中国互联网品牌走向全球并取得领先优势的历史性机遇，经过半年多时间的调研和论证，公司于 2014 年 7 月起开拓中国大陆以外的海外业务，在中国香港，美国洛杉矶、硅谷等地设立了分公司。2014 年 10 月 9 日，超级电视正式登陆中国香港，仅用 9 分 38 秒，1000 台 X50Air 销售完毕，取得海外业务首战告捷，为后续海外业务的持续开拓打下了坚实的基础。

TMT 行业正不断地改变着人们的生活方式和工作效率，也正在对企业的运营模式产生革命性的影响。在离不开智能终端的今天，各类传统生活方式及工作模式都通过移动互联网发生了质的改变，传统行业也正在加速互联网化。无论是现在还是未来，在 TMT 领域投资如何做出有效合理的判断，如何面对高风险、高收益的 TMT 企业进行理智分析并看清投资价值，对投资者来说是至关重要的。

第三章

大环保，大未来

随着全球经济的迅猛发展，环境保护也越来越受到各国的重视，我国在集中精力发展经济的同时，也将环境保护列为一项基本国策。近年来，对于节能环保产业的发展，我国始终给予高度重视与支持，出台了一系列政策与法律法规，提供了大量的资金支持，为节能环保产业的发展创造了一个良好的外部环境，注入了强大的发展动力，取得了长足进步。

一、大环保产业

2016 年 1 月 11 日，全国环境保护工作会议在北京召开。会议指出，要深入贯彻习近平总书记系列重要讲话精神，认真落实李克强总理、张高丽副总理重要批示指示精神，按照"五位一体"总体布局和"四个全面"战略布局，牢固树立和贯彻落实"五大发展理念"。环境保护部部长陈吉宁出席会议强调，要认真贯彻落实中共十八大，十八届三中、四中、五中全会和中央经济工作会议精神，坚持以改善环境质量为核心，全力打好补齐环保短板攻坚战。

全国环境保护工作会议的召开及其重要指示，足见我国政府对环保问题的重视。近几年，雾霾深深地困扰着北方人民，尤其是 2015 年，北京市多次发布红色预警，雾霾范围也由曾经的北方扩散到了长江中下游一带，其范围之广，程度之严重前所未有。而类似血铅超标、镉污染、水源污染这些事件更是层出不穷。

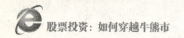

当一系列的社会问题出现时，对企业来讲，就是一次次的契机了。环境问题不断恶化，而环保意识又在不断增强，环保产业面临空前的发展前景。

（一）产业情况

环保产业是指在国民经济结构中，以防治环境污染、改善生态环境、保护自然资源为目的而进行的技术产品开发、商业流通、资源利用、信息服务、工程承包等活动的总称，是一个跨产业、跨领域、跨地域，与其他经济部门相互交叉、相互渗透的综合性新兴产业。

1. 产业情况

我国环保产业经过 500 多年的发展，主要经历了四个核心转型阶段。环保行业由最初的以产品制造为主发展为包括环保产品、环境服务、资源综合利用、环境基础设施建设等多个领域。

2014 年，我国环保产业从业机构约有 2.4 万家，其中制造与批发零售企业数量占据环保产业链半壁江山（见图 3-1）。年营业收入约为 3 万亿元，其中民资企业占 48.68%，国有企业占 32.70%，外资企业占 5.31%，合资企业占 0.02%。环境污染治理投资总额 2014 年为 9575.50 亿元，同比增长 5.6%。规模 50 人以下的环保企业占 92%，50~100 人的占 3.54%，100~200 人的占 2.36%，200~300 人的占 0.71%，300~500 人的占 0.86%，500 人以上的占 0.49%。关于环保企业注册资金，50 万元以下企业占 74.64%，50 万~100 万元的占 6.97%，100 万~500 万元的占 9.29%，500 万~1000 万元的占 4.02%，1 亿元以上的占 0.8%。国家财政环境保护支出 2014 年也达到了 3815.64 亿元，同比增长 9.97%。据统计，截至 2014 年，我国环保相关产业的总体规模增长较快，从业人数已经超过了 3000 万，从业单位数量增长到了 50734 家，营业收入总额增长了约 100 倍。特别是 2000 年以来，我国环保相关产业进入了快速增长期。

2. 产业结构

首先，产业的总体结构。环保产业包括环保产品生产、环境服务、资源循环利用和环境友好产品。其中，环境服务业所占比重是表征环保产业发展阶段的重要标志。在我国环保相关四大领域中，环保产品生产和环境保护服务两领域从业单位的数量之和占到单位总数的一半以上。两个领域的利润率均达 10% 以上，高于资源循环利用和环境友好产品生产领域 1.2~4 个百分点，且高于同期专用设备

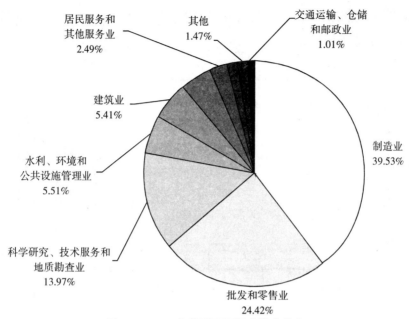

图 3-1　2014 年我国环保行业从业分布

资料来源：全国环境保护相关产业状况公报。

制造业的平均利润率（8.4%）和第三产业的平均利润率（8%）。资源循环利用和环境友好产品发展势头迅猛，占据了环保相关产业的绝大部分份额。

其次，产业的内部结构。环保产品生产以污染治理及环保设施运行服务和环境工程建设服务为主，两类服务收入之和占环境保护服务收入总额的 73.8%。环境保护服务具有较高的利润率（15.1%），相比污染治理及环保设施运行服务、环境工程建设服务拥有更好的投资收益。资源循环利用产品生产以产业"三废"综合利用产品和再生资源回收利用产品为主，两类产品的销售收入之和占资源循环利用产品销售收入总额的 91.8%。矿产资源的综合利用率达到 13.0%。环境友好产品生产以环境标志产品和节能产品为主，两类产品的销售收入之和占环境友好产品销售收入总额的 91.3%。其中，环境标志产品的销售收入占环境友好产品销售收入的 76.6%。

最后，区域分布。数据显示，江苏、上海、广东、吉林、浙江、北京、湖北、辽宁、山东、安徽 10 省市环保相关产业年收入总额均达 1000 亿元以上，其收入之和占全国环保相关产业收入总额的 72.4%，其中，江苏、上海、广东、吉林、浙江 5 省市环保相关产业收入之和约占全国环保相关产业收入总额的 50%，而江苏、浙江两省的环保企业收入分别占了 22.74% 和 15.82%。2005~2014 年我国环保企业从业单位数如图 3-2 所示。

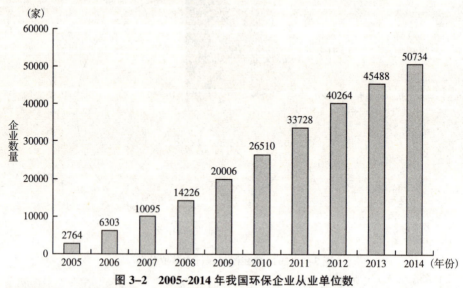

图 3-2　2005~2014 年我国环保企业从业单位数
资料来源：全国环境保护相关产业状况公报。

　　在我国，从 2007 年开始，环保支出科目被正式纳入国家财政预算，政府对环保工作提出了新思路、新对策，受益于此，中国环保行业保持高速增长，且增速进一步提高。有关环保行业的公司有很多，其主要所在领域有：空气质量监测领域；除尘治理领域；水污染防治领域；固体废弃物处理领域；土壤修复领域；清洁生产领域等。

　　在"第六届生态文明学术沙龙"会上，国务院发展研究中心资源与环境政策研究所副所长常纪文谈道，现阶段，"互联网+"的发展对环保行业既是机遇也是挑战。互联网信息的公开和透明化，使得一些低端环保产业面临逐步淘汰，同时，"物流业的发展是成为生态文明背景下经济和消费转型的一场新革命"，"互联网+"本质上是环境产业实现转型升级的一种有效方式。

　　在资本的强力推动之下，2015 年，环保领域迎来了新一轮并购潮，除了大型环保企业的并购扩张外，一些原本不属于"环保圈"的"野蛮人"，也开始斥巨资杀进环保市场。中国现在固体废弃物和水处理市场业务量比较大，所以目前并购都专注在这两个领域，这两部分的问题解决之后，可能会转移到其他领域。

"十三五"是环保并购真正推进、落实和快速调整的时期。2016 年是"十三五"的元年，抓住时机，是投资者的撒手锏。

（二）未来市场空间

从宏观上看，中国环保产业发展还有广阔空间。按照国外发达国家的经验，环保产业一般会维持 10~20 年的高速增长期，产值增长率一般维持在 GNP 增长率的 2~4 倍，因此，预计我国未来环保行业增速将维持在 20% 以上。目前我国环保产业产值和从业人员素质都与发达国家有较大差距：发达国家环保产值占 GNP 的比例保守估计大于 2.5%，我国"十二五"末环保产业占 GDP 的比重为 2%（按照欧美国家的发展经验来看，当污染治理投资占 GDP 的比例在 2% 以下时，能基本控制环境污染；而只有提高到 3% 左右时，才能有效改善环境质量）。近几年，我国环保投入占 GDP 比重分别为：2012 年 1.59%，2013 年 1.59%，2014 年 1.51%。而在这之前环保投入占 GDP 比重也都低于 2%，一系列的占比说明我国距离有效改善环境仍有一段路程，所以我国仍然需要加大环保投资力度，行业未来发展空间巨大。

从微观企业结构来看，集中度提升催生市值过百亿元甚至千亿元的环保巨头诞生。从发达国家经验来看，环保行业发展初期会催生大量的小企业产生，但是随着产业逐渐成熟，有技术、资金、管理优势的企业会采用并购的手段逐渐提高市场集中度（例如，美国环保各个细分行业前十位的公司占市场份额的比例约为 50%~80%），这样就诞生了我们现在所看到的国际环保巨头的企业，如威立雅、美国废物管理、公共服务、优美科、苏伊士等市值均过百亿美元甚至千亿美元。发达国家环保行业内大企业占比一般在 1% 左右，而我国仅为 0.4%，这反映了我们环保行业发展小而散的特点，未来行业集中度有望进一步提升。企业将逐渐从单一设备提供商、工程承包商向综合环境服务商转变。

从国家政策来看，环保行业是典型的政策驱动行业，在政策要求下，政府或者企业会加大环保的投入力度，从而推动环保需求。据统计，"十二五"期间，国家政策密集出台，2013 年和 2014 年先后出台了"大气十条"和新《环保法》，2015 年更是在短短的几个月时间里，陆续发布了"水十条"、《关于加快推进生态文明建设的意见》、《生态文明体制改革总体方案》等一批重要的环保相关文件，并且媒体消息称"土十条"的编制工作也接近尾声。这些政策进一步推动了我国环境污染治理投资总额的攀升，市场投入分别为 2011 年 7114.03 亿元，2012 年 8253.46 亿元，2013 年 9037.20 亿元，2014 年 9575.50 亿元。相关报道也显示 2015 年国家的投资额大于 2014 年的 9575.50 亿元。因此，可以看出，在"十二五"期间，环境污染治理投资总额超过 4 万亿元，年均投资额保持 20% 左右的增长，带动环保设施建造进入高峰期，促进了环保产业快速发展。

2011 年国家发改委颁布的《产业结构调整目录》规定，鼓励发展危险废弃物处理中心建设，鼓励环境监测体系工程和新型环保技术开发利用，鼓励削减和控制二噁英排放的技术开发与运用，鼓励持久性有机污染物产品处置技术开发与运用，鼓励高效、低能耗污水处理与再生技术开发及设备制造，鼓励煤气、烟气除尘、脱硫、脱硝技术及装置开发、成套设备制造，鼓励节能、节水、环保及资源综合利用等技术开发、应用及设备制造。因此，环保行业的发展也是国家产业结构调整的必然要求。

2015 年 10 月在北京召开的中共十八届五中全会的主要议程是研究关于制定国民经济和社会发展第十三个五年规划的建议。全会强调，坚持绿色发展，必须坚持节约资源和保护环境的基本国策，坚持可持续发展，坚定走生产发展、生活富裕、生态良好的文明发展道路，加快建设资源节约型、环境友好型社会，形成人与自然和谐发展现代化建设新格局，推进美丽中国建设，为全球生态安全做出新贡献。会上指出，环境友好型社会的建成是我国如期实现全面建成小康社会奋斗目标的重要组成部分，因此在作为全面小康社会建成决胜时期的"十三五"阶段，国家对环保的动员和投资力度已是路人皆知了。

国务院总理李克强在中法气候与绿色经济论坛闭幕式上发言说道：对发展中国家来说，应对气候变化确实是一个挑战，会有阵痛和压力，但换来的将是经济持续健康发展。因此，走绿色发展之路是转变发展方式、调整经济结构的必然要求，也是中国作为一个发展中大国应当担负的责任和应当做出的贡献。中国将按照十八届五中全会部署，包括遵循绿色发展理念等，继续通过转变发展方式、调整结构和促进经济提质增效，拓宽经济增长与环境改善的双赢之路，开拓生态文明建设新局面。

（三）重点技术

任何一个行业的发展和兴盛都离不开技术的支持，这是千古不变的真理。环保产业领域中的工程技术并不仅限于与节能减排或者治理环境污染有关的设备，还包括更广泛意义上的系统工程和流程设计。这方面的技术突破和创新是环保产业的直接经济成果，也是绝大多数环保领域企业的重点研发切入点。某一建筑在结构或者材料上的巧妙设计带来建筑用电量大幅度降低是工程技术的突破；同样，某一新型汽车尾气净化装置的面世和普及也是工程技术发展的体现。

在水污染防治领域，主要工程技术是：满足更严格排放标准的污水治理技术（高效、深度处理）；污水资源化技术（低能耗、水中营养物及资源回收技术）；围绕去除 COD、NH3-N、T-N、T-P 技术；满足去除行业特征污染物和特种污染物（如重金属等）技术。其中，在城镇污水处理市场，现有城镇污水处理厂的需求主要集中在提标改造，而新建污水厂主要集中在县一级和村镇一级，同时，污泥处理处置潜在市场很大。对技术的需求主要表现在提效、节能、资源化、污泥处理处置。典型技术如膜技术、高级氧化技术、电吸附电絮凝技术、高效曝气技术、厌氧氨氧化技术等，污泥处理处置技术既是热点也是难点。此外，工业集聚区、重点工业行业、重点流域和重点区域以及城市黑臭水体治理、畜禽养殖废水、农村污水和渗滤液废水治理等都是水污染防治的重点市场领域。

大气污染防治领域技术主要集中在以下几类：满足超低排放的高效除尘脱硫脱硝技术，包括多电场电除尘技术、高频电源、低低温电除尘技术、移动极板电除尘技术、湿式电除尘；电袋复合除尘技术、高端滤料生产技术；高效脱硫技术［单塔/双塔双循环技术；双托盘技术；U 形塔（液柱＋喷淋塔）技术］等。大气污染防治重点市场领域大部分集中在升级改造项目。高效除尘主要集中在火电、钢铁、水泥、有色金属、石化、化工六大行业的工业烟粉尘治理，脱硫集中在火电、钢铁、化工等重点行业，脱硝集中在火电、水泥、玻璃等重点行业。燃煤工业锅炉除尘脱硫脱硝以及饮食行业的油烟净化也是市场重点。VOC 治理技术中的溶剂回收型净化技术也将得到更广泛应用，VOC 治理的重点行业包括石化行业和有机溶剂的使用行业，如涂装、家具、印刷等。柴油机（车船）尾气治理、脱硝废催化剂再生处理处置技术、废布袋处理处置技术等也将得到进一步发展。

在土壤污染领域，土壤污染类型以无机型为主，有机型次之，复合型污染比重较小。土壤主要污染物以重金属（镉、镍、铜、砷、汞、铅）和有机物（滴滴涕和多环芳烃）为主。土壤修复市场主要针对四类污染场地：①城市企业搬迁污染场地：污染物主要是重金属＋有机污染物类，修复技术以物化修复为主；②农

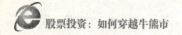

田耕地污染场地：主要是重金属＋有机污染物类污染，修复技术以物化和生物为主；③石油开采污染场地：主要是以有机污染物为主，修复技术以生物修复为主；④矿山开采污染场地：主要是以重金属类污染物为主，修复技术以切断暴露途径为主。

（四）主要商业模式

商业模式是企业价值创造的逻辑，它描述了公司所能为客户提供的价值以及公司的内部结构、合作伙伴网络和关系资本等借以实现这一价值并产生可持续盈利收入的要素。目前环保行业正处于外部环境非常良好的黄金发展期，商业模式作为企业价值创造的重要逻辑，将决定环保企业能否建立强大的产业基础甚至能否成为行业领头军。

合同环境服务是环境服务业的商业模式之一。合同环境服务的特点，一是投入和环境效果直接挂钩。即政府仅强调效果，对过程和方法只做规范，不进行干预。从大方向讲，是计划经济向市场经济的转变。二是合同环境服务有利于精兵简政，有利于政府转变职能，有利于构建"小政府、大社会"。合同环境服务模式从很大程度上可以解决执法成本高、违法成本低的问题。综合环境服务商一旦违法偷排，多年积累的诚信和资本就会坍塌。所以，当把实际工程交给这样的企业时，环境问题会得到很大改善。中国大量污染问题是在污染治理规模很小的情况下发生的，只有综合服务集约才有可能解决。

BOT模式是环保企业的典型商业模式。BOT是"Build–Operate–Transfer"的缩写，意为"建设—经营—转让"，是私营企业参与基础设施建设，向社会提供公共服务的一种方式。我国一般称其为"特许权"，是指政府部门就某个基础设施项目与私人企业（项目公司）签订特许权协议，授予签约方的私人企业来承担该基础设施项目的投资、融资、建设、经营与维护，在协议规定的特许期限内，这个私人企业向设施使用者收取适当的费用，由此来回收项目的投融资，建造、经营和维护成本并获取合理回报；政府部门则拥有对这一基础设施的监督权、调控权；特许期届满，签约方的私人企业将该基础设施无偿或有偿移交给政府部门。

目前在环保领域采用BOT特许经营模式的多为上海真空泵污水处理和自来水供应（见图3-3）。

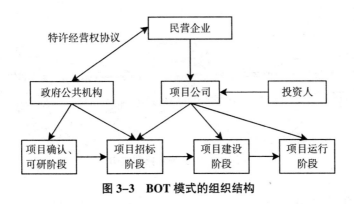

图 3-3　BOT 模式的组织结构

除一次性投入大量沉淀成本外，环保产业还需要加大资金投入以进行相关环保技术和产品的研发。此外，新环保技术或产品短时间内普及有难度，故还需要额外增加日常运行管理成本。因此，金融技术也是环保行业的一个重要指标。

20 世纪 90 年代后，一种崭新的融资模式——PPP（Public-Private-Partnership，即"公共部门—私人企业—合作"的模式）在西方特别是欧洲流行起来，在公共基础设施领域，尤其是在大型、一次性的项目，如公路、铁路、地铁等的建设中扮演着重要角色。一般情况下，PPP 模式是公私合营各种模式的统称。但在环保行业是作为一种独立而具体的模式。就此而言，PPP 融资模式主要应用于基础设施等公共项目。首先，政府针对具体项目特许新建一家项目公司，并对其提供扶持措施，然后，项目公司负责进行项目的融资和建设，融资来源包括项目资本金和贷款；项目建成后，由政府特许企业进行项目的开发和运营，而贷款人除了可以获得项目经营的直接收益外，还可获得通过政府扶持所转化的效益。

PPP 模式是一种优化的项目融资与实施模式，以各参与方的"双赢"或"多赢"作为合作的基本理念，其典型的结构为：政府部门或地方政府通过政府采购的形式与中标单位组建的特殊目的公司签订特许合同（特殊目的公司一般是由中标的建筑公司、服务经营公司或对项目进行投资的第三方组成的股份有限公司），由特殊目的公司负责筹资、建设及经营。政府通常与提供贷款的金融机构达成一个直接协议，这个协议不是对项目进行担保的协议，而是一个向借贷机构承诺将按与特殊目的公司签订的合同支付有关费用的协定，这个协议使特殊目的公司能比较顺利地获得金融机构的贷款。采用这种融资形式的实质是：政府通过给予私营公司长期的特许经营权和收益权来加快基础设施建设及有效运营。PPP 模式典

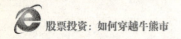

型结构如图 3-4 所示。

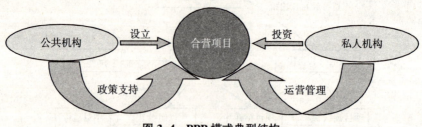

图 3-4　PPP 模式典型结构

（五）重点上市公司

2010 年 9 月，国务院确定七大战略新兴产业，节能环保位于七大战略产业之首。环保行业突出的国家战略位置，使得各大企业纷纷上市。目前我国环保行业内的上市公司主要有桑德环境、科林环保、菲达环保、永清环保、东江环保、先河环保、碧水源、龙净环保、万邦达、聚光科技、创业环保、中电环保等。这些企业涵盖了环保行业的各个方面，包括污水处理、大气污染、固废处理、监测仪器等。

本章将选取环保行业不同领域的代表企业来进行案例分析。包括空气质量监测领域的先河环保，除尘治理领域的龙净环保，污水处理领域的碧水源，以及从事催化剂、石化助剂和催化新材料的研发、生产、销售及相关技术服务的三聚环保。

二、先河环保

（一）公司介绍

河北先河环保科技股份有限公司是国内高端环境监测仪器仪表领军企业，也是国内首家拥有国家规划的环境监测网及污染减排监测体系所需全部产品的企业。2010 年 11 月 5 日，公司登陆创业板市场，成为中国环境监测仪器行业首家上市公司。

先河环保于 1996 年成立，注册资本为 3.4439 亿元，资产总额近 12 亿元。

公司主营业务涵盖大气监测预警技术与设备、地表水质监测技术与设备、地下水水质监测技术与设备、饮用水安全监测预警技术与设备、酸雨在线监测技术与设备、污染源在线监测技术与设备、应急监测及决策指挥系统等环境监测解决方案、运营服务、VOCS治理、社会化检测及民品净化等领域。公司产品遍布国内除港澳台外所有省份和地区，主导产品的占有率在30%以上。公司还是国家火炬计划重点高新技术企业、国家创新型企业、国家重合同守信用企业、全国博士后科研工作站、中国环保产业骨干企业及行业AAA级信用企业，也是中国环境保护产业协会副会长单位、中国环保产业协会监测仪器专业委员会副主任单位、河北省"巨人计划"创新创业团队。

2000年，先河环保自主研发推出国产空气系统，填补了国内空白，打破了空气质量监测系统完全依赖进口的局面，迫使进口设备价格由之前的100万~120万元/套降至40多万元/套。此外，先河环保成功研发出了水质、污水COD、烟尘烟气、酸雨、饮用水安全、数字应急监测车等七大系列产品，完全覆盖国家节能减排政策，满足对污染企业实行在线排污监控、城市及流域大环境监控和环境突发污染事故应急监测的需要。

先河环保定位于环境污染在线监测、自动监测等国家环境战略高技术的研发，把服务国家战略作为目标。为落实这一目标，公司建立了以企业为主体的开放创新体系，以承担国家重大科技攻关计划作为切入点，联合中科院安徽光机所、长春应化所、北京理化所、大连化学物理所、北京大气物理所、清华大学、复旦大学、天津大学、厦门大学等科研院所、高校开展核心技术研究，并建立了研发与标准化同步的工作机制，使公司产品研发始终保持国内领先水平。

随着"互联网+"的发展，先河环保面临着更激烈的竞争，公司瞄准未来竞争领域，立足资本市场优势，正积极推进兼并收购工作，加速产品技术与国际接轨，努力推动产业内的全球化整合及多元化扩张，开启了先河环保"服务国家战略、引领全球竞争"的新时代。

（二）发展空间

2010年环境在线监测领域发展平稳，根据对公开信息的统计，市场较2009年增长30%。2010年环境监测领域的竞争进一步加剧，行业整合速度明显加快。虽然污染源在线监测领域因进入门槛低，生产厂家众多，价格竞争激烈，但是随着国家对产品运行率要求的提高，产品质量好、技术服务能力强的企业逐渐占据竞争优势，一些生产规模小的企业开始被淘汰，这正给了先河环保一个更好的发展机遇。随着市场整合的深入，产品的集中度也将进一步增加，产品价格将会逐渐提高。在国内高端市场，先河环保是澳大利亚 Ecotech 在中国大陆地区的唯一授权生产商和销售代理商。先河环保通过与 Ecotech 合作生产高端空气监测设备，进入空气监测系统的高端市场。2009 年，Ecotech 分析仪器销售收入占公司营业收入的比重达到了 23.22%，开拓高端市场的努力已见成效（见表 3-1）。

表 3-1　现有监测要素下环境在线监测仪器的市场空间

大类	监测对象或要素	采购监测仪器的行业	增长的驱动因素	2014~2016 年估算市场空间	主要竞争者	外企还是内企主导
大气	SO_2、NO_2、CO、O_3、PM2.5、PM10	空气站——即地方政府	1. 空气站增加；2. 国产设备份额提升	15 亿~20 亿元/年	美国热电（赛默飞世尔）、MEIONE、先河环保、聚光科技、武汉宇虹、安徽蓝盾等不到 20 家	外企主导
烟气在线监测	粉尘、二氧化硫、氮氧化物	电厂、钢铁、水泥等	1. 行业排放标准的提升；2. 监测指标的增加	10 亿~15 亿元/年	63 家获得认证，雪迪龙最大，其他还有宇星、希克麦哈克、聚光科技份额较大	内企主导
水质在线监测	污水厂	业主	1. 行业排放标准的提升；2. 监测指标的增加	100 亿~150 亿元/年	聚光科技、宇星科技、岛津、KPI、安捷伦、美国热电、哈希	外企占优
	自来水厂	业主	行业排放标准的提升			
	流域	政府主管部门	环境治理			
	地下水	政府主管部门	环境治理			
	排污企业	企业	行业排放标准的提升			

资料来源：http://www.hbzhan.com/.

目前高端市场主要竞争对手包括：美国赛默—飞世尔（Thermo Fisher）、美国 API、美国大西比、美国 Moniter Labs、美国 ESC、法国 ESA、法国 SERES、日本堀场（HORIBA）、瑞典 OPSIS 等，目前 Thermo Fisher、SERES、HORIBA 等国外厂商已直接进入我国市场，其他国外厂商基本采用国内经销商授权生产、代理销售等形式进入我国市场。因此在我国庞大的市场需求下，先河环保的竞争环境并没有那么激烈。

2000 年后，环境监测行业被引入中国。彼时国内环境问题尚未呈现大规模爆发，环境监测能力建设相对缓慢。随着国内污染问题越发严重，逐渐达到或超过环境耐受限值，各类污染事故连续爆发。2015 年以来，雾霾天气连续出现，大气污染治理成为环保重点，同时也带来了大量的空气质量监测需求。PM2.5 越来越多地进入公众视野之后，极大地推动了我国环境监测的进程，全国各地纷纷于 2014 年开展了 PM2.5 的监测工作。2010 年首批 PM2.5 监测试点城市共 74 个，包括北京、上海等直辖市，京津冀、珠三角、长三角三大城市群的部分城市，以及各省会城市。2013 年在 113 个环境保护重点城市和国家环境保护模范城市开展监测，2015 年覆盖所有地级以上城市。此外，目前已经启动 PM2.5 监测的城市还面临监测网点密度不够等问题。环境质量数据的监测仪器行业仍面临着极大的发展空间。按照发达国家监测点密度标准，国内到 2015 年实现全国范围 PM2.5 监测，需要新增数千套监测设备，按照目前每套 40 万元左右的价格，空气监测行业尚存几十亿元的市场空间。公司凭借先发优势，在 2012 年把握市场爆发契机，斩获订单接近 4 亿元。

2013 年 8 月 15 日，公司公告与 CES 达成收购协议，意味着公司在监测重金属污染方面真正具备了核心技术和竞争力。双方达成协议，CES 将技术转让给先河环保，对成熟产品使先河环保具有不依赖于 CES 生产和组装该产品的能力。回顾国内环境监测仪器行业的发展历史，基本上是以防止国外产品为主。目前国内企业在空气质量监测方面已经获得市场认可，但在重金属领域，产品的准确性和稳定性都没有经过验证。CES 拥有强大的数据库基础，甚至已经成为国内公司相关产品的标定标准。此外，CES 在污染物溯源方面的丰富经验也是公司看重的因素。与 CES 的合作，使先河环保的竞争力又大大增强了。

得益于国家政策的大力推动和先河自身强大的工程技术及其资金，我们相信先河环保的发展空间无限。

（三）商业模式

1. BOT 模式和 PPP 模式共行

针对环保部 2013 年以来发布的一系列环境监测政策，公司开始通过尝试 BOT 等业务模式，积极占领不断扩大的环境监测市场。当环保部环境监测政策创造市场空间的时候，先河环保也在积极适应快速发展的市场。在进行环境监测仪器竞标的同时，公司也在尝试新的业务模式，包括"环境监测托管运营和环境监测系统建设＋运营"等方式。这样做的目的是更好地适应地方政府的建设需求，力求占领不断扩大的环境监测仪器市场。

2015年9月15日，先河环保下属子公司河北先河正源环境治理技术有限公司与河北雄县人民政府签署了合作框架协议，以PPP模式为后者辖区内包装印刷行业VOCs污染综合治理提供第三方整体服务。根据协议，双方合作内容包括：公司子公司提供政策咨询及技术支持；VOCs资源化利用基地建设；包装印刷行业VOCs污染第三方治理；挥发性有机物排放在线监控平台系统建设。合作将以PPP模式和特许经营的方式开展，项目整体投资约18亿元。该项目若能成功实施，将有助于增强公司在工业有机废气综合治理项目上的建设和运营经验，提升公司的核心竞争力和行业影响力，加快公司的战略布局，促进公司的长期可持续发展，同时也有利于公司创新业务的开展。

2. 监测设备＋传感器助力环保治理新模式

2015年，是"互联网＋"开始盛行的元年，各大行业都走上了"互联网＋"的创新之路。环保行业也不例外，为了改善之前环境监测仪器设备动辄上百万元一台的现状，先河环保开始在河北石家庄运用小型传感器进行网格化布点。通过监测器和传感器共同对一个区域进行环境监测，然后将监测数据进行汇总分析，为地方政府制定治理方案，提供精准的数据支持。同时，一台传感器的价格在七八万元左右，相比空气自动监测站便宜很多。通过全面布点、全面联网，达到为区域环境"问诊"的效果。

（四）投资价值

河北先河环保科技股份有限公司自1996年成立以来，一直专注于高端环境监测仪器的自主研发和生产。二十年磨砺，公司依靠科技创新战略实现了跨越式发展，成为中国民族环境监测装备产业的领航者。1998年以来，公司共开展科研项目74项，其中参与和主持了国家"九五"、"十五"、"十一五"科学仪器攻关课题4项，国家重大技术装备研制创新项目2项，863专题3项，完成或在研省部级课题7项，获国家专利48项，参与制定国家行业标准2项，多项技术研究成果居国际先进或国内领先水平。公司下设北京和石家庄两个产品研发中心。公司坚持自主创新引领企业发展，多项技术填补国内空白，在国际市场处于领先水平。

公司当前定位于环境监测设备供应商，并且在PM2.5监测和重金属监测领域具有明显优势。从长远发展来看，公司将在设备供应的基础上，提高运营业务规模，并以收购CES为契机在污染物溯源方面占据先机，最终力争成为第三方环保数据供应商。得益于近年来国内环保基础设施建设的快速发展，公司实现了业务规模的快速增长。2013年上半年，公司实现营业收入9330.41万元，同比增长38.98%；目前公司订单饱满，财报数据显示公司存货规模显著提升，迎来供货高峰期。

作为国内空气质量监测领域最早的进入者之一，公司的PM10、PM2.5监测产品已经获得了市场的广泛认可，在与国外产品的竞争中占据一席之地。随着市场逐级下沉，公司作为民营企业的优势将体现得越发明显，目前，公司已成为PM2.5监测市场的领导者。公司自主开发出我国第一套自主知识产权的干法空气连续自动监测设备。2007年，先河环保环境空气质量监测系统获得国家科技进步二等奖，和国内竞争对手相比，在研发能力上具有较明显的技术优势。

近些年，空气质量监测系统的市场集中度进一步提升，先河环保、赛默—飞世尔、API设备占据了国内90%以上的市场份额，先河环保成为唯一能与国外产品竞争的品牌，公司产品在高端监测市场领域继2009年实现突破之后又中标了南京、大连、广东等项目，成功开拓了发达地区市场，未来公司在高端监测市场领域的占有率有望持续增长。水质监测系统领域的监测设备大多采用国外设备，国内公司主要做系统的集成，各家公司均缺乏核心竞争力，较多是区域性的公司，行业有待进一步透明和规范。饮用水安全方面，济南、杭州、东莞作为国家"水专项"的试点城市，均开展了相关在线监测设备的试点工作，下一步有望扩大推广范围。

从公司状况的基本面来看，先河环保无疑是具有很大投资价值的。公司2015年三季报实现营业收入1.08亿元，归母净利润0.23亿元，分别同比增长5.72%和0.29%。公司前三季度营收3.79亿元，归母公司净利润0.59亿元，增幅54.78%和33.99%。

由表3-2可知，这一年先河环保的股票收益是增长的，也即其市盈率是增长的。每股的净资产也有了明显的提高。

表 3-2 先河环保财务状况

指标 \ 报告期	2015-09-30	2015-06-30	2015-03-31	2014-12-31	2014-09-30
每股收益（元）	0.17	0.10	0.02	0.22	0.14
每股净资产（元）	3.89	3.85	3.77	2.98	3.09
净资产收益率（%）	4.41	2.71	0.52	6.99	4.40
净利润增长率（%）	33.99	71.00	128.30	1.47	21.14

资料来源：先河环保 2014~2015 年年报。

由表 3-2 可知，这一年先河的股票收益是增长的，也即其市盈率是增长的。每股的净资产也有了明显的提高。

（五）风险控制

虽然先河环保的每股收益和盈利能力都在提高，但一个公司的投资价值还需要看它的偿债能力。图 3-5 是先河环保的偿债能力。

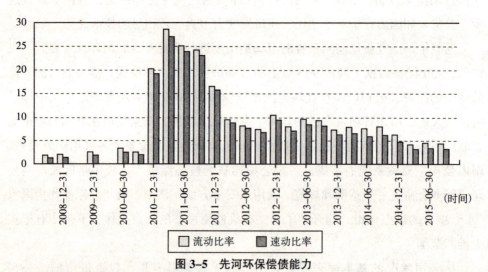

图 3-5 先河环保偿债能力

资料来源：先河环保 2008~2015 年年报。

从图 3-5 可以看出，虽然近几年先河环保的流动比率和速动比率都在下降，但还是远高于标准。也即先河环保的偿债能力虽然很好，但过高的流动比率和速动比率表明企业流动资产占用较多，有较多的资金滞留在流动资产上未能更好地运用。

另外，先河环保推出的最新商业模式：监测设备＋传感器也是具有一定风险的。传感器运用的物联网层级，第一层是感知层，第二层是传输和数据处理，第三层是数据平台，要求传感器必须不停地和监测仪器进行校准，否则数据会失真得很厉害。一般每隔两三个月，传感器的监测数据与大型监测仪器会发生一定的偏离。

（六）注意事项

随着经济快速发展，中国由于污染气体排放、污水排放等导致的环境问题日益突出，并且在全球范围内要求改善环境的呼声也日趋高涨。当前国内环境监测仪器行业的发展动力主要是国家对于环保的重视以及一系列产业政策的驱动。具体来讲，首先，国家加大了环保行业的投资力度，政府采购金额增加，因此相关政府采购预算金额的波动将直接影响以上系列产品的盈利状况；其次，国家加大了环境监管与执法力度，间接地促进了企业对于污染源监测领域的投入，公司的烟气在线自动监测系统和污水在线自动监测系统多由污染源企业采购，产业政策和相关法律的变动将会对公司的生产经营产生较大的影响。因此，把握产业政策和相关法律的变动是投资公司的一个主要手段。

三、龙净环保

（一）公司介绍

福建龙净环保股份有限公司是中国环境保护除尘行业的首家上市公司，是我国环保产业的领军企业，是国内机电一体化专业设计制造除尘装置和烟气脱硫装置等大气污染治理设备及其他环保产品的大型研发生产基地；是全国环保产业骨干龙头企业和我国最大的专业从事烟气除尘、脱硫脱硝装置等大气污染治理设备机电一体化的研发制造基地；也是全球最大的大气环保装备研发制造商，专业致力于大气污染控制领域环保产品的研究、开发、设计、制造、安装、调试、运营。

龙净环保于2000年12月在上海证券交易所成功上市，公司总资产超过100

亿元，年销售额近 60 亿元，现有员工 6000 多名，公司在北京、上海、西安、武汉、天津、宿迁、盐城、乌鲁木齐、厦门等地建立了研发和生产基地，构建了全国性的区域网络布局，综合实力居行业之首。

公司先后引进美国、德国、澳大利亚等国家最先进的环保技术，开发生产除尘、脱硫、脱硝、物料环保输送、电控设备五大系列产品，可以提供工业烟气多污染物治理的一揽子解决方案和 BOT 模式的运营。公司产品在电力、冶金、建材、轻工和化工等行业得到广泛应用，产销量连续八年名列全国同行业第一，产品遍销全国 34 个省、市、自治区，并出口欧洲、亚洲、南美洲等三十多个国家和地区，为节能减排和保护环境做出了突出的贡献（见图 3-6）。

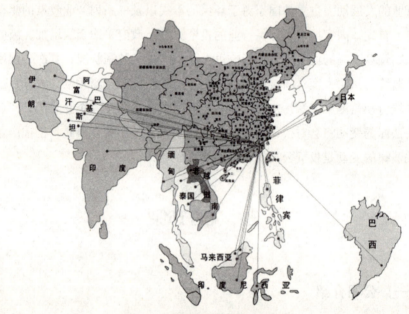

图 3-6　龙净环保营销服务网络

2015 年 1 月 9 日，龙净环保自主开发的电袋复合除尘技术及产业化项目荣获国家科学技术进步奖二等奖，打破了国内除尘界连续 15 年无人问鼎国家奖的纪录。

上市以来，龙净转换了原有国企的经营机制，推行群雄并起战略和目标责任管理体制，努力做到更加充分地信任、更加充分地授权、更加充分地激励、更加有效地监管，做到目标、责任、权力、利益四明确。

（二）发展空间

2015 年 10 月 10 日，由龙净环保、宝山钢铁股份有限公司共同承担的工信部智能制造装备发展专项项目"烧结机智能化多组分污染物烟气治理岛"顺利通过验收，这标志着我国首次实现了 600m² 烧结机烟气治理的成功应用。龙净成为国内首家掌握 600m² 烧结机烟气智能治理技术的环保企业。600m² 烧结机是目前世界上最大的烧结机。该项目以宝钢 600m² 烧结机为应用工程，成功攻克了 600m² 烧结机配套的高效吸收塔、布袋除尘器、超细雾化喷枪、大型石灰消化器、湿度反馈分级控制、智能灰阀及料位计、智能控制系统等关键设备的研制，突破了大型烧结机高效脱硫、除尘及多组分污染物协同净化、智能化控制等关键技术瓶颈，形成了一批具有自主知识产权的专利技术并实现工业化应用。

2003 年，龙净成立了第一个事业部——干法脱硫事业部。在当时干法脱硫技术不被看好的情况下，干法事业部攻克了一道道世界性难题，不但将干法脱硫成功应用在 30 万以上燃煤机组，还拓展到冶金烧结、垃圾焚烧等领域。2015 年下半年以来，龙净干法自主创新研发的超低排放技术取得重要成果。7 月 25 日，在中国环境保护产业协会组织召开的成果鉴定会上，"干式超低排放技术及装置"顺利通过鉴定，鉴定结论为"技术整体达到国际领先水平"。9 月 18 日，世界首台超低排放 350MW 超临界 CFB 低热值煤发电机组顺利投运。目前，龙净的干法脱硫项目已达 270 多个，在业绩的数量和质量上，均居世界领先地位。

以吴京荣为首的龙净管理层，锐意改革，从人才引进、技术研发、组织架构等入手，以机制体制创新为核心，掀起了一场波澜壮阔的改革大幕。经过洗礼后，如今的龙净拥有 130 亿元总资产，年营业总收入超过 60 亿元，员工 6000 多人，已经成为环保行业当之无愧的龙头企业。

近几年，在我国对环保重视程度不断提高的大背景下，对工业企业除尘的监管也越来越严格，而这将直接带动除尘行业的发展。袋式除尘与电式除尘的升级将成为行业主要增长点。近年来发生的昆山中荣事故等，给企业和社会敲响了警钟，之前一些不愿意投资的需要除尘的企业，也在压力中被迅速推动。除尘治理领域得到社会、企业和政府的共同响应。

先进的工程技术、管理层的大刀阔斧以及宏观的有利环境，使龙净的发展之路更加宽广。

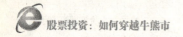

（三）商业模式

近年来，龙净环保除了稳固发展传统的除尘、脱硫、脱销业务之外，还通过工程总包、EPC（是指公司受业主委托，按照合同约定对工程建设项目的设计、采购、施工、试运行等实行全过程或若干阶段的承包。通常公司在总价合同条件下，对其所承包工程的质量、安全、费用和进度进行负责）、BOT总承包业务开辟了污染治理和营运新模式，其中"烟气治理岛"协同治理模式便是创新的范本，或将成为未来大气污染治理的发展方向。

在总结多年的烟气污染物控制技术、深入研究各污染物相互影响机理和多种污染物控制技术协同效应的基础上，龙净环保制定了几种综合多污染物控制的协同治理方案，提出了"烟气治理岛"的协同治理模式。这一模式由除尘、脱硫、脱硝、物料输送等体系有机构成。

传统的污染物控制模式，主要是对各种污染物设计各自的控制设备，各自为战。这种模式忽略了两个基本事实：一方面，烟气中单一污染物治理可能给其他设备运行带来负面影响。SCR脱硝工程国内刚刚开始大规模建设，运营中的很多问题还没有暴露，烟气催化反应和喷氨可能对湿法脱硫、电除尘、布袋除尘等产生影响。脱硝催化剂会对二氧化硫进行催化产生三氧化硫，而现有脱硫设备无法高效脱除三氧化硫，三氧化硫是PM2.5的重要前体物之一，同时，这对布袋、烟囱等也有腐蚀作用。另一方面，脱硝反应对单质汞具有氧化作用，这又有利于脱汞。所以各种污染物控制技术，除了能有效脱除主要对象污染之外，还具备对脱除其他类型污染物作出贡献的潜力，即各种控制技术之间具有协同能力。

"烟气治理岛"模式即"根据不同的条件，燃煤电厂多污染物协同治理可能会有不同的技术工艺路线和方案"（见图3-7）。在我国东部地区的新建电厂，主要以SCR烟气脱硝、电除尘或电袋除尘、湿法脱硫装置为主要设备，同时灵活选择除尘或脱硫协同脱汞方案；在西部缺水且燃煤含硫低于1%的区域，可选择应用以循环流化床干法除尘脱硫脱汞一体化为核心的多污染物治理工艺技术路线，结合锅炉低氮燃烧以及SNCR或SCR烟气脱硝技术，实现节能、节水、多污染物综合治理的目标。

概括来说，在已经建设湿法脱硫、高效除尘器的电厂，应具体项目具体分析，在增加SCR烟气脱硝、除尘器改造、脱硫系统增容、协同脱汞等技术方面

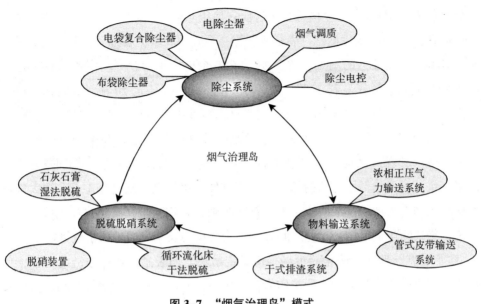

图 3-7　"烟气治理岛"模式

统筹考虑，因地制宜、因煤制宜，选择一个最适合特定项目的多污染物协同治理工艺技术方案；而在我国东部发达地区和重点地区，在排放要求很高的情况下（比如要控制 SO_3、PM2.5），可以考虑采用更先进的技术方案，如采用湿法脱硫与湿式电除尘器一体化方案等，这或许就是"烟气治理岛"协同治理模式的精髓所在。

2015 年 10 月 16 日，龙净环保成功中标全国首个"环保岛 EPC"工程——福建华电邵武电厂（以下简称邵武电厂）三期工程 2×660MW 超超临界燃煤发电机组项目。该项目包含烟气余热利用装置、低低温静电除尘器、湿法脱硫及湿式电除尘器的设计、制造和安装。项目的成功中标，标志着龙净孕育多年的"烟气治理岛"终于破土而出，开启了火电行业新一轮的环保工艺发展，再次引领行业方向。

（四）投资价值

龙净环保在全国环保行业建立了首家"国家认定企业技术中心"、"国家地方联合工程研究中心"、"博士后科研工作站"和"国际科技合作基地"等国家级技术创新平台，公司还先后获得了"国家创新型企业"、"国家高新技术企业"、"全国环保科技先导型企业"、"全国首批重合同守信用企业"、"全国质量管理先进企业"、"全国首批 4A 级标准化良好行为企业"等一系列国家级荣誉称号。公司先后承担科技部 863 计划在内的国家、省部级项目 80 余项，主持制定国家和行业标准 43 项，研究成果获授权专利 379 项、获国家重点新产品认定 10 项、获省部级以上科技进步（新产品）奖 53 项，在国内外环保行业中享有很高的知名度和信誉。

2010 年 6 月 21 日由环保部联合发改委等九部委制定，并由国务院转发的《关于推进大气污染联防联控工作改善区域空气质量的指导意见》，是国务院出台的第一个针对大气污染防治的综合性政策文件。该意见的出台标志着我国大气环境保护工作进入新的发展阶段，国家首次明确了袋式除尘在高温除尘领域的主导地位，袋式除尘上下游公司迎来利好，并为公司的长期发展带来了政策指示。

"十二五"期间，除尘器市场维持稳定增长。而脱硝产业业务链的完善，使行业爆发式增长成为可能。公司作为行业龙头，有望享受行业增长红利，实现快速发展。

2014 年前三季度，公司利润收入平稳，体现其高竞争力。公司传统下游企业以火电、钢铁及建材为主。2015 年以来，上述三个行业的产能增速出现下降。但公司收入、利润都维持了稳健增长，体现其作为大气治理龙头较高的竞争力和运营水平。上游原材料价格下降利好公司利润率。第三季度，随着主要原材料——钢铁价格的下降和公司对成本控制的加强，公司的毛利率、净利率出现了"双升"的局面，前三季度的盈利能力也维持了稳定。

图 3-8 是龙净环保的偿债能力。

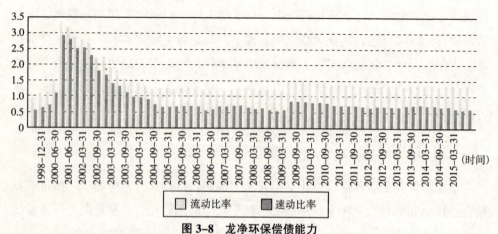

图 3-8　龙净环保偿债能力

资料来源：龙净环保 1998~2015 年年报。

从图 3-8 可以看出，公司最近几年的流动比率和速动比率都把控得比较好，均在 1~1.5，具备较强的偿债能力，而且公司的资产得到了充分的利用。从长期来看，龙净的投资价值也是比较高的。

(五) 风险控制

虽然龙净环保处于行业"领头羊"位置，其自身的工程技术和金融技术实力都很强大，但其财务状况和运营能力并不是很强。表 3-3 描述的是龙净环保的财务状况。

表 3-3 龙净环保财务状况

指标 \ 报告期	2015-09-30	2015-06-30	2015-03-31	2014-12-31	2014-09-30
每股收益（元）	0.36	0.16	0.14	1.08	0.69
每股净资产（元）	3.17	2.97	7.5	7.36	6.89
净资产收益率（%）	11.48	5.42	1.89	14.73	10.05
净利润增长率（%）	31.49	20.52	47.78	1.47	-11.75

资料来源：龙净环保 2014~2015 年年报。

表 3-3 显示龙净的每股收益在 2015 年初经历了一个下降的过程，在第二季度后开始回升，对比行业其他企业发现，这是宏观经济原因所致，但在同一阶段，其净利润增长率出现大幅增长。因此要注意企业的波动性。

由表 3-4 得知，龙净环保这两年的营运能力并不是很理想，表现在各项资产的周转率都不高，不过，各项周转率也在增长。因此在买入时要慎重考虑。

表 3-4 龙净环保营运能力

	2015-09-30	2015-06-30	2015-03-31	2014-12-31	2014-09-30
营业周期（天/次）	539.00	644.00	803.00	397.00	501.00
存货周转率（次）	0.61	0.34	0.14	1.16	0.69
存货周转天数（天/次）	439.81	529.41	655.02	310.08	391.02
流动资产周转率（次）	0.43	0.24	0.10	0.73	0.44
固定资产周转率（次）	5.13	2.80	1.09	7.00	4.29
股东权益周转率（次）	1.37	0.78	0.30	2.03	1.22
总资产周转率（次）	0.37	0.21	0.08	0.60	0.36

资料来源：龙净环保 2014~2015 年年报。

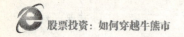

（六）注意事项

需要注意的是，首先，世界经济的不景气，再加上我国依然处于产业结构调整的探索阶段，2015 年经济处于下行周期，2016 年作为"十三五"的开局之年，依然面对着经济增长持续下滑的现状。"一带一路"的冲击，使美国切实感受到了来自中国的威胁，开始了"重返亚太"的战略，中国面临着空前的软合围。受宏观经济形势的影响，电力建设市场并不景气，新增市场容量也有所缩小。

其次，国内钢材市场行情起伏不定，不断波动。2015 年不锈粗钢产量 2218 万吨，同比增长 0.41%；2015 年不锈钢材出口量 350 万吨，同比下降 9.1%。产量的增加和出口的减少，使钢铁行业出现了产能过剩。国内不锈钢行业竞争加剧，新增产能逐渐减少。2015 年以来全球经济继续弱势运行，美国相对较好。全球经济趋弱、美元走强，大宗商品价格延续 2014 年下跌态势。大宗商品价格全面下跌，使得不锈钢及相关产品也难逃厄运。大宗材料价格的不确定，为行业的成本控制带来了挑战。

还有就是来自国家层面的对排放标准的提高，将会对公司产品生产和技术提出更高的要求。这些都是应该要注意的风险。

四、碧水源

（一）公司介绍

北京碧水源科技股份有限公司着力于解决国内千家万户净水问题。公司是净水器、净水机、投币机、售水机、纯水机等产品专业生产加工的公司，拥有完整、科学的质量管理体系。2001 年，碧水源由归国留学人员创办于中关村国家自主创新示范区，其注册资本为 1.1 亿元。2010 年 4 月 21 日碧水源在深交所创业板挂牌上市，净资产超过 30 亿元，在全国拥有近 20 家下属公司。公司是国家首批高新技术企业、国家第三批创新型企业和首批中关村国家自主创新示范区创新型企业、科技奥运先进集体，致力于解决水资源短缺和水环境污染双重难题。

在北京怀柔"中关村雁栖创新基地"，碧水源建立了亚洲最大的膜技术研发中心和生产基地，膜和膜组器年产能力分别达到 200 万平方米和 100 万吨/日。此外，公司还在无锡、昆明建立了分基地，并与清华大学合作建成国际一流的"清华—碧水源环境膜技术研发中心"，具有国际高水平的自主研发能力，承担着国家"863"项目、国家重大水专项、国家科技支撑计划、国家火炬计划、国家重点环境保护实用技术等国家重大项目课题，形成碧水源污水资源化事业的强力支撑。碧水源主营业务结构如图 3-9 所示。

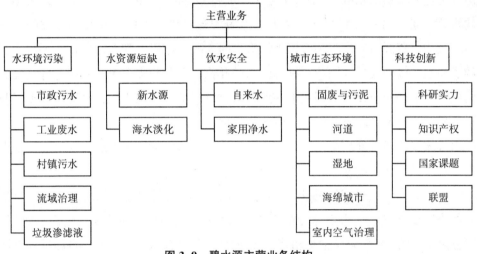

图 3-9　碧水源主营业务结构

历经多年不懈努力，如今碧水源已研发出完全拥有自主知识产权的膜生物反应器（MBR）污水资源化技术，解决了膜生物反应器（MBR）三大国际技术难题：膜材料制造、膜设备制造和膜应用工艺。目前公司净资产超过 120 亿元，在国内外拥有超过 60 家子公司。此外，公司还拥有 60 多项专利技术，填补了国内多项空白，荣获国家科技进步奖二等奖、教育部科技奖一等奖、首批国家自主创新产品、国家重点新产品等荣誉，是我国 MBR 技术大规模应用的奠基者、污水资源化技术的开拓者和领先者，比肩 GE、西门子，处于国际领先水平。

在全力开拓新领域，打造全产业链水生态航母的 2015 年，碧水源继续巩固农村污水处理原有阵地，在北京新农村建设中取得更大的进展。全国范围内累计已建设运营 2000 余座小型农村污水处理站。作为最早进军农村污水处理市场的水务企业，碧水源为北京的新农村建设做出了很大贡献。

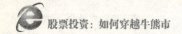

（二）发展空间

从国家宏观环境上来说，首先，我国污染物排放总量大。2014 年全国废水排放总量为 7161750.53 万吨，比 2013 年增长 2.98%，国内江河湖海不堪重负。因此，提高污水处理的出水水质，实现水环境可持续发展要求紧迫。其次，我国水资源短缺日益严重，我国水资源人均占有量不及世界平均水平的 1/4，被联合国列为世界严重缺水的 13 个国家之一。水利部门预测，到 21 世纪中叶，我国人均水资源量将进一步减少 20% 左右，水资源形势更加严峻。在我国北方部分省市，人均水资源占有量仅为全国平均水平的 35%，已影响到人们的正常生活，制约了当地经济的发展。因此，推行污水资源化，是节约水资源、实现可持续发展的重要举措。而膜技术处理废水特点突出，对污染物削减量大，可实现污水资源化。最后，我国是印染、皮革、电镀、焦化、酿造等的生产大国，这些行业不仅废水排放多，而且处理难度大，膜技术正是处理这些难处理工业废水的重要技术之一。

《水污染防治行动计划》以及国家"十二五"规划的实施和国家节能减排政策的进一步推进，为水处理行业特别是污水资源化行业带来了难得的发展机遇。国务院印发的《水污染防治行动计划》，预计国家将投入 2 万亿元，带动近 5 万亿元资金来进行水污染治理。据国家环保总局环境规划院、国家资讯中心的分析预测，在处理水准正常提高的情况下，"十二五"和"十三五"期间我国废水治理投入（含治理投资和运行费用）合计将分别达到 10583 亿元和 13922 亿元，其中用于工业和城镇生活污水的治理投资将分别达到 4355 亿元和 4590 亿元。未来十年，用于水污染治理的投资仍将继续保持较快的增长，水污染治理行业的发展空间巨大。

"碧水源"是中国污水资源化技术的开拓者和领先者，也是中国膜生物反应器（MBR）技术大规模应用的奠基者。在膜生物反应器（MBR）技术与膜生产领域公司处于国内第一、世界前三的水平，是世界上同时拥有全套膜材料制造技术、膜组器设备制造技术和膜生物反应器水处理工艺技术与自主知识产权的少数公司之一。因此无论在市场环境下还是自身技术上，碧水源的发展空间都非常大。

（三）商业模式

碧水源集中于全行业水处理解决方案，提供整体技术和工程解决方案，以及设计、施工、运营、投融资全方位服务，是一家综合性水务集团。公司模式众多：与地方政府建立合资公司；建立业务根据地；政府采购；BT、BOT、PPP等运营模式都有实行。

1. 产品加服务一条龙

在净水行业，服务是非常重要的问题，服务不到位，会对公司口碑造成不利影响。因此，服务必须与产品、销售同步跟进。企业要想得到消费者的信任，得到市场的认可，不仅需要好的产品，好的营销，更重要的是好的服务。净水电器实际使用过程中还是半成品，需要不断提供换芯等服务，厂家需要服务体系和服务理念来作为企业发展的支撑，应提供贴心的、长久的、持续跟踪的服务来提高顾客的满意度。

碧水源采取产品加服务的模式，买了碧水源的产品，等于将服务带回家。碧水源推出定制服务，根据家庭水质和使用环境、使用需要，来满足用户的个性化需求。中国地域辽阔，各地的水质不同，家庭需求的个性化安装也不同。净水器是家电产品中最需要采用物联网技术的，碧水源就是带着第一款物联网净水器入市的，用户购买成品以后，是带着信息流回去的。这样厂家的办公室就能掌握用户产品的使用情况，以便企业更好、更及时地为顾客服务。

2. 布局行业膜应用全产业链

2012年，碧水源的低压反渗透膜已经研发成功，计划建设的100万平方米的低压反渗透膜生产线将于2016年投产，产品可应用于高盐水净化和污水的再生利用（见图3-10）。戴日成介绍，经过十年的潜心钻研，在技术和产品方面，当前的碧水源已经覆盖了微滤、超滤、纳滤和反渗透膜。在业务领域，立足市政污水处理与回用，提供以膜工艺为主的综合解决方案，同时进军工业废水处理、污泥处理、垃圾渗滤液处理、海水淡化及再生水领域，并进入了军用及民用净水市场。

3. 独特合作模式加快区域发展

与碧水源快速的技术研发和生产能力发展相对应，碧水源的区域扩张之路更显得风生水起。碧水源的区域发展，主要采取与各地有较大市场影响力的活跃经

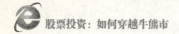

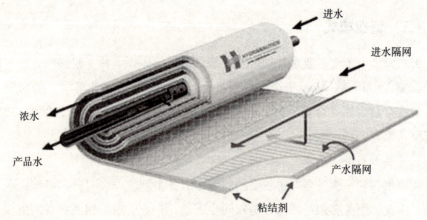

图 3-10　低压反渗透膜

济体合作模式，以控股、参股、联合等方式，成立当地公司，形成双赢局面。以膜技术为核心，衍生工程服务、水务投资、委托运营、资产重组等业务。

"很多水务企业在各地跑马圈地，与当地的供排水企业是竞争关系。碧水源以服务为目的，与当地企业和政府投资平台不存在竞争，而是合作与共赢，以膜应用为核心，帮助合作者实现更安全、更好的水环境效果，同时带动当地环保产业的升级与转型，也保证了碧水源在一定时间内持续的增长。"独特的区域合作模式，有力地带动了其业务的快速发展，也获得了行业人士和投资者的广泛看好，很多投行及证券公司对其发展看好，期待值高。

4. PPP 商业模式尝甜头

从 2007 年开始，碧水源就采用 PPP 模式，企业拿技术、资金去换市场，与政府合作，企业帮政府创造价值，然后大家一起分享成果，从而实现企业、政府、市场和环境的多赢。按照这一思路，2015 年碧水源与云南城投采用 PPP 模式合资成立的云南水务已经在中国香港上市，成为中国水务领域第一家 PPP 模式上市公司。同时，碧水源在和漳州发展等不少地方国有企业的合作中沿用这种模式。借助此前所募资金将投入到碧水源 14 个水处理项目中，其中包含 3 个 PPP 项目，共计 8.1 亿元。碧水源在 PPP 项目的扩张路上迈出了一大步。

（四）投资价值

1. 污水处理技术

净水行业已不再如十年前的新兴时期，净水设备也不再是一项奢侈的家庭配备生活电器。在今天它将以较快的步伐进入千家万户，走入中国家庭，以关注每一位成员饮水健康为责任。在我国家庭净水设备入户率最高的城市是深圳，其次是上海和广州，但尚不足 5% 左右，北京不 3%，其他大多数城市处于市场培育期和起步阶段，家庭净水设备普及率不足千分之一。从未来发展来看，家庭净水设备更具有发展前景，目前在美国、日本等发达国家，家庭终端普及率都很高。

2. 投资评级与估值

公司原有的碧水源模式地域扩张性强，本次又添国开行背书，未来 PPP 模式发展空间巨大。公司是中国 MBR 技术大规模工程应用的开拓者，承担建设了国内第一个大规模 MBR 工程"北京密云再生水工程"（4.5 万吨/日）和世界已建成运行的超大规模的 MBR 工程"引温济潮奥运配套工程"（10 万吨/日）、"十堰市神定河污水处理厂改造项目"（11 万吨/日），连年保持了较快的业务发展速度，是目前国内城市污水处理领域 MBR 技术实力与综合经营实力最强的企业之一，在大型 MBR 项目建设方面已跻身国际先进企业行列。

技术优势：已在国际公认的 MBR 工艺技术、膜组器设备技术和膜材料制造技术三大关键领域，全面拥有核心技术与知识产权，并成功地投入了商业化应用，关键性的核心技术处于行业领先水平。目前，公司拥有发明专利 4 项，实用新型专利 4 项，已申报受理的发明与实用新型专利 23 项，专有技术 66 项。

业绩和品牌优势：公司作为国内 MBR 技术研发及工程应用的最早推动者之一，已承担了数百项从小规模（最小 2.5 吨/日）到大规模（最大 15 万吨/日）的 MBR 项目的技术和核心设备的提供以及运营服务工作，积累了丰富的工程经验。凭借先进技术和优质服务，公司在国内城市污水处理领域成功地承做了许多有重要行业影响力的 MBR 项目，包括规模较大或最大的 MBR 工程、举世瞩目的奥运配套工程以及新农村建设示范工程等系列项目，树立了良好的品牌和形象。

价格优势：公司现有的主要竞争对手为 GE、Siemens 等几家国外先进企业。在与其竞争过程中，公司之所以能够不断扩大市场份额，除了保持技术上的先进性以外，还因为能提供具有较强竞争力的价格，以较优的性价比占领市场。公司具有价格优势的原因是：公司拥有的专有技术，注重本地化需求，优化配置了 MBR 系统中的工艺参数与设备，降低了系统设备成本；同时公司生产本土化，生产与管理成本相对较低。

积极开拓市场，为长远发展奠定基础：自上市之后，公司一直积极开拓市场，在巩固北京、云南、无锡等已有地区市场的同时，公司还通过与省会城市或直辖市地方政府合作，建立合资公司，作为地方政府的融资平台，从而一次性锁定当地市场，持续开拓其他外埠市场。与地方政府合作建立合资公司虽然短期内难以带来业绩的快速提升，但从长期来看，对公司膜技术的推广、订单的获取、地域的扩张以及成长壮大都具有战略意义。

由表 3-5 得知，公司的每股收益总体来讲还是上升的。且每股净资产的增长额较大。加之其净利润增长率的提高，可看出企业的投资价值。图 3-11 描绘了碧水源的偿债能力。

表 3-5　碧水源的财务状况

指标＼报告期	2015-09-30	2015-06-30	2015-03-31	2014-12-31	2014-09-30
每股收益（元）	0.23	0.14	0.02	0.88	0.16
每股净资产（元）	10.14	5.82	5.72	5.64	4.77
净资产收益率（%）	2.03	2.43	0.32	15.48	3.27
净利润增长率（%）	51.47	12.78	13.87	15.27	25.94

资料来源：碧水源 2014~2015 年年报。

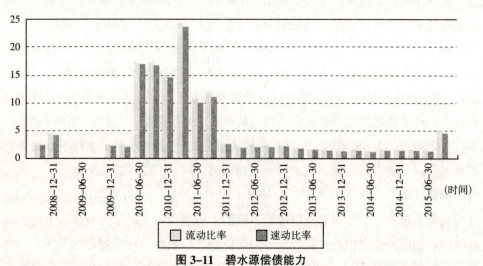

图 3-11　碧水源偿债能力
资料来源：碧水源 2014~2015 年年报。

从图 3-11 可以看出，虽然近两年碧水源的流动比率和速动比率降低了，但其绝对值依然高于一般标准值，说明碧水源的投资结构渐趋完善，投资价值自然就增长了。

（五）风险控制

尽管碧水源有着雄厚的技术资本，公司偿债能力也比较强，管理层面做得也比较到位，但公司的盈利趋势和营运能力却并非那么好。

碧水源的盈利趋势并未呈增长发展，这需要投资者进一步加强对公司的了解，找出其深层原因再慎重投资。表3-6描绘了碧水源的营运能力。

表 3-6　碧水源营运能力

报告期 指标	2015-09-30	2015-06-30	2015-03-31	2014-12-31	2014-09-30
营业周期（天/次）	384.00	394.00	456.00	191.00	371.00
存货周转率（次）	2.65	1.78	0.89	8.97	3.12
存货周转天数（天/次）	101.79	100.95	101.52	40.14	86.44
流动资产周转率（次）	0.25	0.23	0.10	0.82	0.34
固定资产周转率（次）	5.72	3.51	1.35	11.82	4.77
股东权益周转率（次）	0.18	0.17	0.07	0.63	0.26
总资产周转率（次）	0.13	0.10	0.04	0.37	0.15

资料来源：碧水源 2014~2015 年年报。

从表3-6得出碧水源的营运能力也不是很好，流动资产周转率、股东权益周转率、总资产周转率都比较低，显示出这两年营运能力并不是很好。这些都是投资者在选股时要注意的风险。

（六）注意事项

膜技术在投资成本与运营费用上相对偏高。碧水源公司虽然已掌握了膜技术，但膜技术高昂的研发和生产成本是不可忽视的，而且，为了稳固企业的行业龙头位置，企业的创新是必不可少的，这将进一步加大公司的投入成本。运营过程中，由于服务的全方位，也增加了一定的费用负担。

公司市场主要集中在北京、江苏、云南等少数几个我国水环境敏感地区。碧水源在大力扩张的同时，其实其地理是相对比较集中的，这些地区也是我国水环境比较敏感的地区。碧水源的名声因此也可能仅局限于这几个地区，对于今后市场的打开有一定的限制作用。

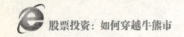

五、三聚环保

（一）公司介绍

北京三聚环保新材料股份有限公司，是一家为基础能源工业的产品清洁化、产品质量提升及生产过程的环境友好提供产品、技术及服务的高新技术企业，是中国深圳证券交易所创业板上市企业。成立于1997年的三聚环保是"中关村科技园区"的高新技术企业，主要从事催化剂、石化助剂和催化新材料的研发、生产、销售及相关的技术服务，产品广泛应用于炼油、化工、天然气、化肥等领域。

经过多年发展，三聚环保形成了以市场为龙头、生产为基础、研发为后盾、人才和科技为核心的运行机制。三聚环保已拥有炼油催化剂、化工催化剂、聚烯烃催化剂、脱硫剂、脱氯剂、脱砷剂、催化裂化助剂、液体助剂、分子筛、氧化铝等几大系列80多种高科技环保产品，以及"液化气无碱脱硫组合工艺"、"恶臭污染治理"、"轻质油品脱硫脱臭"、"丙烯精制工艺"等成套工艺技术，申请44项国内外发明专利，目前25项国内外发明专利已获授权，部分产品获得省部级科研成果验收、鉴定和科技进步奖，部分产品的技术性能达到了国际先进水平。三聚环保树立了"为顾客创造价值，为顾客提供满意服务"的经营理念，在生产高性价比产品的同时，为客户提供解决实际问题的方案和优质的技术服务。三聚环保是中石油、中石化"三剂"协作网成员单位，产品得到了用户的普遍认可，客户涵盖了中石油、中石化所属的分公司和地方石化企业。高素质、经验丰富的专家营销队伍和规范完善的市场营销网络，使三聚环保的产品迅速占领市场，并在80多家石化企业广泛应用。2002年，三聚环保通过了ISO9001：2000国际质量体系认证，确保从研发、生产到售后服务过程严格按质量体系的要求进行管理，实现公司决策、管理的科学化、规范化、国际化。2003年三聚环保获得了独立的进出口权，并将优质的产品推向海外市场，参与国际竞争。2010~2014年三聚环保主要产品市场占有率如图3-12所示。

近年来，公司发展迅速，产品市场逐年扩大，业务领域不断扩展，已形成集团化经营模式。目前，三聚环保拥有三聚第一分公司、沈阳三聚凯特催化剂有限

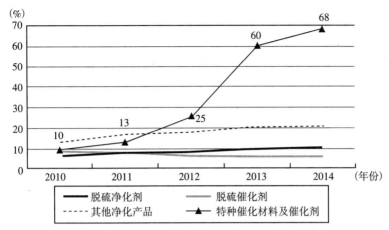

图 3-12　2010~2014 年三聚环保主要产品市场占有率

资料来源：http://www.sanju.cn/.

公司、三聚创洁科技发展有限公司、苏州恒升新材料有限公司等分公司。三聚环保的石化助剂生产基地位于北京十大开发区之一的石龙工业区，综合生产能力3000 吨/年以上；炼油催化剂和分子筛生产基地在辽宁省沈阳市铁西区，综合生产能力分别 4000 吨/年和 900 吨/年；聚烯烃催化剂生产基地在江苏省苏州市太湖高新技术开发区，主要生产丙烯聚合催化剂，生产能力 80 吨/年。在自主研发的同时，三聚环保还积极开展广泛的对外技术交流与合作，形成了"内引外联"的科研开发模式，坚持不断创新和科技产业化道路，分别与国内外多家高校和研究单位建立了良好的协作关系，确保产品始终处于行业前列，保持产品的先进性和创新性。高科技技术、高素质人才和高水平管理相结合，是三聚环保的核心竞争力和持续快速发展的原动力。

（二）发展空间

三聚环保主要为基础能源工业的产品清洁化、产品质量提升及生产过程的清洁化提供产品、技术和服务。公司拥有能源净化综合服务和能源净化产品两大业务板块，二者呈现出协同发展的状态。2014 年年报显示，能源净化产品和能源净化综合服务占主营收入的比例分别为 45% 和 54%。

2014 年，能源净化综合服务板块实现收入 16.5 亿元，同比大幅增长 201.4%。该板块的增长主要得益于公司在煤化工、化工化肥等领域的创新式发展，包括氨合成装置改造、驰放气提取甲烷、焦炉改造、煤气制甲醇、焦炉煤气制 LNG 等领域完善的系统解决方案。公司曾先后实施了河南豫北化工高硫煤净化、尾气综合利用年产 1.5 万吨 LNG、联产 25 万吨/年甲醇项目；鹤壁华石 15.8 万吨/年焦油综合利用项目；七台河二期节能技术改造利用焦炉煤气增产 8000 万立方米 LNG 项目等，并已根据进度确认了收入。能源净化综合服务业务为公司贡献了 5.88 亿元的营业利润。

公司的另一大业务能源净化产品，2014 年全年实现收入 13.6 亿元，取得了同比 108.14% 的增长率，为公司贡献了 3.57 亿元的营业利润。其中，公司在石油炼化行业实现脱硫催化剂、净化剂等剂种销售收入 7.77 亿元，较上年增长 18.94%。

三聚环保在能源净化综合服务上的发展路线，对催化剂亦会产生重大影响。未来 3~5 年，随着能源净化综合服务发展路线的落实，公司的催化剂生产规模也将进一步扩大。更为重要的是，三聚环保将由此加大对催化剂市场的控制和主导权。公司的发展战略在于，让催化剂业务更具有特色，而不只是被动服务于中石油、中石化等。

气体净化领域也是公司的一个重要盈利项目。三聚环保将逐步加大煤化工产业升级项目中气体净化产品的市场占有和控制力。同时，积极将先进的脱硫综合服务推向国际市场，在国外的天然气、页岩气等领域发挥作用。据了解，美国页岩气脱硫示范项目已达到预期效果，目前已运行三个服务周期，美国市场空间较大，美国的脱硫服务将是三聚公司重点培育和发展的境外市场。

目前，公司的综合服务业务是在公司能源净化产品 200 多家客户的基础上发展起来的。现有的综合服务业务主要集中在东北、山东、山西、河南、江苏、湖北等区域，这些企业的经营情况已经开始好转，示范效应开始显现，未来公司业务依然有较大的拓展空间。

宏观上，为了激活市场，支持产业结构调整，国务院做出了促进企业增效升级，完善知识产权制度，保障和鼓励大众创业、万众创新的最新部署，提出了实施"坚决淘汰一批，更多地改造、升级一批"的总体思路，对不符合国家能耗、环保、质量、安全等标准和长期亏损的产能过剩行业企业实行关停并转或剥离重组，让大部分传统动能持续发挥作用。这一部署对位于能源净化行业的三聚环保来说，毫无疑问增加了其市场容量。三聚环保"十三五"时期主要业务如图 3-13 所示。

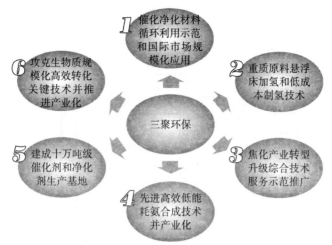

图 3-13　三聚环保"十三五"时期主要业务

（三）商业模式

三聚环保最突出的模式就是"三聚模式"。通过其打造的低成本、高收率、高附加值的"三聚模式"，服务于煤化工及石油化工产业升级，在低油价时代实现"逆袭"的同时，突破自身"成长的烦恼"。

公司将传统焦化和炼化企业的工艺对接起来，把煤炭中最值钱的部分提取出来，替代石化产品和能源产品，并且资源化利用煤化过程中的副产品，为石油炼化企业提供廉价原料。这一整套的技术解决方案即为"三聚模式"。

这一模式的核心包括利用焦炉剩余产能低成本造气、焦炭造气费托合成高附加值油品、悬浮床加氢裂化提升石油炼厂成品油产出率。焦化方面，焦炉气进行分离或者甲烷化产出新产品 LNG。同时，焦炭就地造气，经过目前煤化工领域主流的费托合成工艺间接液化制油品，煤焦油加氢精制直接液化制成品油。如此一来，其产品结构比传统焦化企业更加丰富，附加值更高，油品质量也相应提升。石油炼化方面，三聚环保解决方案是利用焦炭造气获得廉价的氢气源，并采用悬浮床加氢技术改造地方炼厂的加氢裂化装置，降低氢气成本同时，提高最终油品的收率。

三聚环保联合煤焦化及石油炼厂，大力推广模块化、标准化的脱硫净化服务，通过低成本、高附加值延伸产业链，回收净化新设备。为油气田实现无投资风险、无安全风险、无环保风险的净化废气、废水的"一站式"脱硫服务新模式

（见图 3-14）。走出了化工业的升级之路，创造了其独有的商业模式。

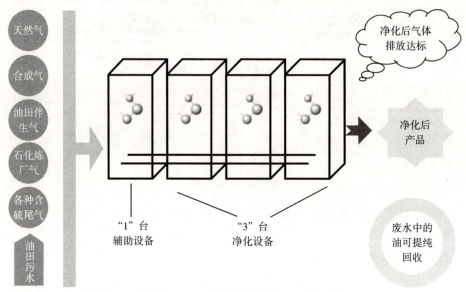

图 3-14 "一站式"脱硫服务工作示意

（四）投资价值

由中国石油和化学工业联合会、中国化工报社共同组织的美丽化工——风云"十二五"精英评选活动，于 2016 年 1 月 15 日在河北省沧州市揭晓结果并举行颁奖仪式。三聚环保获评"最具创新力企业"奖。

"十二五"期间，三聚环保收入大幅提升，效益快速增长，创新能力显著增加，创新成果硕果累累。股份公司收入从 2011 年的 6 亿元上升至 50 余亿元，利润从 1.14 亿元上升至 8 亿元。年增长率超过 50%。三聚环保组建了结构合理的研发团队，搭建了面向市场、水平领先的科研装备，制定了有竞争力的管理机制和创新奖励制度，激发研发人员的创新热情。三聚环保与中科院、大学、企业等开展多层次合作，开展净化工艺、合成气制化学品、低成本气化、新型催化剂开发、生物质资源化利用、煤炭高效利用等先进技术合作开发，布局先进核心技术，引领环保产业的技术发展方向。公司取得了系列技术成果，参与起草行业标准 4 项，2 项产品被国家科学技术部认定为"国家重点新产品"与"国家科技成果重点推广计划项目"，承担国家"863"项目 2 项。共申请专利 256 项，其中已获授权专利 133 项，在申请专利 123 项。完成国外脱硫剂产品的出口预警分析，为产品出口美国市场提供知识产权保障。

因此可以看出，技术优势是三聚环保的核心竞争力。其在高硫容、可再生、耐酸性环境的无定型羟基氧化铁材料及相关固体脱硫剂的应用方面具有明显优势，在世界范围内首次实现了固体脱硫剂的无排放循环使用；在润滑油加氢和柴油加氢的催化剂方面实现了进口替代。

除了拥有核心的技术能力，三聚环保还有广阔的业务范围，其业务不但在国内，还在向国外扩展。据报道，三聚环保与美国 EOG 的 7 套脱硫示范装置已完成一年的长周期运行，获得客户的高度认可。未来三聚环保的净化剂业务还会向加拿大、欧洲等地区延伸。

由表 3-7 可知，经历了 2015 年第一季度的收益下降阶段，三聚环保从第二季度开始，每股收益大幅增长，净资产也上涨了，净利润增长率实现大幅增长。图 3-15 是三聚环保的偿债能力。

表 3-7　三聚环保的财务状况

指标 \ 报告期	2015-09-30	2015-06-30	2015-03-31	2014-12-31	2014-09-30
每股收益（元）	0.75	0.61	0.20	0.79	0.55
每股净资产（元）	5.72	3.48	4.01	3.80	3.55
净资产收益率（%）	13.11	17.52	5.01	20.79	15.53
净利润增长率（%）	108.20	121.25	232.79	96.48	128.99

资料来源：三聚环保 2014~2015 年年报。

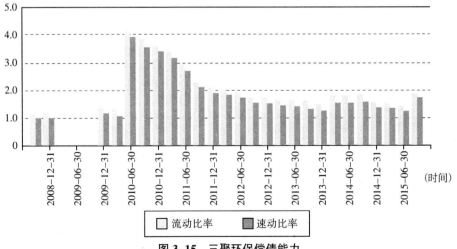

图 3-15　三聚环保偿债能力
资料来源：三聚环保 2008~2014 年年报。

由图 3-15 可知三聚环保的流动比率和速动比率都保持得比较好，在保证公司具有一定的偿债能力的同时，也不会增加公司的机会成本。表 3-8 描绘的是三聚环保的营运能力。

表 3-8　三聚环保营运能力

报告期 指标	2015-09-30	2015-06-30	2015-03-31	2014-12-31	2014-09-30
营业周期（天/次）	270.00	266.00	359.00	245.00	304.00
存货周转率（次）	4.53	2.39	0.81	4.71	2.87
存货周转天数（天/次）	59.61	75.28	110.51	76.49	93.93
应收账款周转率（次）	1.28	0.94	0.36	2.14	1.28
应收账款周转天数（天/次）	211.25	191.20	248.83	168.56	210.62
流动资产周转率（次）	0.63	0.46	0.46	0.96	0.64
固定资产周转率（次）	3.67	3.18	3.18	5.80	3.63
股东权益周转率（次）	1.20	1.05	1.05	1.76	1.15
总资产周转率（次）	0.50	0.36	0.13	0.70	0.48

资料来源：三聚环保 2014~2015 年年报。

由表 3-8 可知，相对于同行业的其他公司来讲，三聚环保的营运能力还是比较好的，各周转率都比较高，而且有上涨趋势。因此公司的财务能力也是不错的。

（五）风险控制

三聚环保发展态势比较好，但是公司依然存在一些风险。

客户集中风险：主要客户集中于中石油、中石化等大佬企业，企业没有定价权，这是很大的风险。

行业需求波动性风险：一方面，国家宏观经济的波动，产业政策的调整，对下游行业景气度会产生重大影响，从而影响其对能源行业净化产品的整体需求；另一方面，国家环保政策的要求及环保执法力度，对能源净化行业的总需求亦会有重大影响。

创业者集中风险：创始人、公司总经理林科对公司举足轻重，可以说"一身系天下之安危"。

技术开发的风险：公司的高硫容新材料是世界领先水平，目前基于此材料的浆液湿法脱硫工艺及其整体外包服务（移动脱硫工厂）为世界首创，具有推广到美国页岩气净化市场的潜力。但是，毋庸置疑，我国的催化剂或者净化剂研发能力比起世界先进水平差得还远，公司创始人也承认其技术突破具有一定偶然性。

因此在选择三聚环保作为投资对象时也应该把这些作为思考的对象。

（六）注意事项

2013 年 2 月 6 日，国务院召开常务会议确定了实施"国四"柴油、"国五"汽柴油标准的时间表。为加快油品质量升级，会议决定在已发布第四阶段车用汽油标准（硫含量不大于 50ppm）的基础上，由国家质检总局、国家标准委尽快发布第四阶段车用柴油标准（硫含量不大于 50ppm），过渡期至 2014 年年底；2013 年 6 月底前发布第五阶段车用柴油标准（硫含量不大于 10ppm），2013 年年底前发布第五阶段车用汽油标准（硫含量不大于 10ppm），过渡期均至 2017 年年底。

三聚环保作为脱硫净化剂、脱硫催化剂等能源净化产品的供应商，公司经营将会受到汽柴油质量升级的影响。

另外，公司 2012 年度实现营业收入 80857.00 万元，同比增长 34.63%；2013 年度实现营业收入 120083 万元，同比增长 32.67%；2014 年度实现营业收入 300991 万元，同比增长 60.1%；2015 年前三季度营业收入已达 383247 万元。由此可见公司的发展力度之大及综合实力的增强。但是，公司经营规模依然不是很大，公司的抗风险能力仍然有待进一步提高。

第四章

大数据、云计算与物联网，联结未来

当前的中国，随着经济结构转型的深入，新经济的崛起，物联网、云计算与大数据毫无疑问是各界人士的热门话题。《中华人民共和国国民经济和社会发展第十三个五年规划纲要》（简称"十三五"规划（2016~2020 年））中提出："实施国家大数据战略，推进数据资源开放共享。"作为"十三五"十四大战略之一的"国家大数据战略"，我国《大数据产业"十三五"发展规划》也正在紧张制定中。大数据作为一个国家战略，大数据领域及其相关产业必将迎来建设高峰和投资良机。

一、行业空间

（一）产业情况

自 2014 年 3 月"大数据"首次出现在政府工作报告中以来，大数据迅速被各级政府、企业及学界所重视。当前，我国数据中心开始进入整合、升级、云化新阶段，IDC 行业进入了产业升级的关键时期，行业积极由资源消耗型向应用服务型升级与转型。地方政府开始大力发展云计算、大数据产业，物联网、数据中心进入新一轮投资高峰期。我国数据中心区域布局如图 4-1 所示。

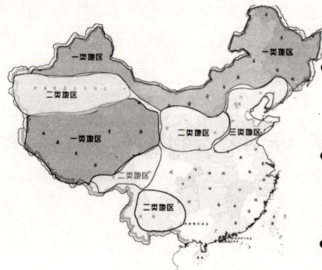

适宜布局的地区：

● 一类地区：新疆（北部）、甘肃（西北部）、内蒙古、宁夏（北部）、吉林、辽宁（北部）、黑龙江、陕西（北部）、山西（北部）、西藏、青海。

● 二类地区：新疆（南部）、甘肃（东南部）、宁夏（南部）、陕西（中南部）、山西（中南部）、四川西部（局部）、云南（局部）、贵州（局部）。

● 三类地区：河北（南部）、北京、天津、河南、山东。

图4-1 我国数据中心区域布局

随着投资热潮的到来，技术也迅速应用到了各个领域。大数据已经不简单是数据大了，而最重要的现实是对大数据进行分析，只有通过分析才能获取很多智能的、深入的、有价值的信息。作为数据处理的切实应用，物联网的发展能够实现"万物互联"，所有事物产生的信息都是数据，所有事物之间都具有联系。而云计算作为大数据计算技术，对大数据的广泛应用意义重大。基础软件、应用软件是大数据产业价值转化变现的最关键部分。

我们看到，各种行业都出现了大数据趋势，有些可能是零售业商户，要对零售业数据进行分析，或者是一些有关全球天气预报模型的数据，还有油气行业一些地理信息数据，比如基因学分析，医学中也有成像类的大数据，甚至电影、娱乐行业还有用于渲染的大型数据存在。政府数据的应用如图4-2所示。

然而，虽然大数据、云计算、物联网已经产生了诸多应用场景，但是其发展仍然处于一个探索阶段，远没有形成产业化。大小企业利用各自的资源和优势走自己的发展之路，资源共享、数据互通的情况较少，大企业如 BAT 是根据各自的数据资产、核心产业链和商业模式，在综合业务的基础上延伸发展大数据。智能家具、智能城市也只是处于起步阶段，云计算应用也未普及。大数据、物联网、云计算的市场化、产业化、社会化还有很长的路要走，这也是未来的投资空间。

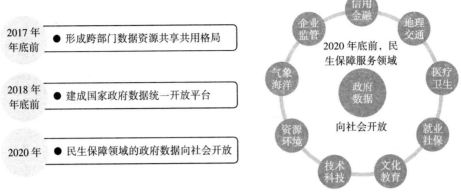

图 4-2 政府数据的应用

（二）未来市场空间

"十二五"期间，我国大数据、云计算行业发展非常迅速，2014 年增长高达 107.14%，是 2013 年市场规模的 4.93 倍。未来三年，大数据、云计算行业有望一直保持 100% 以上的增长率。申万宏源分析师认为，流量时代，互联网撬动的 GDP 约为 2.5 万亿元人民币（2013 年），占到国内 GDP 总量的 4.4%。而且，随着大数据"国家战略"的出现，近百家上市公司纷纷抢滩，未来 5 年产业规模将超 8000 亿元（见图 4-3）。在全球七大重点领域内（包括教育、交通、消费、电

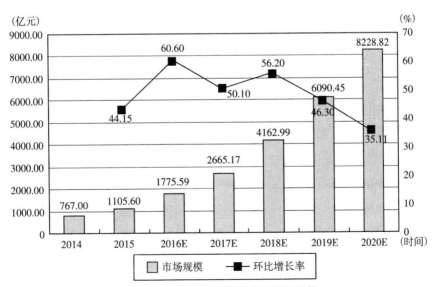

图 4-3 我国大数据产业未来增长趋势

资料来源：http://www.chyxx.com/industry.

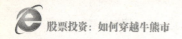

力、能源、大健康以及金融），大数据、云计算的应用价值预计在 32200 亿~53900 亿美元。

在物联网方面，这是中国新一代信息技术自主创新突破的重点方向，蕴含着巨大的创新空间，在芯片、传感器、近距离传输、海量数据处理以及综合集成、应用等领域，创新活动日趋活跃，创新要素不断积聚。物联网在各行各业的应用不断深化，将催生大量的新技术、新产品、新应用、新模式。在"十二五"期间，中国以加快转变经济发展方式为主线，更加注重经济质量和人民生活水平的提高，亟须采用包括物联网在内的新一代信息技术改造升级传统产业，提升传统产业的发展质量和效益，提高社会管理、公共服务和家居生活智能化水平。巨大的市场需求将为物联网带来难得的发展机遇和广阔的发展空间。从物联网的市场来看，前瞻产业研究院发布的《中国物联网行业应用领域市场需求与投资预测分析报告》显示，预计未来几年我国物联网行业将持续快速发展，年均增长率 30% 左右，到 2018 年，物联网行业市场规模将超过 1.5 万亿元。

当然，大数据、物联网、云计算三者的市场空间是不能割裂的，由于技术上的交集，三者在市场空间上也有许多交集，但是大数据、物联网、云计算广阔的市场空间是毋庸置疑的。

（三）重点技术

1. 大数据技术

大数据是一种具有隐藏法则的人造自然，寻找大数据的科学模式将带来对研究大数据之美的一般性方法的探究，尽管这样的探索十分困难，但是如果我们找到了将非结构化、半结构化数据转化成结构化数据的方法，已知的数据挖掘方法将成为大数据挖掘的工具。

（1）非结构化和半结构化数据处理技术。大数据中，一方面，结构化数据只占 15% 左右，其余的 85% 都是非结构化的数据，它们大量存在于社交网络、互联网和电子商务等领域。另一方面，也许有 90% 的数据来自开源数据，其余的被存储在数据库中。大数据的不确定性表现在高维、多变和强随机性等方面。股票交易数据流是不确定性大数据的一个典型例子。

由于大数据所具有的半结构化和非结构化特点，基于大数据的数据挖掘所产生的结构化的"粗糙知识"（潜在模式）也伴有一些新的特征。这些结构化的粗糙知识可以被主观知识加工处理并转化，生成半结构化和非结构化的智能知识。寻求"智能知识"反映了大数据研究的核心价值。

（2）大数据的系统建模。从长远角度来看，大数据的个体复杂性和随机性所带来的挑战将促使大数据数学结构的形成，从而导致大数据统一理论的完备。从短期而言，学术界鼓励发展一种一般性的结构化数据和半结构化、非结构化数据之间的转化原则，以支持大数据的交叉工业应用。

大数据的复杂形式导致许多对"粗糙知识"的度量和评估相关的研究问题。已知的最优化、数据包络分析、期望理论、管理科学中的效用理论可以被应用到研究如何将主观知识融合到数据挖掘产生的粗糙知识的"二次挖掘"过程中。这里人机交互将起到至关重要的作用。这一问题的突破是实现大数据知识发现的前提和关键。

（3）数据异构性管理决策。由于大数据本身的复杂性，这一问题无疑是一个重要的科研课题，对传统的数据挖掘理论和技术提出了新的挑战。在大数据环境下，管理决策面临着两个"异构性"问题："数据异构性"和"决策异构性"。传统的管理决策模式取决于对业务知识的学习和日益积累的实践经验，而管理决策又是以数据分析为基础的。

2. 云计算技术

云计算的"横空出世"让很多人将其视为一项全新的技术，但事实上它的雏形已出现多年，只是最近几年才开始取得相对较快的发展。确切地说，云计算是大规模分布式计算技术及其配套商业模式演进的产物，它的发展主要有赖于虚拟化、分布式数据存储、数据管理、编程模式、信息安全等各项技术、产品的共同发展。近些年来，托管、后向收费、按需交付等商业模式的演进也加速了云计算市场的转折。云计算不仅改变了信息提供的方式，而且颠覆了传统 ICT 系统的交付模式。与其说云计算是技术的创新，不如说云计算是思维和商业模式的转变。

云计算是一种以数据和处理能力为中心的密集型计算模式，它融合了多项ICT 技术，是传统技术"平滑演进"的产物。其中以虚拟化技术、分布式数据存储技术、编程模式、分布式资源管理技术、信息安全、大规模数据管理技术、云计算平台管理技术、绿色节能技术最为关键。

（1）虚拟化技术。虚拟化是云计算最重要的核心技术之一，它为云计算服务提供基础架构层面的支撑，是 ICT 服务快速走向云计算的最主要驱动力。可以说，没有虚拟化技术也就没有云计算服务的落地与成功。随着云计算应用的持续升温，业内对虚拟化技术的重视也提到了一个新的高度。与此同时，我们调查发现，很多人对云计算和虚拟化的认识都存在误区，认为云计算就是虚拟化。事实上并非如此，虚拟化是云计算的重要组成部分，但不是全部。

（2）分布式数据存储技术。云计算的另一大优势就是能够快速、高效地处理海量数据。在数据爆炸的今天，这一点至关重要。为了保证数据的高可靠性，云计算通常会采用分布式存储技术，将数据存储在不同的物理设备中。这种模式不仅摆脱了硬件设备的限制，同时扩展性更好，能够快速响应用户需求的变化。

（3）编程模式。分布式并行编程模式创立的初衷是更高效地利用软、硬件资源，让用户更快速、更简单地使用应用或服务。在分布式并行编程模式中，后台复杂的任务处理和资源调度对于用户来说是透明的，这样用户体验能够大大提升。

（4）分布式资源管理技术。云计算采用了分布式存储技术存储数据，那么自然要引入分布式资源管理技术。在多节点的并发执行环境中，各个节点的状态需要同步，并且在单个节点出现故障时，系统需要有效的机制保证其他节点不受影响。而分布式资源管理系统恰是这样的技术，它是保证系统状态的关键。

（5）大规模数据管理技术。处理海量数据是云计算的一大优势。那么如何处理则涉及很多层面的东西，因此高效的数据处理技术也是云计算不可或缺的核心技术之一。对于云计算来说，数据管理面临巨大的挑战。云计算不仅要保证数据的存储和访问，还要能够对海量数据进行特定的检索和分析。由于云计算需要对海量的分布式数据进行处理、分析，因此，数据管理技术必须能够高效地管理大量的数据。

Google 的 BT（BigTable）数据管理技术和 Hadoop 团队开发的开源数据管理模块 HBase 是业界比较典型的大规模数据管理技术。

（6）云计算平台管理技术。云计算资源规模庞大，服务器数量众多并分布在不同的地点，同时运行着数百种应用，如何有效地管理这些服务器，保证整个系统提供不间断的服务是巨大的挑战。云计算系统的平台管理技术，需要具有高效调配大量服务器资源，使其更好协同工作的能力。其中，方便的部署和开通新业务，快速发现并且恢复系统故障，通过自动化、智能化手段实现大规模系统可靠的运营是云计算平台管理技术的关键。

3. 物联网技术

（1）传感技术。传感技术是计算机应用中的重要技术，在物联网中显得尤为重要。物联网需要依靠传感技术进行采集并且将采集到的信息转变成数字信号进行传输。也就是说，传感技术是物联网最前端的感觉细胞，将收集到的信息传递给大脑进行分析，然后再处理大脑反馈的信息。

（2）RFID 标签（见图 4-4）。RFID 标签也是一种传感器技术。RFID 技术是将无线射频技术和嵌入式技术融合为一体的综合技术。RFID 技术就是一种无线通信技术，可以通过无线电信号识别特定目标并读写相关数据，而无须识别系统与特定目标之间建立机械或者光学接触。也就是说物联网将传感器作为感知设备，将 RFID 标签作为被识别的电子标识，这样就可以组成一套完整的感知与识别系统。

图 4-4　市场上的各式 RFID 标签

（3）嵌入式系统。在人们的生活中，嵌入式系统遍布我们的生活，它集成了计算机硬件技术、传感技术等多种复杂的技术，经过多年的进化不断完善，在我们的生活中小到随身 MP3 大到飞机卫星都可以看到嵌入式技术的影子。嵌入式技术让普通的设备可以具备计算处理功能。

打一个形象的比喻，在物联网中传感器相当于人的眼睛、鼻子、皮肤等感官，网络就是神经系统，用来传递信息，嵌入式系统则是人的大脑，在接收到信息后要进行分类处理。

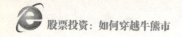

（四）主要商业模式

大数据、物联网、云计算三者之间，大数据往往是一种资源，云计算是一种技术，物联网是一种运用，只有通过技术将资源利用起来运用到人们的生产生活中，它们的价值才能真正体现。

每当我们要做出决策的时候，大数据就无处不在。大数据术语的广泛出现也使得人们渐渐明白了它的重要性。大数据渐渐向人们展现了它为学术、工业和政府带来的巨大机遇。然而，要实现大数据的价值，涉及数据的获取、处理、应用这三个基本环节。要理解如何让数据产生价值，那首先就需要理清大数据、云计算与物联网之间的紧密联系，了解它们之间的互联模式（见图4-5）。

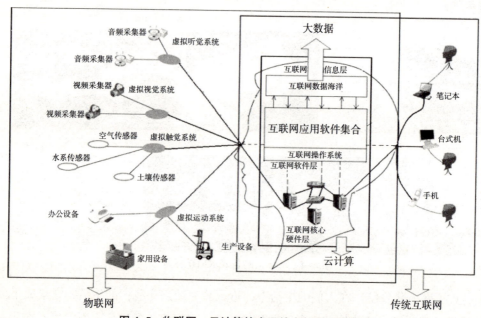

图4-5　物联网、云计算技术下的大数据处理模式

从图4-5中我们可以看出：

物联网是数据入口和出口，数据由物联网和互联网终端产生，物联网、传统互联网、移动互联网都在源源不断地向互联网大数据层汇聚数据和接收数据。云计算是整个模式的核心硬件层和核心软件层的集合，也是中枢神经系统。经过云计算技术和大数据技术的处理，最终运用到各种终端设备或者方案中。大数据代

表了互联网的信息层（数据海洋），是互联网智慧和意识产生的基础。

由于来源的不同，物联网产生的数据具有混搭的风格，这种混搭性虽然使得数据不易处理，但是通过云计算技术的处理，物联网的混搭将使物联网的数据变得更有用，将物联网感知的数据与通过社会媒体获得的数据结合，也就是人跟机器的社会联网，将使决策更科学。大数据助力物联网，不仅是收集传感性的数据，实物跟虚拟物还要结合起来。比如环境监测，在水面取样，通过卫星发出去，利用云计算、中心数据挖掘河流的环境污染，运用数字化的模式，我们可以发现有的地方有环境污染，污染本身需要异源数据，除了传感器、物联网，数据是有噪声的、不干净的，所以需要多种数据的结合，历史数据的挖掘，然后进行分析预感、预警。

云计算的基本形态就是将大量数据计算从本地转移到服务器端，本地只是进行数据的传输与执行，而大量复制的计算过程则是放到服务器端利用服务器的计算功能来完成。这与物联网的整体理念是完全相符的，也就是说当物联网真正兴起的时候，与云计算相关的服务和技术必然已经成熟。物联网、云计算、大数据就是天生的铁三角关系。

当下智能家居的概念越来越火，而且已经有很多成熟的案例。你身处千里之外，家中有个风吹草动的立马就会通过网络告诉你。当你家的猫猫狗狗、花花草草需要照顾的时候，你可以随时随地地进行操作；当你刚刚接近你的家，家里的热水器、空调、车库就已经开始准备迎接主人回家；当你走进超市，手机就会收到冰箱中还有哪些食物，依照主人的生活习惯提供需要购买食物的清单。而这些，都是大数据、云计算和物联网的功劳。

（五）重点上市公司

工信部发布的物联网"十二五"规划中，把信息处理技术作为四项关键技术创新工程之一被提出来，其中包括了海量数据存储、数据挖掘、图像视频智能分析，这都是大数据的重要组成部分。在2016年3月5日上午开幕的第十二届全国人民代表大会第四次会议上，国务院总理李克强在政府工作报告中提出，在"十三五"期间要促进大数据、云计算、物联网广泛应用。目前，国内比较有名的大数据公司有：做数据处理、分析环节、综合处理的拓尔思、美亚柏科；做语音识别的科大讯飞；专注信息安全的卫士通、启明星辰；做商业智能软件的久其

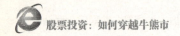

软件和用友软件等。A 股市场上云计算的公司主要有：紫光股份、浪潮信息、华胜天成、中兴通讯、方正科技、浪潮软件、鹏博士、网宿科技等。物联网公司有：专注于智能卡研究生产的航天信息、东信和平、飞乐音响、恒宝股份、大唐电信等；物联网应用设备制造上市公司新嘉联；专注于视频安防监控应用的大华股份、海康威视等。

二、科大讯飞

（一）公司介绍

1999 年，一群怀着强烈的民族责任感的大学生创业团队创立科大讯飞信息科技股份有限公司，第二年，公司即被认定为"国家 863 计划成果产业化基地"，与中国科大、社科院共建实验室，核心源头技术资源整合战略初见成效，中文语音产业由此起飞。经过十几年的发展，科大讯飞总资产规模达到 40 多亿元，已成为我国产业化实体中，在语音技术领域中基础研究时间最长、资产规模最大、历届评测成绩最好、专业人才最多及市场占有率最高的公司。

自成立以来，科大讯飞一直从事智能语音及语言技术研究、软件及芯片产品开发、语音信息服务及电子政务系统集成研究。公司智能语音核心技术代表了世界的最高水平。2008 年，科大讯飞在深圳证券交易所挂牌上市，股票代码是002230。科大讯飞作为中国最大的智能语音技术提供商，在智能语音技术领域有着长期的研究积累，并在语音合成、语音识别、口语评测、自然语言处理等多项技术上拥有国际领先的成果。科大讯飞是我国唯一以语音技术为产业化方向的"国家 863 计划成果产业化基地"、"国家规划布局内重点软件企业"、"国家高技术产业化示范工程"，并被原信息产业部确定为中文语音交互技术标准工作组组长单位，牵头制定中文语音技术标准。

公司一直致力于语音产业的技术创新和应用创新，培育及推动语音产业和市场快速发展。围绕自主知识产权的核心技术，科大讯飞主要提供语音支撑软件和语音应用软件等语音产品。凭借公司雄厚的应用软件研发实力，世界领先的智能语音技术和多年来积累的项目经验，科大讯飞的产品在政府、电信、公安、教育、金融、烟草、旅游、交通、证券、银行、建管等行业得到了广泛应用。特别是在教育行业，科大讯飞在该行业中的运用已经成为公司重要的利润增长点。同时，科大讯飞和合肥市人民政府、微软（中国）有限公司联合成立了"合肥微软技术中心"，计划依托国际强势品牌，大力开拓本地软件市场。

基于拥有自主知识产权的世界领先智能语音技术，科大讯飞已推出从大型电信级应用到小型嵌入式应用，从电信、金融等行业到企业和消费者用户，从手机到车载，从家电到玩具，能够满足不同应用环境的多种产品。科大讯飞已占有中文语音技术市场70%以上市场份额，以科大讯飞为核心的中文语音产业链已初具规模。随着移动互联网"语音时代"的到来，科大讯飞率先发布了全球首个提供移动互联网智能语音交互能力的"讯飞语音云"平台，并持续升级优化。基于该平台，科大讯飞相继推出了"讯飞输入法"、"灵犀"等示范性应用，并与广大合作伙伴携手推动各类语音应用深入到手机、汽车、家电、玩具等各个领域，引领和推动着移动互联网时代大潮下输入和交互模式的变革。

科大讯飞在语音技术核心研究和产业化方面的突出成绩引起了社会各界的广泛关注，习近平、李克强、张德江、俞正声、刘云山、张高丽等多位党和国家领导人亲临科大讯飞视察，对智能语音技术的重大价值及科大讯飞做出的创新工作均给予充分肯定。国家各行业部委和权威机构已形成了科大讯飞"中文语音产业国家队"的基本共识。

（二）发展空间

在IT产业的五次浪潮中，最有名的两个公司，一个是从1995年开始，慢慢成为全球巅峰的微软，当时比尔·盖茨是全球最优秀的，他把DOS的操作系统变成了Windows。另外一个是苹果，在2010年前后，苹果的商品成为全球最超前的东西，它把触摸做到了极致。发展的浪潮有一个非常重要的后台推动因素，就是人机交互，人机交互引领产业变革。

在移动互联网时代，以语音交互为主导，将成为下一代产业的重心。我们已经看到了，为什么全球产业对语音有这么高的要求，可以看到PC、移动互联网、新一代的人工智能，就是自然的人机交互界面。未来，智能语音市场将会是一个千亿美元级别的市场（见图4-6）。

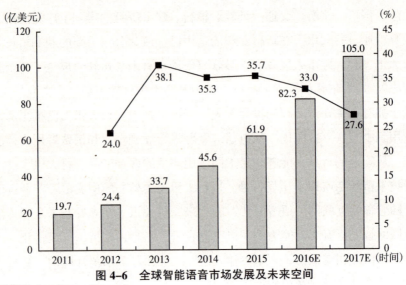

图 4-6　全球智能语音市场发展及未来空间

资料来源：http://www.askci.com/news.

现在科大讯飞的主打产业是符合语音、人工和产业环境的需求，相关技术主要包括三个方面：

第一，语音合成，孵化，任意文字让计算机给读出来，就像电脑播音员一样。

第二，语音识别，让它听懂我们讲话，我们说话变成文字，这是语音识别。

第三，语种识别，是中文还是英文。

最终结果就是让机器能像人一样能听会说。那么这个技术应该说不仅可以在社会生活中的每一个领域找到应用前景，对国家的通信安全等意义都非常重大，所以历来都是全球竞争的焦点。

所以说未来的移动互联网发展，第一是可穿戴式，第二是智能家具的广泛普及，以后我们眼睛、手表等本身就是一个智能终端，所以手机以后可能会被抛弃，它的终端形态会根据你的审美情趣可穿戴，这时候 80% 的信息直接用语音交互就可以了，当你需要什么，或者会投影到手掌上，现在已经可以看到这种大势。

2016 年科大讯飞在"两会"的提案就是要把人工智能列为国家"十三五"的重大战略，因为中国移动互联网的用户，尝鲜的特点在全球是独树一帜的。我们不能再走原来制造业的老路，总是拿着别人的技术，总是跟在全球后面。既然现在我们有非常好的人工智能的全球布局，就要想办法一直走在全世界的最前面。

5~10 年内，人类就将进入智能的时代，机器人将像水、食物、互联网一样，成为人类每天生活中的标配，难以脱离。

未来科大讯飞发展主要围绕教育、家庭电视、移动互联网三块业务布局。未来公司的战略目标是：教育行业语音应用市场要一统天下；家庭电视的语音应用市场要实现绝对控盘，占有 70%~80%；移动互联网的语音应用市场要实现三分天下有其一。在语音产品的变现模式方面，教育产业主要通过软件售卖形式；电视可以使用后向广告、节目点播等形式；移动终端可通过灵犀、彩铃、音乐等后向收费的模式进行变现。

科大讯飞的核心竞争力在于环环相扣的产品研发体系和全面领先的技术实力。在识别模型、算法、参数、数据库等方面建立了环环相扣的研发体系，仅一两个环节的核心人才流失无法对讯飞的核心竞争力进行复制。科大讯飞在噪声、口音方面的识别技术领先于腾讯、百度 4~5 年。互联网公司仅仅依靠聊天、趣味性无法产生用户黏性。目前看未来 2~3 年移动互联网的语音应用市场格局会逐渐稳定。

科大讯飞 17 亿元增发融资将主要用于强化现有主业。未来资金投向主要是五个方向：加强移动互联网拓展，强化语音云建设；加强教育产业业务拓展；强化实验室建设；用于上下游产业链并购；补充公司流动资金。所有融资将围绕公司现有主业进行。

（三）商业模式

科大讯飞作为国内语音识别领域绝对龙头，技术层面上，公司中文语音处理技术已达到国际先进水平，并实现了从单机识别向基于移动互联网的语音云的突破，基于云计算的讯飞语音云对常用语的识别率达到 90%。为什么能够对常用语的识别达到如此之高，那是因为科大讯飞具有一个巨大的数据库，里面储存着几乎全部的词语资料，以供其进行匹配。

公司在中文语音行业有着十几年的积累，并且在普通话测评业务中积累了大量的语音数据，在呼叫中心的应用和基于云计算的讯飞语音云也将在应用过程中不断积累和完善公司的语音资源库，不断地增加、积累、处理这些非结构化的数据信息。在公司现在的业务中，至少有三条主要途径能够收集到大量的数据资源，如图 4-7 所示。

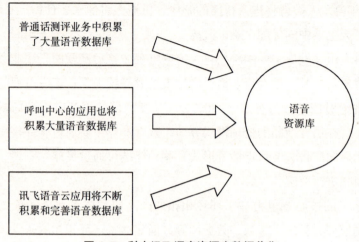

普通话测评业务中积累
了大量语音数据库

呼叫中心的应用也将
积累大量语音数据库

讯飞语音云应用将不断
积累和完善语音数据库

语音
资源库

图 4-7   科大讯飞语音资源库数据收集

通过完善资源库，对不常用语如专业用语和方言等的识别率也将逐步提高，使得公司能够提供更良好的用户体验，为语音识别的大规模应用扫清障碍。而且，随着用户体验的改善，将推动公司讯飞语音云获得更广泛的应用，从而使得公司语音样本更加丰富，语音资源库更加完善，形成一个良性的自循环。领先的核心技术和丰富的语音数据资源优势也将是其他潜在竞争者进入最大的障碍，语音资源库将会成为其最重要的竞争力优势。

人之所以能听懂、会说话，是因为在我们大脑里已经储存了相关的已知信息，通过将听到的声音和大脑中的信息进行匹配，知道所听到的声音要表达的意思。其实智能语音和我们大脑对声音的处理过程具有相似的地方，它需要一个资源库，一个几乎包含了所有语音信息的资源库，只有这样，智能语音软件所接收到的语音信息才能实现完美匹配。

实际上，在大数据匹配这方面，科大讯飞的大数据语音模式与 Google 翻译系统模式具有极为相似的地方。

智能语音和翻译一样，首先都有一个信息接收的过程，然后识别接收的信息，最后做出反应。作为冰冷的机器，我们暂时还不能指望它能够像我们人类一样能够进行真正的思考或是逻辑推理等，如果要让机器懂我们，那只能让机器记住足够大的信息量之后，在这庞大的数据之中去找现成的答案，并找到最有可能的答案。不管是语音还是翻译，只要涉及智能运用问题，那么大数据是不可避免的。未来，智能语音软件的问题并不在于软件技术本身，而在于其是否具有足够大的数据库和足够强的数据处理能力。

但是，空有一本绝世秘籍，若无扎实的内功配合也是枉然。因为语音识别模型需要经过不断的修正与调整，才能在各种不同的语境、不同的方言中保持出色，这就是我们常说的"学习问题"。完成语音识别系统的学习过程需要庞大的语音数据库支持，在海量的试验中不断修正模型参数，才能达到更高的准确度。

科大讯飞在中文语音行业积累了十几年，公司在普通话测评、电信级语音识别、语音搜索服务及语音云上亿用户中积累了大量的语音资料，拥有着无匹的海量语音数据库。目前公司的语音识别系统样本库拥有百万人的规模，而 IBM 的语音识别系统数据库仅拥有万人的规模。在这些语音数据库的训练下，科大讯飞语音识别系统对不常用语（如专业用语和方言等）的识别率独具优势。这是实打实的家底，短期难以被复制。基于互联网及大数据下的科大讯飞商业模式如图4-8 所示。

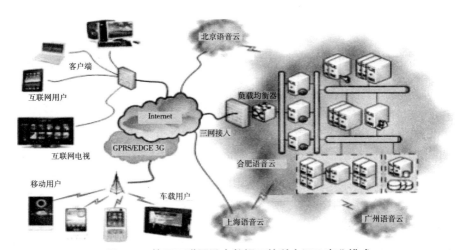

图 4-8 基于互联网及大数据下的科大讯飞商业模式

要消化掉庞大的数据库，就必须拥有强大的计算能力，另外，公司所提供语音服务的速度也取决于公司云端的计算能力。目前"智能语音技术＋云计算"的组合，已经成为语音识别技术的主流方案，巨大的财力需求，也构成了语音识别技术的一大门槛。在国内有了庞大的后台数据库模型作支撑，加之公司利用基于云计算的模型，使用超过 100 个 CPU、上百 G 内存的系统来训练这个模型，使得公司语音识别系统不断刷新着用户的体验。

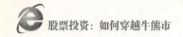

（四）投资价值

1. 高成长提升想象的空间

公司专业从事智能语音及语言技术研究、软件及芯片产品开发，是语音信息服务及电子政务系统集成的国家级骨干软件企业，为我国众多软件企业中为数极少掌握核心技术并拥有自主知识产权的企业之一，其核心技术代表世界最高水平。公司在中文语音技术市场占有 60% 以上的份额，在语音合成产品市场占有 70% 以上的份额，在电信等主流行业的份额更是达 80% 以上。显然公司是一家高科技行业龙头企业。

多领域协同发展保持语音市场引导者地位，语音入口价值开始显现。公司凭借在多领域良好的市占率与技术优势，在移动互联、智能家居、智能客服及车载智能语音方面展开全面布局，未来将进一步成为语音内容搜索的入口，实现入口价值的变现，开拓新的成长空间。

2. 前瞻布局智能领域，讯飞超脑打开新市场空间

2015 年上半年公司实现营业收入 10.39 亿元，同比增长 60.44%；实现营业利润 1.63 亿元，同比增长 21.73%；实现归属于上市公司股东的净利润 14309.23 万元，同比增长 22.52%。销售费用 1.51 亿元，同比增长 69.58%，管理费用 0.27 亿元，同比增长 38.12%，费用控制合理。在面向各行业数千家开发伙伴提供语音能力的基础上，公司加快布局教育、移动互联、智能客服、智能电视、车载等领域，推动各项业务快速发展。行业应用产品/系统收入 56173 万元，同比增长 103.49%（其中教育应用产品、电信语音增值产品、IFLYTEK-C3 分别同比增长 81.21%、64.40%、268.51%）。

2014 年公司正式启动了"讯飞超脑"计划，从语音巨人向人工智能领导者加速迈进（见图 4-9）。讯飞超脑正在研发实现具有深层语言理解、知识表示推理、自主模仿学习等高级人工智能的智能系统，并且已经在智能教育、自动客服、人机交互等领域形成多个阶段性成果。

3. 深耕教育大数据，完整覆盖"技术 + 内容 + 渠道"

我们一直都看好公司语音技术在教育领域的应用前景，公司在教育教学业务收入同比增加 62.39%。公司已初步构建起"平台 + 内容 + 终端 + 应用"完整的教育教学生态体系，多终端智慧教育解决方案实现了数据全贯通、场景全覆盖、平

自动智能客服

机器类人答题

个人定制手机全能助理

讯·飞·超·脑

机器智能健康医疗咨询

图4-9　讯飞超脑应用场景

台可运营，面向学校、教师、学生和家长多级用户的涵盖教、考、评、学、管全业务的完整产品体系。同时，公司拟通过非公开发行股票募集的21亿元中将有18亿元投入智慧课堂及在线教学云平台项目，结合公司已有的技术和市场积累，构建起以科大讯飞教育云平台为核心的开放式教育产业生态体系，预计未来将成为公司业绩的有力增长点。

4. 讯飞超脑布局人工智能与虚拟现实

公司实施讯飞超脑计划，在认知智能领域进行了前瞻布局，树立了公司在人工智能核心技术方面的领先优势，并且已经在智能教育、自动客服、人机交互等领域形成多个阶段性成果。同时，即将投入开发的"讯飞超脑"关键技术研究及云平台建设项目，拟进一步促进语音语言认知智能核心技术，研发讯飞云平台。未来将使科大讯飞在当前人工智能高速发展的战略机遇期把握技术先机，增强自有业务盈利能力，并打开全新产业空间。

2014年3月，Facebook宣布斥资20亿美元收购沉浸式虚拟现实技术公司OculusVR，这引发了微软、谷歌、雷蛇等世界一流科技公司的跟风布局。而科大讯飞也不失时机开始布局VR软件应用以及VR交互技术，成为目前为止国内VR市场上的真正龙头。据了解，目前虚拟现实技术已经在航天军工、城市规划与经营、建筑设计、房地产开发、视频、游戏等领域得到了广泛应用，不久后有望渗透到所有与信息系统相关的学科和领域。机构普遍分析称，2016年或将成为虚拟现实的元年，在VR市场将迎来小爆发的同时，预计到2020年，全球穿戴虚拟现实设备年销量将达 4000 万台左右，市场规模约 400 亿元，加上内容服务和企业级应用，市场容量超过千亿元；长期来看，虚拟现实市场规模万亿元可期。

（五）风险控制

1. 新产品推广不达预期，导致业绩低于预期

2015 年公司实现营业收入 25.05 亿元，同比增长 41.1%；实现净利润 4.19 亿元，同比增长 10.5%，从其利润增速上来看，2015 年利润增长速度明显放慢（见表 4-1）。每股盈余（EPS）为 0.34 元，低于预期，主要因运营规模扩大导致销售费用大幅增长 65.86%。

表 4-1　科大讯飞历年营业收入及利润情况

截止日期	营业收入		净利润	
	营业收入（万元）	同比增长（%）	净利润（万元）	同比增长（%）
2015-12-31	250518	41.1	41929	10.5
2014-12-31	177521	41.6	37943	36.0
2013-12-31	125371	59.9	27899	53.0
2012-12-31	78394	40.7	18240	37.5

资料来源：科大讯飞 2012~2015 年年报。

2. 政府补贴存在一定的不确定性，对净利润增长影响较大

科大讯飞 2008 年登陆中小板，此后公司每年从政府拿到的补贴呈现出逐年增加的趋势。从绝对额看，前五年的政府补贴分别为 1186.86 万元、2117.63 万元、1893.99 万元、3624.01 万元和 6109.84 万元，且在 2011 年和 2012 年当中迅猛增加，大有与主营业务分庭抗礼之趋势。从占比来看，2008~2011 年的 4 年中，政府补贴收入对科大讯飞净利润的贡献额度平均超过了 20%。而就在 2012 年，这一数字已经达到 33.5%，直至 2013 年第一季度的近 50%。2014 年、2015 年的补贴额持续上升，高额的补贴数据已经占据利润的很大部分，但是由于政府补贴存在一定的不确定性，对净利润增长影响较大。

3. 行业巨头巨额投入语音产业，加剧行业竞争

智能语音的重要性已引起众多 IT 企业的高度重视，Nuance、微软、IBM、谷歌、苹果等 IT 巨头不断加大智能语音的研发投入和投资并购，同时积极进行智能语音领域的专利布局。从国内看，以百度、腾讯为代表的互联网企业正在涉足

智能语音领域，市场竞争日益激烈。

公司在智能语音技术领域有着长期的研究积累，并在语音合成、语音识别、口语评测、自然语言处理等多项技术上拥有国际领先的成果和明显的全方位领先优势。作为国内智能语音企业龙头，经过多年积累，公司已推出从大型电信级应用到小型嵌入式应用，从电信、金融等行业到企业和消费者用户，从手机到车载，从家电到玩具，能够满足不同应用环境的多种产品，目前已拥有大型行业合作伙伴 2000 余家，基于讯飞语音云平台的第三方开发伙伴超过 5.5 万家，逐步形成以讯飞语音云技术开放平台为基础、集聚众多开发者/创业者和用户的生态圈。下一步，公司将持续加强对语音核心技术的研发，积极推进"讯飞超脑"计划的实施，进一步扩大领先优势，同时与合作伙伴紧密协同，积极构建语音生态链。

（六）注意事项

1. 人力资源风险及措施

随着语音技术产业化趋势明显，国外知名 IT 企业纷纷对语音业务加大投入，势必造成语音技术国际竞争的加剧和社会对语音技术人才需求的增大。同时，由于国内语音行业的特殊性、高水平科研人才的稀缺性以及人才培养的滞后性，语音技术人才将面临持续短缺，能否吸引和培养高水平的人才队伍是公司今后发展的主要风险。

2. 业务种类之间缺乏协同效应

从"科大讯飞"近几年的营收构成来看，该公司的营收主要依靠传统业务如普通话测评、英语测评、呼叫中心、嵌入式语音导航和毛利率很低的信息工程业务。公司涉及的业务种类非常广泛，并且各业务种类之间缺乏协同效应。尤其需要指出的是，占据营收比例很大的"信息工程与运维服务"，毛利率很低，在净利中贡献较小，这显示出"科大讯飞"更像是一家传统的重资产软件公司，而并非注重人才和资本运营效率的（移动）互联网公司。因此，从公司基因上来讲，公司宣传要成为未来的"百度"、"腾讯"，作为投资者听听即可。另外，"讯飞输入法"、"讯飞语点"和"讯飞语音云"仅贡献营收的 3% 不到，不足千万元，并且从公司目前的战略和定位来看，这一局面可能要维持不短的时间。

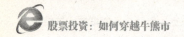

3. 缺乏场景，用户黏性不够

对于互联网用户来讲，一件产品要能留住用户，必须让用户愿意在该产品上花足够的时间停留。例如，QQ能提供与朋友长时间聊天的平台，百度在用户有问题时就可以提供网上的答案网页，淘宝网给予了用户购物的空间，雪球网能够获取到专业投资者的分析信息。从这里我们可以看出，一个能大规模商务化的互联网产品应该是一种"服务"，而不仅仅是一件享受服务的"工具"，或者说"入口"。但是，"讯飞语点"和"讯飞输入法"的作用，恰恰是一件工具，或者说"入口"，而没有提供一种"服务"。设想一下，用户利用"讯飞语点"把口语的意图转化成文本之后，"讯飞语点"下一步帮用户解决什么问题呢？实际上，用户下一步要做的事情，才是用户真正关心的。这就好比"搜狗输入法"，用户打字完毕之后就不会在它上面停留。因此，这种产品必须和"服务"型产品结合起来，才能发展良好。王小川也是将输入法和浏览器、搜索引擎结合起来，才成功开拓出搜狗"三级火箭"的发展模式的。

三、启明星辰

（一）公司介绍

启明星辰公司成立于1996年，由留美博士严望佳女士创建，是国内最具实力的、拥有完全自主知识产权的网络安全产品、可信安全管理平台、安全服务与解决方案的综合提供商。2010年6月23日，启明星辰在深交所中小板正式挂牌上市。

启明星辰拥有完善的专业安全产品线，横跨防火墙/UTM、入侵检测管理、网络审计、终端管理、加密认证等技术领域，共有百余个产品型号，并根据客户需求不断增加。启明星辰解决方案为客户的安全需求与信息安全产品、服务之间架起桥梁，将客户的安全保障体系与信息安全核心技术紧密相连，帮助其建立完善的安全保障体系。目前，公司在全国各省市自治区设立三十多家分支机构，拥有覆盖全国的渠道和售后服务体系。

自2002年起，启明星辰就持续保持国内入侵检测、漏洞扫描市场占有率第一。近年来，发展成为国内统一威胁管理、安全管理平台国内市场第一位，安全性审计、安全专业服务市场领导者。

凭借多年来的潜心研发，启明星辰成为国家认定的企业级技术中心、国家规划布局内重点软件企业，拥有最高级别的涉及国家秘密的计算机信息系统集成资质，并获得国家火炬计划软件产业优秀企业，中国电子政务IT100强等荣誉。

作为信息安全行业的领军企业，启明星辰以用户需求为根本动力，研究开发了完善的专业安全产品线。通过不断耕耘，已经成为政府、电信、金融、能源、交通、军队、军工、制造等国内高端企业级客户的首选品牌：启明星辰在政府和军队拥有80%的市场占有率，为世界五百强中60%的中国企业客户提供安全产品及服务；在金融领域，启明星辰对政策性银行、国有控股商业银行、全国性股份制商业银行实现90%的覆盖率；在电信领域，启明星辰为中国移动、中国电信、中国联通三大运营商提供安全产品、安全服务和解决方案。

（二）发展空间

根据信息安全产业"十二五"规划，到2015年我国信息安全产业规模将突破670亿元，保持年均30%以上的增速，网络安全成为一大确定性的主题投资。而随着"十三五"规划的落地，信息安全产业更是迎来发展高峰。

随着信息安全上升到国家战略层面，国家"互联网+"战略提速，网络信息安全成为保障"互联网+"战略实施的重要环节。信息安全产业也将面临发展"黄金期"，成为资金的"风口"。

IDC机构认为，信息安全经过了前期培育而广为人知，当前处于快速发展期，考虑"棱镜门"事件持续发酵和国家政策刺激，可以判断未来数年我国信息安全行业复合增速有望达30%。近几年，我国信息安全行业市场规模持续高速增长。近年来中国工厂安全市场规模及预测如图4-10所示。根据IDC测算，我国2010年信息安全产品和信息安全服务市场规模分别为6.06亿美元和3.38亿美元，2012年两者市场规模则分别为8.77亿美元和4.61亿美元，而到2015年，国内信息安全产品和安全服务的市场规模更是分别达到了30.35亿美元和12.84亿美元。而今《网络安全法》助力，未来仅网络空间国防投入就有望带来行业10倍的发展空间。招商证券预计，到2020年，我国网络信息空间有望形成年近千亿元的庞大市场。

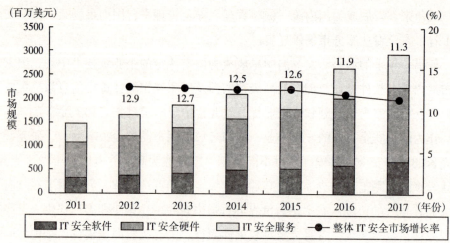

图 4-10　中国 IT 安全市场规模及预测

资料来源：http：//www.askci.com/news.

时下我国信息安全投资占整个 IT 投资比例不到 3%，对比美国的 10% 以上占比，意味着有数倍的提升空间。"互联网+"时代，网络战争将是军事战争中最重要的一环，新形势下国家级信息安全体系的重构势在必行，预计未来一两年将有更多高规格的政策和细则出台，将促进网络信息安全产业更好更快地发展。

信息安全为互联网行业的保障性科目，而当前互联网蓬勃发展，尤其是"互联网+"成为国家战略，让网络信息安全发展获得源源不断的推动力，网络信息产业将是当前及未来 5 年的高景气细分行业，"钱"景无限。

启明星辰的主营业务为信息安全产品的研发、生产、销售与提供专业安全服务，为客户提供系列信息安全产品、安全管理平台和专业安全服务。

内生加外延布局网络安全全产业链，打造中国版赛门铁克。公司继成功整合网御星云强化网关和防火墙传统主营业务、收购书生电子增强文档安全、收购合众数据主攻大数据分析和数据安全后，于 2016 年 3 月成功收购安方高科 100% 股权以加强高端物理电磁防护和加强军方渠道。加上之前投资的众多移动互联网和数据安全领域的小团队，实现了在信息安全领域实现高端+低端、硬件+软件的全行业布局，充分发挥客户整合和渠道整合优势，进一步巩固了公司的行业龙头地位。预计公司将继续复制海外网络信息安全龙头企业的成长路径，通过不断地并购整合打造中国版的赛门铁克。

我们预计信息安全于 2016 年将迎来行业大拐点，公司将成为布局最为全面的国内行业龙头。另外，随着互联网金融和个人智能终端安全需求的不断增长，公司未来在 C 端的个人安全防护市场乃至与 BAT 等互联网巨头的合作都十分值得期待。

（三）商业模式

信息安全产业的发展不是亘古不变的，并没有一劳永逸的商业模式存在，处于行业中的任何企业都需要不断发展和不断探索新的适合市场并能成功的商业模式，启明星辰也不例外。公司通过立足自身把握未来，借助近年来不断发展的云计算机遇，利用自身安全产品与安全服务的巨大优势搭建云计算安全平台，将成功从安全产品服务商向网络安全产品、可信安全管理平台、安全服务与解决方案的综合提供商转变。

启明星辰主要在信息安全领域发展，其销售收入主要是安全产品、安全服务和硬件及其他销售收入。启明星辰目前已发展成为集研、产、销为一身的信息安全产品及服务生产厂商。作为软件以及服务提供商，启明星辰主要依靠销售安装于用户硬件上的安全软件提供基础安全服务、增值安全服务和为客户提供系统安全咨询服务等模式盈利。

技术领先、客源丰富、资金雄厚是启明星辰进行商业模式创新的内在优势。启明星辰在信息安全技术上拥有经验丰富的研发中心和 ADLab 实验室（见图 4-11），承担过多个科研项目的研发实施，具有实践操作与技术结合的经验优势，并且拥有多项技术资质，能够提供多元化信息安全产品及服务。在发展的过程中，启明星辰借助技术优势与政府、军事、行业等多个政府部门和大中型企业合作，在客户资源上积累了较为丰富的合作伙伴。通过产品销售以及安全服务，企业拥有保障性流动资金，并借助现代资本化运作，依靠风险投资、上市募资等多种运作手段，启明星辰拥有雄厚的资本实力。权威部门的认证以及行业发展的潮流为启明星辰商业模式创新带来了新机遇。启明星辰的技术竞争力获得了多个部门的认可和资质认定，因而为企业在市场中增添了行业质量品牌。而在物联网、云计算、三网合并的发展趋势下，信息安全受到政府个人越来越多的关注，新的商业模式不断成功实现，为启明星辰商业模式创新提供借鉴经验和驱动力量。

启明星辰的研发模式是匹配企业战略发展的，核心及关键技术依靠自主研发以提升自身在行业中的控制力，通用技术和一般技术外包为企业技术发展节省开

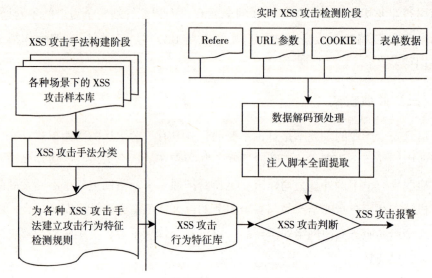

图 4-11 启明星辰 ADLab 实验室运作模式

支和精力，使得企业能够更专注于研发市场需要的发展型技术。在生产模式的变革下采用循序渐进的变革路线，保留部分生产模式的发展以适应新模式的实施。生产模式上将实物生产转化为网络平台规模化应用，也即企业搭建软件平台或租用其他企业的平台，将启明星辰的信息安全软件产品以及服务产品应用在平台上，企业只需负责产品的更新以及平台营运。在销售模式上改变渠道布局，依靠网络布局销售渠道，借助原有品牌影响力推广产品服务，也即线上积聚人气线下进行产品销售，这将大大减少对销售渠道建设的成本。

（四）投资价值

我国网络信息安全行业还处在发展阶段，第一军团的五家一流企业，市场总额加在一起市场占有率不超过 20%，还有十家 1 亿元左右的第二军团，5000 万元到 1 亿元的第三军团。对比国内竞争对手，公司已具备强大的产品优势，看好公司目前时点投资价值的核心逻辑在于：

1. 行业层面

我国信息安全行业发展明显滞后，在国际安全形势日益严峻及国家显著对加强信息安全增加投入的背景下，行业正逐步进入快速发展阶段。

2. 公司层面

作为信息安全行业龙头，公司在网络攻防技术积累、一体化解决方案及多渠道布局方面拥有显著竞争优势，未来将率先受益于政府、金融、电信等各行业市场的订单放量及市场占有率向行业龙头集中的优势，并借助云安全、大数据等新兴需求的快速崛起，实现公司从过去稳步增长向未来持续快速增长的趋势跨越。

政府对信息安全重视程度明显增强，财政投入快速增加，行业景气度持续提升。目前，我国的信息安全投资占比仅为 IT 总投入的 1%~3%，与发达国家 8%~12%的平均水平相差甚远，IT 支出结构严重失衡，安全保障与 IT 技术应用水平不匹配，未来我国信息安全投入仍有巨大增长空间。随着信息安全上升到国家战略高度，政府相关支持政策将会持续高压推进，带动各行业信息安全需求释放，行业景气度快速提升，行业整体增速有望提升至 20%~30%高增长区间。

公司未来将显著受益于党政军需求快速放量、市场份额向龙头企业集中及抢占云安全等新兴领域份额等优势，实现公司业绩的持续快速增长。

公司作为实力雄厚的综合性龙头企业，党政军需求占据公司约一半业务份额，未来军政领域信息安全需求率先爆发将使公司最大化受益。考虑当前国家意志在需求拉动中的关键作用，党政军领域必将起到示范和带动作用，信息安全需求将率先快速增长，成为拉动行业步入高速增长周期的一级驱动力。公司目前的客户价值变现能力强于同行业公司。

公司通过内生及外延扩展双轮驱动，进一步完善产品线并提升一体化解决方案能力，未来市场份额有望不断提升。公司通过收购网御星云切入安全硬件占比最大的防火墙细分领域，收购书生电子布局文档安全，收购合众数据布局大数据分析和数据安全，收购安方高科布局电磁空间防护安全产品。预计公司未来将持续打造基于"云网端"的相关云安全产品及一体化解决方案以及大数据安全解决方案，构建信息安全生态圈，进一步夯实行业龙头地位。

公司前瞻布局云安全和数据安全等行业新领域，力争在行业演进中继续抢占行业战略制高点。未来的云安全是一个"云网端"（云端＋网络端＋终端）三层领域安全相互关联的统一安全构建。公司一方面通过继承在网络端的安全技术优势，加强新一代互联网安全产品及方案的竞争能力；另一方面通过与腾讯、华为等业内企业的合作来完善在云安全细分领域的技术和产品布局，积极抢占云安全等新兴市场的战略制高点。

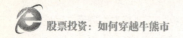

（五）风险控制

1. 产品销售季节性风险

由于公司目前的主要客户通常采取预算管理和产品集中采购制度，从近年公司各季度营业收入占全年的比例统计来看，第四季度占比较高。因此，公司的销售呈现较明显的季节性分布，并由此影响公司营业收入和利润也呈现季节性分布，由于费用在年度内较为均衡地发生，而收入主要在第四季度实现，因此可能会造成公司第一季度、半年度或第三季度出现季节性亏损，投资者不宜以半年度或季度的数据推测全年盈利状况。启明星辰 2012~2015 年营业收入如表 4-2 所示。

表 4-2　启明星辰 2012~2015 年营业收入

单位：亿元

报告期	第四季度		第三季度		第二季度		第一季度	
	营业收入	行业排名	营业收入	行业排名	营业收入	行业排名	营业收入	行业排名
2015 年	15	32	8	59	5	73	2	73
2014 年	12	60	6	69	3	73	1	77
2013 年	9	62	5	62	3	63	1	69
2012 年	7	59	4	66	2	81	1	85

资料来源：启明星辰 2012~2015 年年报。

2. 国家各项产业支持政策风险

目前，软件产业属于国家重点鼓励发展的产业，为此国务院出台了相关政策从投融资、税收、产业技术、出口、收入分配、人才吸引与培养、采购和知识产权保护等多方面对软件企业给予支持。其中，税收优惠可以直接影响到公司的当期业绩。若相关政策发生变化，可能对行业和公司产生不确定影响。

（六）注意事项

1. 财务管理水平有待提高

公司客户以政府部门、大型企业集团为主，应收账款总体质量较好，但随着公司销售规模的扩大，公司应收账款呈现逐年增加的趋势。如果客户信用发生重大变化或公司采取的收款措施不力，发生坏账的可能性将会加大。公司未来需进一步加强客户信用管理和应收账款管理，有效控制应收账款风险，提高应收账款周转率。

2. 运营管理难度提升

随着公司业务、资产、人员规模的不断扩大，技术创新要求更高更快，对经营效率的要求进一步提高，公司经营的决策、实施和风险控制难度将增加。虽然公司目前具有核心技术优势，但信息安全应用环境和需求的快速变化以及公司规模化扩张对公司保持持续的技术领先提出了更高的要求，如何在研发技术、研发管理方面保持有效创新，如何保证产品快速满足市场，均给公司带来较大的压力。同时公司面临高素质人才市场竞争激烈、知识结构更新快的局面，能否继续稳定和提升现有的人才队伍，并根据需要引进新的人才，是公司今后发展中面临的更大的挑战。

3. 重组合并后的挑战

与收购企业实现重组后，业务整合将会面临一些挑战。提高企业各项职能整合后的效率、降低各个环节的成本，从企业重组中尽快实现良好的经济效益，依然是公司最重要的工作之一。

四、浪潮信息

（一）公司介绍

浪潮集团是中国领先的云计算、大数据服务商，已经形成涵盖 IaaS、PaaS、SaaS 三个层面的整体解决方案服务能力，凭借浪潮高端服务器、海量存储、云操作系统、信息安全技术为客户打造领先的云计算基础架构平台，基于浪潮政务、企业、行业信息化软件、终端产品和解决方案，全面支撑智慧政府、企业云、垂直行业云建设。

浪潮集团拥有浪潮信息、浪潮软件、浪潮国际三家上市公司，业务涵盖系统与技术、软件与服务、半导体三大产业群组，为全球 80 多个国家和地区提供 IT 产品和服务，全方位满足政府与企业信息化需求。浪潮综合实力位列 2015 年中国电子信息产业百强第九位、中国 IT 企业前两位、中国自主品牌软件厂商第一位，浪潮服务器销量全球第五、中国第一，浪潮存储连续十年蝉联国有品牌销量第一，浪潮集团管理软件连续 11 年市场占有率第一，浪潮政务云市场占有率第一。浪潮是全国八家国家安全可靠计算机信息系统集成重点企业之一，自主研发的中国第一款关键应用主机浪潮 K1 使中国成为继美日之后第三个掌握高端服务器核心技术的国家，荣获 2014 年度国家科技进步一等奖。

而浪潮集团下属的浪潮电子信息产业股份有限公司（以下简称浪潮信息）是 1998 年 10 月 23 日由浪潮电子信息产业集团公司作为主发起人，以其下属的三个分公司和一个子公司的资产及两个控股公司和一个参股公司的权益折价入股，联合烟台东方电子信息产业集团有限公司等五家企业，在平等互利的基础上，采取发起设立的方式于 1998 年 10 月 28 日成立的。浪潮信息于 2000 年 6 月 8 日上市，证券代码为 000977。作为一家高科技企业，浪潮信息主营计算机硬件、软件及系统集成的开发、生产和销售，计算机应用及信息技术服务。浪潮信息以"引领信息科技浪潮，推动社会文明进步"为公司使命，以"成为先进的信息科技产品和领先的解决方案服务商"为公司愿景，为全球 30 多个国家和地区提供产品和服务。浪潮信息的服务器产品，获得国家首批自主创新产品称号，在国际权威机构组织的性能测试中，先后 7 次打破或刷新世界纪录。赛迪顾问发布的《2011~2012 年度中国 IT 市场研究报告》显示，浪潮已连续 17 年保持国有品牌销量第一；连续 10 年政府行业市场占有率第一；浪潮 8 路服务器市场占有率近 20%，超越 HP，居市场第二位；浪潮存储连续 9 年保持国内存储销量第一；浪潮 ERP 连续 10 年领跑国内集团管理软件高端市场。

（二）发展空间

2015 年 9 月 24 日，中国云计算和大数据服务商浪潮集团对外表示，公司已与美国科技公司思科签署战略合作框架协议，双方将在首期共同投资 1 亿美元在中国成立合资公司，共同研发网络技术与产品，为信息基础、云中心、智慧城市与大数据等领域提供先进的技术、产品、方案与服务。根据合作协议，合资公司中浪潮将占股 51%，思科占股 49%。此时正值国家主席习近平访美，中美两国正在推动两国网络空间互信合作，在此背景下，浪潮与思科的合作既符合中美利益，也为中国信息产业注入了活力。浪潮是国内领先的云计算厂商，思科是美国领先的科技企业，拥有与各行各业合作的成熟经验，并且在近年积极发力云计算等架构和平台。在思科的助力下，浪潮云计算产业版图有望扩大，从而提高我国云计算产业的竞争实力。

云计算是一种基于互联网的服务增加、使用与交付模式，涉及通过互联网提供动态易于扩展的虚拟化资源。云计算技术将计算分布到大量的分布式计算机上，而非传统的服务器中，因此企业数据运行方式与互联网相似，这使得企业能按需使用，极大地缩减了使用成本。因此我国目前已有 60% 以上的中小型企业使用了云计算服务，这些服务显著提升了企业的生产效率。

根据产业研究院提供的《2015~2020 年中国云计算产业发展前景与投资战略规划分析报告》，我国云计算产业在 2010 年为 350 亿元，2013 年达 900 亿元，2014 年产业规模突破 1000 亿元，年均发展速度高达 38%（见图 4-12）。未来在以下因素作用下，云计算预计将会更好地发展。

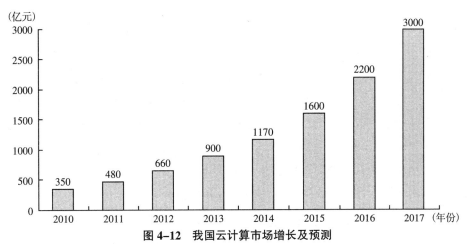

图 4-12　我国云计算市场增长及预测

资料来源：http://www.chyxx.com/industry.

首先，政策支持。2015 年 1 月，国务院印发了《关于促进云计算创新发展培育信息产业新业态的意见》，要求到 2020 年，云计算应用基本普及，云计算服务能力达到国际先进水平，掌握云计算关键技术，形成若干具有较强国际竞争力的云计算骨干企业。2011 年我国云计算城市试点只有 5 个，到 2014 年我国共有 31 个省份支持云计算发展。在政策作用下，云计算产业规模与技术实力都将增大，产业有望实现腾飞。

其次，我国云计算需求旺盛。我国拥有世界上最为复杂的市场，这使得若干云计算应用诞生。复杂的应用与庞大的用户需求一直在刺激国内云计算市场

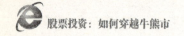

发展。

最后，新兴云计算架构诞生。传统软件架构被颠覆后，新兴云计算软件架构将促进云计算继续发展。

（三）商业模式

面对新一轮的信息技术革命，浪潮信息顺应时代的发展和客户需求的逐步多样化，准确地抓住了云计算这一浪潮，利用其原有的软硬件优势，积极地拓展浪潮信息以云计算为核心的一系列相关业务。浪潮信息正在从软硬件产品供应商向云计算整体解决方案供应商全面转型。

过去的浪潮信息将自身定位为软硬件产品提供商。其中，硬件产品包括基本的服务器、MAS 服务器、存储产品、税控产品、加固产品和设备，而软件产品有 GS 企业管理软件、PS 企业管理软件、BT 商务智能、GPS 通用业务平台以及电子政务、税务、金融、通信等各行各业各类型软件产品。另外，浪潮信息还是解决方案的提供商，提供 IT 运维、IT 集成、IT 基础架构维保等系统服务解决方案和软件外包服务。由此可见，浪潮信息原有的商业模式主要还是依靠销售其旗下的软硬件产品包括各种类型的服务器和适应各行业各领域的相应软件产品，进而帮助企业实现盈利的目的。

在坚持科技创新、发展主导产业的同时，浪潮信息也把眼光盯紧了新兴的战略产业。对于云计算这一信息新兴浪潮，浪潮集团董事长说过，大力发展云计算新兴技术，带动新兴产业发展，是国家转方式、调结构、上水平的重大战略结构，对于增强自主创新能力、培育新的经济增长点具有重要的意义。浪潮信息在发展云计算方面有着自己的优势和相应的规划，浪潮信息将在原有产业的基础上，围绕云计算重新制定公司的发展战略，让浪潮的硬件和软件全面升级，并开始向提供服务转型。

2012 年，浪潮信息在云计算基础架构和云平台层面，均取得重大突破。通过承担"高端容错"和"海量存储"两个国家"863"重大专项，"浪潮天梭 K1 高端容错计算机"和"浪潮 PB 级高性能海量存储系统"先后通过国家验收，填补了国内空白。不仅如此，2012 年，浪潮信息还发布了"浪潮云海 OS 操作系统 V2.0"和"浪潮云海大数据一体机"，使浪潮在云计算基础架构领域成为中国唯一一个具备国际水平的企业。2012 年 11 月，浪潮信息还推出云海大数据一体机，这是面向大数据存储、处理、展现全环节、软硬一体化的方案型产品，目的是解决原有架构的扩展瓶颈和新技术条件下的客户应用门槛，进一步推进了大数据技术在我国各行业的应用。为此，浪潮针对大数据的应用推出大数据一体机的解决方案，重点面向行业大数据应用，是一体化的数据处理的产品化方案，采用新型技术体系架构，整合软硬件系统，涵盖数据存储、数据处理、数据展现等各个环节。

可以说，浪潮信息逐步从软硬件产品供应商转向云计算整体解决方案供应商，从提供产品转向服务，其云计算商业模式为：浪潮信息通过向用户提供云计算相关的硬件产品、面向行业的云应用和云计算整体解决方案服务，用户按使用付费的方式支付浪潮信息提供的产品或者服务。具体如图 4-13 所示。

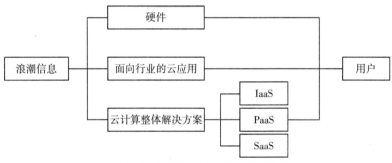

图 4-13　浪潮信息云计算商业模式

具体来说，浪潮提供的云计算服务分成三个层次：第一层次是云装备、云平台等硬件产品；第二层次是面向行业的云应用；第三层次是将云平台、云架构、云应用结合起来的云计算整体解决方案。

第一层次：浪潮信息向各行各业的中小企业提供云计算的硬件产品，用户向浪潮信息支付购买软硬件产品的费用。这里的硬件产品主要还是提供云装备和云平台的服务器产品。这一层次是相对低层次的，但却是比较重要的一个层次。这一层次可以为浪潮信息扩大软硬件产品的销售收入，是浪潮信息较为稳定的盈利来源，为浪潮信息持续发展提供了资金动力。

第二层次：浪潮信息提供面向行业的云应用，提供各种行业软件和行业产品，用户向浪潮信息支付费用。面向行业的云应用的运营模式有两种，一种是用户自己运营，浪潮信息提供解决方案的模式；另一种是浪潮构建和运营，收取运营费用的模式。

第三层次：浪潮信息将云平台、云架构、云应用结合起来，向用户提供基于IaaS、PaaS、SaaS三个层面的云计算整体解决方案和服务，用户按使用量向浪潮信息支付使用费。IaaS层面是向用户提供网络、计算和存储一体化的基础架构服务，PaaS是向用户提供一站式服务，SaaS是向用户提供各种应用软件服务。

（四）投资价值

国内领先的基础IT解决方案供应商。浪潮信息是中国领先的服务器制造商，其在浪潮集团主要负责IT技术架构，包括服务器、存储、云计算、大数据相关的基础平台等。公司定位于云计算核心装备和数据中心解决方案供应商，以云计算IaaS层核心研发为主线，提供国内领先的云计算解决方案。在服务器国产化替代的驱动下，公司收入和业绩快速增长。

服务器有望继续高增长。行业层面，服务器市场的国产化替代有望继续，替代的主战场或将逐步从中低端市场向高端市场切换。公司层面：①高增长：服务器销售额增速连续三年超过60%，2014年高端服务器和通用服务器营收分别增长193%和148%；②高市场份额：据Gartner数据，2015年第一季度浪潮在国内X86服务器市场占比21%，居国内第一；③强驱动力：高端服务器国产化替代和中低端服务器在各行业的继续渗透。浪潮信息2011~2015年业绩及净利润情况如表4-3所示。

表4-3　浪潮信息2011~2015年业绩及净利润情况

报告期	营业收入		净利润	
	营业收入（万元）	同比增长（%）	净利润（万元）	同比增长（%）
2015年	1012300	38.6	44920	32.6
2014年	730664	73.0	33880	134.3
2013年	422374	48.2	14462	24.3
2012年	284949	77.7	11640	-7.6
2011年	123280	14.0	7556	120.3

资料来源：浪潮信息2011~2015年年报。

发力高端存储。相比服务器市场，存储市场的国产化替代还没有大规模展开，我们认为未来几年国内存储市场有望复制服务器的国产化替代路径。以浪潮为代表的国内存储厂商有望逐步夺取目前EMC、HDS、IBM的国内市场份额。

目前浪潮在存储方面的储备：①产品：产品线覆盖高、中、低端存储；②技术：基于全共享交换架构的高端存储产品 AS1800，其性能领跑国内存储市场；③渠道：目前浪潮的销售渠道规模超过 6800 家，为公司新产品推广奠定渠道优势。

定位云计算 IaaS。在云服务领域，公司未来定位 IaaS 层。我们认为公司具备的优势包括：①IT 基础设施资源丰富，公司在 IaaS 所必备的计算、存储和网络等各个方面都具备优势的产品积累；②分享集团云战略：浪潮集团打造覆盖 IaaS、PaaS、SaaS 的全方位的云服务解决方案，其中的 IaaS 层基本由浪潮信息来建设和实施。2015 年浪潮集团在政务云领域已经位居国内第一，同时发布了"云腾"计划。我们认为，浪潮集团未来的云战略有望较大驱动公司云 IaaS 业务的发展。

生态建设逐渐完善，一体化能力逐渐成熟：浪潮通过与国内外企业合作、自行研发等方式完善生态建设，在服务器、存储、操作系统等领域都有重要产品布局，2015 年相继推出高端存储产品、与思科成立合资公司、发布数据库 K-DB，一体化能力获得进一步提升。未来业绩增长点：①市场格局明朗化及高端服务器规模扩大、占比提高带来的服务器整体毛利率提升；②小型机借助国产化趋势销售规模迅速扩大；③随着全球存储市场快速发展，以及产品线趋于丰富，存储业务有望加速增长；④集团层面与思科合作引入网络业务；⑤加速国际化发展提升整体实力。

高端服务器跻身国际领先行列：2014 年我国 8 路 X86 服务器出货量同比增长 72.9%，浪潮在该领域持续占据主导优势，出货量同比增长 139.4%，份额占比 42.8%。我们认为浪潮作为行业龙头，将首先受益于服务器高端化带来的高毛利率、高营收，进一步扩大市场份额。

发布数据库 K-DB，进一步完善产业链生态：公司 2015 年 11 月发布的数据库 K-DB 是与韩国 Tmax 共同研发的成熟产品，性能和稳定性与业界主流数据库相当，可从 Oracle 数据库向 K-DB 一键迁移。K-DB 扫除了 Oracle 数据库兼容问题造成的推广障碍，K1 市场空间进一步打开。

（五）风险控制

1. 宏观经济形势波动的风险

计算机行业的经营发展与国家整体经济发展密切相关，公司的资产质量、经

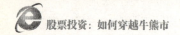

营业绩、财务状况和发展前景很大程度上将受到宏观经济因素的影响。如果我国经济周期进入低谷或受国际经济局势影响而经济增长放缓，有可能导致服务器市场需求减少，影响公司的经营业绩。同时，如果公司所依托的其他基础行业受到国民经济周期性发展的影响，也将对公司正常生产经营产生一定影响，从而影响公司业绩。

2. 市场竞争风险

公司服务器业务主要的市场风险集中于竞争对手实力强大以及行业产品和技术更新换代较快两个方面：首先，公司在服务器业务领域面临 IBM、HP 和 DELL 等大型跨国巨头的竞争，也面临着联想、华为和曙光等国产服务器厂商的竞争，整个服务器行业的竞争非常激烈，且市场格局变化趋势明显；其次，随着 Intel 等公司不断通过硬件设计推动 CPU 芯片工艺和技术进步，服务器的软硬件同步更新周期亦呈现越来越短的趋势，公司需要投入大量人力物力跟进开发。但若公司无法通过加强市场开拓、提高产品效能等多种方式进一步提升自身实力并巩固自身市场地位，并通过持续研发以保持技术优势，会存在市场地位受到威胁并在市场竞争中处于劣势地位的风险。

（六）注意事项

2015 年，公司发行非上市股权募集资金进行资产收购，此次非公开发行股票募投项目涉及内容较广，项目实施完成后，公司的资产规模和业务范围将得到扩大，产品更加丰富。公司各业务板块在销售模式、市场环境等方面存在差异，标的资产和公司能否实现资产、经营、人员安排、公司治理结构和企业文化方面的有效整合，从而实现预期的经营业绩，尚存在一定的不确定性。

本次募集资金投资项目符合国家产业政策和公司的发展战略，项目的投产对公司未来发展前景具有重大影响，能够进一步提升公司的综合竞争力和持续盈利能力。公司对本次发行募集资金的运用已进行严密的可行性论证和市场预测，具有良好的技术积累和市场基础。但本次募集资金投资项目的可行性分析系基于当前市场环境、技术发展趋势和现有技术基础等因素做出，募集资金投资项目能否按计划完成、能否如期达产和能否达到市场销售预期等方面仍然存在不确定性，可能给公司的发展带来不利影响。

另外，在募集资金投资项目实施过程中，公司面临着技术进步、产业政策变化、市场变化和管理水平变化等诸多不确定因素，若公司无法有效应对可能存在的宏观经济环境变化、市场环境变化、项目投资周期延长或投资超支等问题，可能对项目实施效益和效果产生影响。

五、航天信息

（一）公司介绍

航天信息股份有限公司（以下简称航天信息）是由中国航天科工集团公司（以下简称集团公司）控股、以信息安全为核心技术的 IT 行业高新技术国有上市公司，于 2000 年 11 月 1 日成立，2003 年 7 月 11 日在 A 股市场成功挂牌上市（股票代码：600271），是中国 IT 行业最具影响力的上市公司之一。

面对国家信息化建设的发展机遇，航天信息积极贯彻集团公司"大防务、大安全"的发展理念，依托航天的技术优势、人才优势和组织大型工程的丰富经验，重点聚焦 IT 民用领域，业务领域涉及政府及行业信息化，重点发展税务、政务、公安、交通、金融、广电、教育等行业的信息化市场，并积极拓展企业的信息化市场。

经过十余年的发展，航天信息已建立了覆盖全国的销售渠道和服务体系，在全国 31 个省、市、自治区和 5 个计划单列市建立了近 40 家省级服务单位、200 余家地市级服务单位、400 余家基层服务网点。航天信息拥有自己的核心技术和创新团队，设立了信息安全、智能商务和 RFID 等博士后工作站。航天信息通过了 ISO9000 质量管理体系认证、ISO14000 环境体系认证、CMMI 三级评估等，具备计算机系统集成一级资质、安全技术防范一级资质、专项工程设计甲级资质以及国家密码产品开发生产许可资质等，承担了"金税工程"、"金盾工程"、"金卡工程"等国家重点工程，是国家大型信息化工程和电子政务领域的主力军。

经过十多年的发展，公司不仅以信息安全为主业实施了相关多元化战略，主业包括防伪税控系统、IC 卡、系统集成业务等，而且聚焦 IT 民用领域，业务领域涉及政府及行业信息化，包括税务、公安、交通、邮电、金融、保险、电信及城市公用事业等多个领域。物联网产业的蓬勃发展使得 IT 行业大数据时代迅速

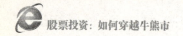

来临。航天信息开始二次创业，推进公司转型升级，构建金税、金融支付、物联网技术及应用三大支柱产业并重的产业格局，并朝向"创建国际一流 IT 企业集团"的战略目标不断迈进。

（二）发展空间

说到航天信息，就不得不提一下它的防伪税控业务，因为航天信息能有如今的规模的业绩，其防伪税控业务功不可没，涉税业务可谓是航天信息的"基业"。从 1994 年开始实施的分税制改革造就了航天信息，自此，航天信息的命运与我国财税体制改革联系在一起。航天信息上市以后的成长路径是增值税防伪税控系统强制推广、防伪税控系统技术升级、一般纳税人标准降低以及达到一般纳税人标准的用户数量自然增长。目前航天信息拥有近 400 万防伪税控存量用户和遍布全国的服务网络。

航天信息的市场机会在于向税务管理部门提供局端的发票管理系统，向大企业提供开票系统，建设和运营第三方电子发票运营平台。2013 年，上海的电子发票系统于年底投入使用，航天信息在上海开始做电子发票试点。电子发票第三方运营平台是一项平台型业务，运营商可以提供的增值服务包括：融资服务；供应链信息化管理，如发票接收与订单系统和客户关系管理系统的整合；云计算能力，如服务器托管服务和数据存储服务；大数据服务，主要是面向消费者、供应商、采购商的数据分析和广告推送等。航天信息开发的防伪税控系统结构如图 4-14 所示。

现在航天信息每年销售约 50 万套增值税防伪税控专用设备，存量用户约400 万户。申银万国的研究预测显示，2015 年"营改增"完成之后，预计航天信息每年会销售 50 万~60 万套增值税防伪税控专用设备和 50 万套营改增防伪税控专用设备，存量用户的规模会在五年以内达到 800 万户以上。先不说这些用户所产生的价值有多少，仅大量用户所产生的数据就是一种巨大的财富。在大数据时代，谁拥有大数据，谁就能够获得竞争优势。庞大的用户群和遍布全国的服务网络蕴藏着巨大的价值，防伪税控专用设备、服务费和通用设备的销售只是冰山一角，如果能够找到合适的产品或者服务，并且具备合理的激励机制，冰山之下的价值就会显现。比如基于电子发票数据为消费者提供个人理财服务、个人税务服务，平台运营商还可以通过数据分析提供精准广告推送等服务。目前，航天信息

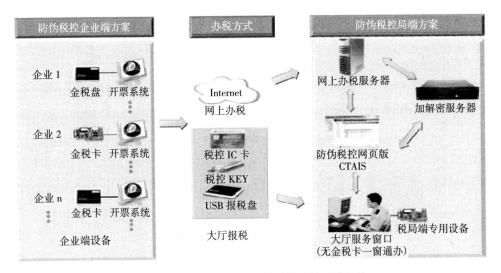

图 4-14 航天信息开发的防伪税控系统结构

亦已经着手发展云计算服务、大数据服务的能力，构造平台型竞争力。航天信息可以借电子发票运营平台进入消费者信息服务市场。

再一个就是物联网。最初，在航天信息的业务版图中，增值税防伪税控系统占到了主营收入的 75%。但是问题也接踵而来，由于 2003 年防伪税控系统在完成了阶段性的大推广，从 2004 年开始，公司收入增速开始放缓。2011 年 9 月底，于滨上任航天信息董事长，他用了将近 3 个月的时间，在公司内部展开集中讨论，大家得出的结论是，从发展来看，单纯依靠税务领域的业务，无法全面支撑今后的发展，由此提出进行"二次创业"，其中物联网业务被定为公司主业，自此，物联网成为航天信息的战略业务之一。我国物联网市场规模及预测如图 4-15 所示。

目前，航天信息在物联网领域耕耘已有五年之久。据透露，2015 年航天信息在物联网上的总收入达到 15 亿元，其中涉及身份识别、智能交通、粮食信息化的业务板块收入贡献最大，比如"三省一市"粮食储运监管物联网应用示范工程中，仅江苏就计划建设 59 家数字粮库，相关配套补贴达数亿元。目前，在物联网领域已经初步形成了粮食物流、食品溯源、智慧交通、智慧城市、应急工程和社会综合管理等重点项目，并已经形成了较好的运用。而且，通过航天信息的技术优势，引入"数据经营"的思维，将数据管理纳入到物联网中，利用"联网"所产生的数据，对"物"进行实时监测、调控，达到优化管理的目的。

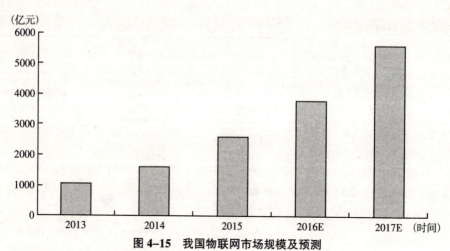

图 4-15 我国物联网市场规模及预测

资料来源：http://www.chyxx.com/industry.

（三）商业模式

从 2004 年开始，航天信息收入增速开始放缓，公司高层领导意识到单纯依靠税务信息化领域的业务，产品过于单一，商业模式也缺乏创新，无法全面支撑今后的发展。于是公司决定进行商业模式转型，进行"二次创业"，以信息安全为主业实施相关多元化战略。2006 年，航天信息开始进军企业管理软件市场，先后开发了 Aisino.A3、Aisino ERP.A6 和 Aisino ERP.A8 等一系列企业财务、税务管理软件。公司针对不同规模和不同发展阶段的企业特点所设计出的管理软件特点鲜明，能够有效地满足不同客户企业的需求，实现客户的价值。

此后，物联网时代的来临又使航天信息将目光投向了 RFID（射频识别）技术以及智能密码安全芯片技术。RFID 和芯片技术处在物联网产业链前段感知层，发展前景并非最好，但这也只是航天信息物联网布局的第一步。航天信息通过最大范围地将各领域服务商及国家大型核心应用领域的客户聚拢在一起，同时在芯片技术和供应上积极支持合作企业参与物联网行业应用，并利用自身的设备制造优势，形成整体解决方案，并将研发成果产业化，然后通过自身强大的营销体系，快速向市场推广，初步实现了公司多领域、跨产业链的物联网战略布局和商业模式。

如今，物联网产业的蓬勃发展使得 IT 行业大数据时代迅速来临，航天信息一方面进一步将业务板块整合为金税、行业信息化应用、企业信息化、物联网、代理分销、新兴业务六大产业布局，另一方面积极结合大数据，进行商业模式创新，在大数据产业链的数据收集、数据储存、数据安全、数据处理分析等多个模块上融合原有产业发展新业务。特别是将物联网产业与大数据产业的业务融合。航天信息作为金税工程、金盾工程、金卡工程等国家大型信息化工程和电子政务领域的领军企业，凭借防伪加密、身份识别、人像对比、指纹识别等应用技术，捕捉大数据的价值，并且通过智能交通、智慧城市、应急工程和社会综合管理等物联网应用项目，将大数据洞察、决策和行动融合于民生服务的具体业务之中（见图 4-16）。

图 4-16　物联网技术的应用场景

第一，大数据下的智慧交通，是融合传感器、监控视频和 GPS 等设备产生的海量数据，甚至与气象监测设备产生的天气状况等数据相结合，从中提取出我们真正需要的信息，及时而准确地推送给我们，并且这些信息不是简单地告诉我们到达目的地的几条路径或是显示各种路况信息，而是直接提供最佳的出行方式和路线，从而省了我们在多个信息中做出选择的麻烦。

而且，航天信息的大数据智能交通运用，是联合了物联网和大数据的高速公路应用。航天信息的智能交通在高速公路上的应用并不局限于智能交通收费系统和 ETC 高速公路不停车收费管理系统，而在于多义性路径识别，以及基于大数据的不同路段各企业主方利益的科学分配。系统将装载在车辆上的电子标签与装载路侧的基站，利用无线射频等识别技术，在信息网络平台上对所有车与路之间的属性数据及静、动态数据进行提取和利用，并根据不同的功能需求对所有车辆的运行状态进行有效的监管并提供综合服务。通过基站所记录的数据，航天信息的多义性路径识别解决方案，在车辆定位管理、车辆停车场管理、车辆类型及车速车流量管理、路桥电子不停车收费、高速路多义性识别等方面有较好的运用。目前，航天信息多义性路径识别解决方案已在浙江、四川等省得到成功应用，成功解决了各个业主方利益分配缺乏翔实数据的难题。如果说高速公路是结构化或半结构化，城市道路就是典型的非结构化了。

第二，如果说智能交通还算是一个简单系统的话，智慧城市是地道的复杂性系统，其不仅包含了智能交通系统，还包含了智慧安防、智慧医疗、智慧民政、智慧环保等。在好莱坞科幻大片中，智慧城市是这样被描绘的：所有城市管理都建立在一个庞大而完整的可触摸空间内，城市管理者仅需拖曳与点击即可完成各项设置，如此智能化科技的展示常常会令观者叹为观止。航天信息没有被非结构化吓到，没有被复杂性系统难住，其从服务于管理部门入手，从解决民生问题出发，作为总集成商，实施了福建省泉州市的城市一卡通信息管理系统，将市民的衣食住行用等融入到"数字城市"系统之中，将全面城市管理融合到"数字泉州"服务之中。

第三，比智慧城市更为复杂的是应急工程和社会综合管理。应急工程在一定程度上反映着社会的动员能力，体现着大数据技术和应用水平。因为应急平台建设需要攻克信息汇集、整合、共享、分析展现和快速决策等多项难题。航天信息以公共安全技术为核心，以数字化、模型化、可视化预案技术为支撑，形成了自主知识产权的应急应用平台、指挥调度平台、安全支撑平台和大量行业综合应急解决方案。应急工程是一个新兴行业，也是航天信息从小数据的、消极的社会治理服务走向大数据的、积极的社会管理服务转变的重点行业。因为应急工程为应对自然灾害、事故灾难、公共卫生事件和社会安全事件提供了预警平台，通过收集的大量数据，预测未来事件发生的可能性，从而提前做好预备措施。更进一步，航天信息自主研发出社会综合管理平台系列产品，推出了"基础警务管理平台"、"社会信息管理平台"、"治安信息研判平台"等多项服务。

第四，食品流通及仓储管理是航天信息大数据模式发挥最佳的领域。目前，物联网产业主要分为四个部分：数据采集、数据传递、数据处理、数据应用。其中数据采集与传递属于基础环节，核心是数据处理与应用环节。在粮食物流领域，航天信息研发的粮食流通信息化解决方案已经在江苏、内蒙古、河南等地成功应用。这套方案集成了物联网、自动化、智能图像、北斗导航、在线快速检测以及遥感等多项技术，能够实时完成对粮食相关数据的采集、传递、处理和运用，实现了对粮食从收购、仓储、运输、加工到成品粮流通的全程监管，实现了国家粮食安全管理的数字化和智能化（见图 4-17）。在食品安全方面，通过城市食品追溯平台，在从食品生产到消费的整个过程中，可实现不间断地对相关信息进行采集、存储和管理，并将动态采集的数据与企业经营、政府监管执法的管理信息进行关联，为跟踪追溯提供数据源。一旦发现问题食品，即可通过系统查清食品的来源、流向、分布状况，及时采取控制措施。

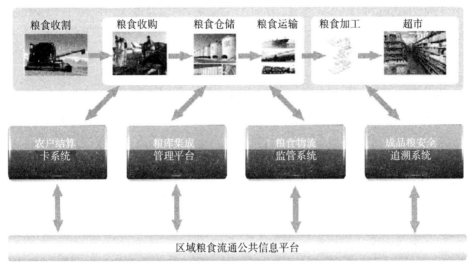

图 4-17　航天信息的粮食流通信息化总体方案

总的来说，根据大数据的价值链和产业模型（见图 4-18）可以认为，航天信息的大数据商业模式类似于技术提供和整体解决方案提供商模式，它将产业定位于大数据技术工具和系统方案上，结合已有产业，通过新产品和新技术的研发，为不同客户群体提供差异化服务，满足客户定制化需求。

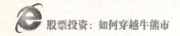

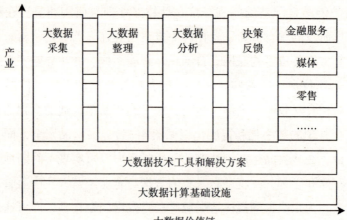

图 4-18　航天信息的大数据产业模型

（四）投资价值

基于税务大数据的互联网金融服务＋物联网业务是航天信息非税业务的重要发力点，也是其主要的投资价值之处。

1. 联手石基信息，深化物联网业务布局

2015 年 12 月 22 日晚，航天信息公告，公司与石基信息签署战略合作协议，在深化已有合作基础上，进行新的合作领域的开拓。

（1）双方在继续深化石基酒店前台管理系统（PMS）与航天信息公安接口数据合作的同时，石基在采购二代证、电子护照等阅读机具时，优先采用航天信息的产品。

（2）基于航天信息在税务信息化领域的技术优势以及石基在酒店餐饮的客户资源优势，双方将在税务信息化领域探索和开展更多新的合作。

二代证和电子护照阅读机具是航天信息在身份识别领域的产品线，航天信息一直是国家二代证的指定生产单位，并于 2014 年成为二代证机具入围厂商。基于石基在酒店行业拥有的丰富客户资源，航天信息有望借助此次合作加大证件阅读机具在酒店领域的铺设力度，拓展证件阅读机具应用的行业和场景。此外，航天信息的身份识别领域产品线还包括出入境项目、居住证项目以及一卡通业务等。身份识别是航天信息大的物联网战略中的重要细分领域。

2. 税务大数据运营商角色凸显

我们认为目前公司的布局正在围绕税务大数据运营做准备。包括：①积极拓展和搭建电子发票服务平台，获取和积累企业相关运营数据；②计划与京东成立税务大数据合资公司，强化税务数据的分析和产品开发；③加大对互联网金融各细分领域拓展，为税务大数据提供变现渠道和出口。未来，航天信息作为税务大数据运营商的角色有望日益凸显。

3. **互联网金融业务布局不断完善**

公司在互联网金融的布局不断得到完善。包括：①公司与天弘基金共同搭建了"航天财信"企业理财平台；②公司拟通过收购浙江航天电子来获得互联网第三方支付牌照；③拟成立爱信诺航信征信公司开展企业征信业务；④联手平安银行推出了国内首个"互联网＋数据＋融资"特点的网贷产品，为中小微企业提供网络融资等相关业务。我们认为目前航信的互联网金融业务已经形成了"支付＋网络贷款＋网络理财产品＋征信"的布局，不断在互联网金融的细分领域占领面对 B 端用户的重要入口。我们认为航天信息所具有的央企背景、客户基础以及数据获取优势，将有助于其互联网金融业务的快速发展。

4. **业绩高增长，毛利率提升明显**

其财务报表显示，2015 年公司营收较 2014 年同期上升 12.2%，但公司归母净利润较 2014 年同期上升 35.5%，业绩持续向好（见表 4-4）。

表 4-4　航天信息 2011~2015 年业绩及净利润情况

报告期	营业收入		净利润	
	营业收入（万元）	同比增长（%）	净利润（万元）	同比增长（%）
2015 年	2238342	12.2	155469	35.5
2014 年	1995919	20.4	114764	5.0
2013 年	1658246	14.2	109253	7.3
2012 年	1452531	25.9	101800	3.1
2011 年	1153978	22.1	98706	8.7

资料来源：航天信息 2011~2015 年年报。

传统渠道销售业务占收入比重降低是公司毛利率提升、净利润增速高于营收增速的主要原因，毛利率相对较高的防伪税控产品出货量提升是提升公司业绩的主要推动因素，且从公司预付款项、存货同比增幅较大来看，公司金税盘备货充足，市场前景较好，防伪税控产品出货量将有望维持高速增长。

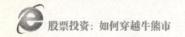

（五）风险控制

1. 外部环境变化风险

主要是政策层面及宏观环境风险。公司相关产业主要围绕电子政务和行业信息化建设等国家级工程展开，国家相关政策的调整和变化将给公司业务开展带来直接的影响。公司相关产业的发展受宏观经济影响较大，国内外经济形势的发展将对公司各业务的开展带来影响。

2. 技术风险

IT行业的特点直接决定了随着技术的突飞猛进，产品生命周期逐步缩短，产业技术变革日新月异，公司各业务产品都面临着替代品的出现带来项目失败的风险，公司技术储备无法适应产业变革的风险，以及核心技术人才流失的风险。

3. 管理风险

信息化产业中市场竞争日趋激烈，也给公司在运营管理、市场开拓、战略布局、体制机制等方面带来了巨大的挑战，公司现代化企业的管理能力能否不断提升，也给公司未来发展带来了风险。

（六）注意事项

税控业务一直是公司的主要业务，但是税控业务独家垄断的打破和降价预期以及税控新技术（网络开票）的出现，也给航天信息的主业造成了不利的影响。

从"营改增"的市场份额来看，加上以后增加行业试点，航天信息目前还是占有明显的先发优势。遍布全国的售后网络也是竞争者短期内无法撼动的因素。但是税控产品的营业利润不断下降，而且竞争者以较小的市场份额全面铺开服务网络，加之竞争者也是国企，全面挑战航天信息的优势地位的可能性还是存在的。考虑到原有税控新增用户的不断萎缩，所以金卡降价的预期对航天信息的原有业务的影响虽然预期在可控范围内，且"营改增"新增用户一定程度上能弥补原有业务的损失，但是公司在这一业务上的市场控制力和盈利能力下降是一个不争的事实。而且，还应该注意到，其实航天信息的后期服务费才是航天信息税控业务收入的大头，而服务费受制于服务网络的人力成本费用，虽然持续下跌的可能性不大，但长期看税控业务还是呈现萎缩趋势。

第五章

大健康，活得更好

在 2015 年的政府工作报告中，李克强总理提出要大力发展健康产业，并首次提出"健康中国"概念。"健康是群众的基本需求，我们要不断提高医疗卫生水平，打造健康中国。"大健康产业正在成为中国经济新的增长点。

一、行业空间

中国是一个拥有几千年养生保健理论的国家。早在几千年前，黄帝就曾在《黄帝内经》中阐述了养生的理念。养生保健一直伴随着中国的历史。但是自近代以来，中国一直处于贫穷落后的状态，广大民众没有精力去关注养生。直到改革开放以来，人民的生活水平提高了，与此同时各种富贵病也接踵而来，健康产业应运而生。

（一）产业情况

1996 年，中国有了第一部《保健食品监督管理办法》。中国的健康产业起步晚，其真正飞速发展也不过是十年以内的事情。

近年来，健康服务业已经成为社会最热门的产业。大健康产业包括医药保健产品、营养保健食品、医疗保健器械等多个与人类健康紧密相关的生产和服务领域。产业体系结构方面：我国大健康产业由医疗性健康服务和非医疗性健康服务两大部分构成，已形成了四大基本产业群体：以医疗服务机构为主体的医疗产业，以药品、医疗器械以及其他医疗耗材产销为主体的医药产业，以保健食品、健康产品产销为主体的保健品产业和以个性化健康检测评估、咨询服务、调理康复、保障促进等为主体的健康管理服务产业。2010~2014 年国内互联网医疗健康投资细分领域占比如图 5-1 所示。

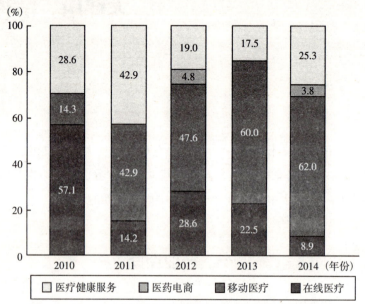

图 5-1　2010~2014 年国内互联网医疗健康投资细分领域占比

资料来源：http://www.zyzhan.com/.

产业规模方面：我国大健康产业的产业链已经逐步完善，新兴产业正在不断涌现。健康领域新兴产业包括养老产业、健康旅游、营养保健产品研发制造、高端医疗器械研发制造，而新兴产品也呈现多元化趋势，健康需求也不再局限于体检和治病，种类正在不断增加。截止到 2012 年，中国健康产业总体保持平稳增长，产业规模达到 70155.44 亿元人民币，同比增长 15.68%，2013 年产值达到 81548 亿元人民币。

产业布局方面：面对消费者日益高涨的需求，许多聪明的企业已经开始了在大健康产业的布局，并推动着这个行业的发展。医药、食品饮料、个人清洁、化妆品、餐饮、旅游、文化娱乐甚至地产行业都积极参与这个进程，并力争在大健康产业的形成和发展中起主导作用。我国大健康产业结构如图 5-2 所示。

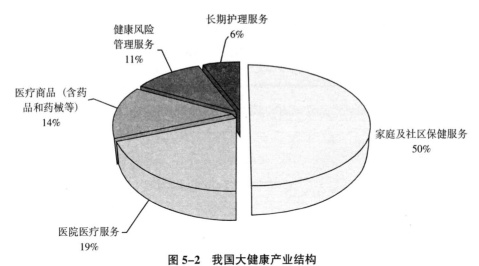

图 5-2　我国大健康产业结构

资料来源：http://www.chyxx.com/industry.

（二）未来市场空间

在宏观经济复苏的进程中，世界医药市场格局正在改变，中国医疗健康产业以日益开放融合的姿态掀起了规则重建、结构调整的变革浪潮，产业大整合、大并购在资本的作用下不断加快；而产业链各环节上的企业也开始涉足保健食品、营养食品、特殊膳食食品等领域，进军大健康产业，进一步推动了产业的转型升级。

现在中国已经步入老龄化社会，老年人口已经超过两亿，未来还会加剧。中青年人群常常为了事业而忽视了自己的身体，不健康的生活方式导致中青年人群慢性病频发。我国作为世界人口第一大国，健康产业的潜在消费人群极其庞大。

大健康产业发展前景光明。美国经济学家保罗·皮尔泽认为，继机械化时代、电气化时代、计算机时代和网络信息时代之后，健康保健时代已经到来，健康产业将成为第五波全球产业财富。

2013 年 10 月，国务院出台《关于促进健康服务业发展的若干意见》（以下简称《意见》）。《意见》提出，要在切实保障人民群众基本医疗卫生服务需求的基础上，充分调动社会力量的积极性和创造性，着力扩大供给、创新发展模式、提高消费能力，促进基本和非基本健康服务协调发展。力争到 2020 年，基本建立覆盖全生命周期、内涵丰富、结构合理的健康服务业体系，健康服务业总规模达到8 万亿元以上。在社会主义市场经济大环境下大健康观念和医药模式正在发生深刻变革，大健康产业面临着前所未有的发展机遇，未来将成为我国最重要的支柱产业之一。我国大健康产业规模及预测如图5-3所示。

图5-3 我国大健康产业规模及预测

资料来源：http://www.chyxx.com/industry.

（三）重点技术

大健康产业主要围绕"中国第一、世界有名"的目标定位，努力实现"两个十年目标"，以生物医药为突破口，重点研发基因工程产品、重组蛋白药物、组织与细胞工程药、疫苗与生物试剂等技术。

近几年，深圳产业转型的增量部分重点向战略性新兴产业倾斜，基因工程、高端医疗服务等领域产业链初具规模，华大、康泰等企业已发展成为行业内翘楚。其中，华大基因发展快速稳健，已成为全球最大的基因组研发、服务机构，具备全球首屈一指的测序能力和超大规模生物信息计算分析能力；在基因组学方面，完成了国际人类基因组计划"中国部分"、国际人类基因组单体型图计划（10%）、第一个中国人的基因组序列图谱，构建了肠道菌群参考基因集，开发了癌症单细胞研究新方法，奠定了我国在基因组学基础研究领域中的国际领先地位。深圳康泰生物是著名的乙肝疫苗生产企业；深圳北科生物公司在干细胞基础研究、技术支持服务等前沿研究中具有较强的竞争力；深圳先健科技公司介入医疗器械研究取得了令人瞩目的成绩，未来将发展成为心血管研究的全球领先企业。

（四）主要商业模式

国家民政部养老服务业专家委员会委员、北京吉利大学健康产业学院院长乌丹星表示，从全球看，大健康产业发展有十种模式，分别是健康产业集群（健康城）、传统药业延伸、旅游合作、商业地产合作、政府合作、电子商务、医养结合、社区综合健康服务、医疗不动产、健康服务组织模式，急需政府、企业、公众共同关注。

虽然医疗健康行业市场大，但因为体系的复杂性，商业模式并不显而易见。在国外（尤其是美国），一些移动医疗产品已经有盈利模式，主要是向医院、医生、药企、保险公司和消费者进行收费。其商业模式则主要分为以下七种：

1. 为医院（或医生）提供信息化服务

Epocrates：全球第一家上市的移动健康公司。为医生提供手机上的临床信息参考，2012 年营收约为 1.2 亿美元，其中 75% 来自于药企，主要是为其提供的精准的广告和问卷调查服务。

Vocera：为医院提供移动的通信解决方案并向医院收费，其核心产品是一个让医生和护士戴在脖子上或别在胸前的移动设备，可以随时随地发送、接收信息，通话并设置提醒，取代了以往在医院里使用的 BP 机。在美国对病人信息安全性要求很高，有专门的 HIPPA 法案规范信息的使用和传输。一般的移动设备是不允许传输与病人有关的信息的（比如医生不能使用个人的 E-mail 发送患者信息）。Vocera 的设备符合 HIPPA 要求，而且非常适合团队使用。Vocera 在美国有 300 多家医院客户，年收入接近 1 亿美元。公司也在 2012 年上市，市值超过 6 亿美元。

CliniCast：利用健康数据将效果最大化、成本最低化，帮助医生以最合理的价钱提供最好的治疗结果。这个系统包括风险评估、流程简化、效果监控、信息交流，来检测每一治疗步骤的效果。团队的想法是要让信息透明化，最大程度地提升治疗效率。

2. 为客户提供远程医疗服务

ZEO：一家提供移动睡眠监测和个性化睡眠指导的公司。其产品 ZEO 是一条腕带和一个头贴，可以通过蓝牙和手机或一个床旁设备相连，记录晚上的睡眠周期，并给出一个质量评分。用户可以通过监测得分变化或和同年龄组的平均值相比较，对自己的睡眠有一个量化的了解。另外，对于睡眠不好的人，ZEO 也提供个性化的睡眠指导，通过一些测试找到可能的问题。ZEO 的产品在美国很多百货公司都能买到，一套 149 美元。后续的收入还包括个性化推荐产品和药品的佣金。

VOXIVA：提供短信服务的信息咨询公司。用户输入电话号码和身体相关情况，公司将为其个性化推荐健康信息。VOXIVA 公司已经上市。

Triage：患者的掌上自诊工具。由两个急诊科大夫创立，他们发现很多不该看急诊的患者跑来看急诊，中间缺乏一个分诊环节，于是他们把这个诉求做成了 App，解决用户肚子疼自助诊断去哪个科室的问题，然后推荐附近医院。

Wello：为个人提供个性化的、平价的健身指导服务。Wello 通过视频连通健身教练和用户，提供实时的健身指导。89% 的美国人希望身材更好，Wello 解决了健身只能去健身房的困扰，突破了时间、空间限制，让用户可以随时随地健身。另外，Wello 还发布了一个社区，让用户可以组团健身。

Labdoor：创始人说消费者有权知道他们使用的日用产品的成分是什么，据此，他们会在实验室测试每一种产品的化学成分，并把数据反馈给消费者。"测试结果很惊人：超过七成的产品成分和它们标注的不一样，90% 的产品有污染物。我们希望通过这种方式改变生产商说什么是什么的状况，真正树立消费者的信心。"下一步他们会把测试的范围扩大，比如化妆品、有机产品等。

Zipongo：为用户指定健康饮食计划。"食疗，食物就是药，我们像医生开药方一样开出'饮食处方'。"用户交小额的月费之后，Zipongo 提供食材、饮食规律建议和一些购买健康食品的贴士，甚至菜谱。Zipongo 和很多食品供应链有合作，这是它货币化的来源。

3. 客户关系服务

Zocdoc：根据地理位置、保险状态及医生专业为患者推荐医生，并可在平台上直接完成预约。这个成立于 2007 年的公司，融资总额已接近 1 亿美元。Zocdoc 采取对患者免费，向医生收费的商业模式。病人可以更方便地选择和预约医生，医生可能得到更多病人，尤其是保险覆盖的病人，意味着更多收入。每个月医生需要支付 250 美元使用 Zocdoc 平台。按照 Zocdoc 公布的医生数量，其年收入应该在千万美元以上。未来，Zocdoc 还有更多的收费模式，就是向医疗保险公司收费。保险公司都希望患者去看"性价比"高的医生，而 Zocdoc 的推荐可能影响患者的选择，替保险公司降低成本。

Castlight Health：旧金山移动医疗服务公司，主要提供个性化的医疗保健交易平台，以帮助相关人员更好地了解医疗服务的价格和某些供应商的质量。

4. 信息化诊所运营商

OneMedicalGroup：运营多家诊所，病人可以从网上预约并索取处方药，甚至获得检查结果的电子版，并通过网络查看个人健康结论。医生则可以通过网络访问电子病历。

5. 健康管理

WellDoc：是一家专注于慢性病管理的移动技术公司，其主打产品是手机＋云端的糖尿病管理平台。患者可以用手机方便地记录和存储血糖数据。云端的算法能够基于血糖数据为患者提供个性化的反馈，及时提醒医生和护士。该系统已通过 FDA 医疗器械审批，而且在临床研究中证明了其临床有效性和经济学价值，因此得到了两家医疗保险公司的报销，提供给投保的糖尿病患者。Welldoc 甚至还和药企合作，利用药企的医药代表向医生销售该服务。

Telcare：Telcare 的 Web 血糖仪能够通过蜂窝网络连接到 Telcare 网站、呼叫中心和医院电子病历系统。公司还提供了专门的门户网站，帮助用户跟踪自己的病情趋势。由于增加了社交网络的功能，Telcare 的门户网站还可供糖尿病患者、患者家庭或监护人通过该网站进行沟通交流。经过患者的许可，多个家庭成员或监护者可同时在电脑和智能手机上看到 Web 血糖仪的检测结果。系统还可以根据预先设定的规则，在结果达到特定阈值或不符合预期目标时，发出短信或电子邮件报警。

围绕着 Web 血糖仪和患者的护理，Telcare 建立了一套合乎社会规范的规则，很好地解决了成年人照顾糖尿病儿童或成年子女照顾老年患者时面临的各种挑战。针对随机抽取的 24 名 I 型糖尿病和 24 名对照儿童进行的 12 个月 Telcare 原型设备试验的结果，发布在 2012 年 2 月发行的《糖尿病护理》杂志上，使用该设备的患者实现了更好的血糖控制。Telcare 在市场营销方面也取得了良好的进展，与几个蓝十字计划和若干医疗管理计划合作的报销机制覆盖了超过 50 万名患者。

AgaMatrix：公司致力于创造、开发、生产和销售一系列血糖仪、生物传感器（测试条）和糖尿病控制软件。AgaMatrix 的产品旨在通过利用该公司专有的WaveSense 技术，对每项检测进行个性化设定，以提供世界级的精确度。该技术采用了一种被称为动态电化学的新型检测方法，对由血液样本和环境条件的差异

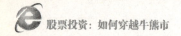

所导致的大量误差进行检测和纠正。AgaMatrix 的现有产品包括 WaveSense KeyNote（TM）、Presto（TM）、WaveSense Jazz（TM）BGMs 和 WaveSense Diabetes Manager（TM）iPhone（R）App。AgaMatrix 的 WaveSense 系列检测仪和测试条，已由保险公司承保，可邮购和在一般的零售店购买。

Cadionet：实时监控心电图的远程监控公司，是 Mhealth 的主流模式。用户将芯片类产品贴在相应身体部位，芯片会将心电数据传输到手机终端，采集的信息再传到 24 小时监控中心，与健康数据进行比对，如果存在异常由线下医生提供服务。

Wellframe：结合移动技术和人工智能，打通"医院—家庭"的服务空间。第一款产品面向心脏病患者，用这种跟踪健康管理系统减少他们反复的复诊手续和费用。患者可以把这种产品当作一个"健康管家"进行日常康复和保健活动的管理。

OpenPlacement：主要提供老年人出院之后需要的日常家庭护理。按照 CEODominic 的说法，约有 600 万美国老年人两次比较大的体检之间间隔一年，中间的过程非常低效而且杂乱——患者经常收到一些信息不全的复诊通知，或者复诊设备过了排期。在 OpenPlacement 提供的数据基础上，医生可以根据床位、地理位置、预算和患者备注来向患者提供切实可用的健康服务。

6. 可穿戴设备生产商

可穿戴设备即直接穿在身上，或是整合到用户的衣服或配件上的一种便携式设备。可穿戴设备不仅是一种硬件设备，而且可以通过软件支持以及数据交互、云端交互来实现强大的功能，可穿戴设备将会对我们的生活、感知带来很大的转变。苹果公司最早被外界曝光正在秘密研发一款智能手表，随后不久，谷歌公司对外展示了带有摄像头的智能眼镜，人们带上这款眼镜后可以随时查看邮件、和朋友对话聊天。另外，美国运动外设厂商 Jawbone 已经推出了 JawboneUP 智能手环，戴在手腕上，就能监测自己的日常活动、睡眠情况和饮食习惯等数据。人们可以将这款智能设备与智能手机进行连接后显示这些监测数据，并给出一个长时间段的统计和分析结果。由此可见，可穿戴式智能设备热潮新起。不仅苹果、谷歌、百度等 IT 巨头热衷于此，而且英特尔、TI、美信等半导体厂商亦瞄准可穿戴设备的研发与创新，乐此不疲。

7. 大数据服务

Athenahealth：是一家全球领先的健康护理技术提供商。它提供基于云服务的电子病历、业务管理、病患沟通以及协调护理四项服务，并提供移动医疗应用软件。近年来发展迅猛，医疗信息数据呈几何倍数增长，给整个医疗行业带来了巨大压力。而大数据技术的华丽出场，让医疗信息化进入了飞跃式发展的关键时期。

他山之石可以攻玉，我们关注海外资本市场最新热门主题，可以拓展投资视野与寻找国内未来的投资机会。当前，国内大多数的移动医疗企业仍然处于用户积累的初级阶段，比如现在市场上比较热的消费型医疗概念设备，其大多集中于某些简单数据的监测与记录上，如血压与血糖监测、女性生理周期监测以及育龄妇女与儿童的体温检测等，对于数据缺乏深度挖掘，客户之间的互动性相对较差，很多移动医疗企业至今尚未形成较为成熟的盈利模式。更为重要的是，目前市面上的多数移动医疗企业均未解决一个最为核心的问题：不论是慢性病的管理还是为客户提供远程医疗，所有数据的最终接收端应为医生，但目前由于我国公立医院医生尚未得到根本性的解放，医生（特别是三甲医院的医生）很难通过这些移动医疗设备及 App 为客户提供详细充足的专业建议。

移动医疗虽然发展火爆，投资者热捧，但其中真正解决了国内医疗供需矛盾的屈指可数，更何况医疗行业与其他行业相比，政策敏感度较高，创业者很难通过市场化的方式获取竞争优势，因此，在投资移动医疗与健康产业的过程中需警惕泡沫化风险。

（五）重点上市公司

近年来，随着健康观念和医学模式不断发生深刻变革，"大健康"产业面临前所未有的机遇。在此背景下，2012 年，数十家中药上市公司不约而同宣布布局大健康产业。有的开始推出胶原蛋白饮料，有的做小分子纯净水，还有的涉足牙膏、洗发水等。

据报道，康美药业（600518）副董事长许冬瑾表示，当前药物研发成本与日俱增，医药行业饱受基本药物制度、招标采购和药品价格管理等多方面因素困扰。而大健康领域，中药企业在"治未病"领域有优势，进入大健康产业具有天然的优势。

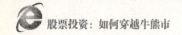

从"治未病"写入医改，到医学科技发展"十二五"规划提出：从"治已病"为主前移到"治未病"和养生保健，从"被动医疗"转向"主动健康"。随着人口老龄化的加剧，立足预防，增进健康才有可能从根本上改变我国疾病防控整体形势不利的局面。

培育大健康产业、新型健康产品开发，加强功能性食品、保健品和以中医养生保健理论及诊疗技术为基础的新型健康产品的研究，为公众健康水平的提高提供一批健康产品。要大力发展健康状态辨识技术、健康管理及亚健康状态干预技术，重视公众健康知识的普及。培育大健康产业，关注走在政策前面的大健康产业龙头：东软医疗、达安基因、白云山中一药业、乐普医疗、奥克斯、健百氏等。

二、东软集团

（一）公司介绍

东软是一家面向全球提供 IT 解决方案与服务的公司，致力于通过创新的信息化技术来推动社会的发展与变革，为个人创造新的生活方式，为社会创造价值。公司创立于 1991 年，目前拥有 2 万多名员工，在中国建立了 8 个区域总部，10 个软件研发基地，16 个软件开发与技术支持中心，在 60 多个城市建立了营销与服务网络；在美国、日本、欧洲、中东、南美设有子公司。

东软以软件技术为核心，提供行业解决方案和产品工程解决方案以及相关软件产品、平台及服务。

面向行业客户，东软提供满足行业智慧发展与管理的解决方案、产品及服务，涵盖领域包括：电信、能源、金融、政府、制造业、商贸流通业、医疗卫生、教育与文化、交通、移动互联网、传媒、环保等。东软在众多行业领域拥有领先的市场占有率，并参与多项中国国家级信息化标准制定。

在汽车电子、智能终端、数字家庭产品、IT 产品等产品工程领域，东软拥有全球领先的嵌入式软件咨询、设计、研发、集成、专业测试等能力；软件服务于众多全球知名品牌产品；构建了面向汽车电子、智能终端、数字家庭产品全球分布式的研发体系；在车载导航以及辅助驾驶安全领域全球领先。同时，东软拥有自有品牌的医疗和网络安全产品。

东软研制了具有中国自主知识产权的 CT、磁共振、数字 X 线机、彩超、实验室自动化、放射治疗设备以及核医学成像设备等系列产品。目前，产品已销往全球 90 多个国家和地区，为全球 8000 余家医疗机构提供医疗设备产品与服务。

在服务领域，东软提供包括应用开发和维护、ERP 实施与咨询服务、专业测试及性能工程服务、软件全球化与本地化服务、IT 基础设施服务、业务流程外包（BPO）、IT 教育培训等服务业务。

东软将"超越技术"作为公司的经营思想和品牌承诺，公司将"简单、负责、合作、尊重、诚信"作为价值观。东软致力于通过信息技术的创新推动社会的可持续发展，成为受社会、客户、股东和员工尊敬的公司。

（二）发展空间

2014 年 11 月 28 日，以"变革的力量"为主题的 2014 东软解决方案论坛成功举行。论坛结合全球经济发展动态及 TT 行业未来趋势，深入探讨经济进入新常态背景下，企业和社会实现战略转型及变革的新动力。东软集团董事长兼 CEO 刘积仁博士在论坛主题演讲时表示，中国的经济高速增长期已经过去，即将步入新常态发展时期，企业将要面临的是市场机会更加公平和透明，产品服务过剩与过度竞争，中国企业的成本优势已经消失。面对新常态，互联网、商业模式设计、以客户为中心的创新和国际化融合成为企业发展的新的核心要素。刘积仁博士强调，创业者精神、创业的机制保证、与时代同步的战略选择、企业的性格与文化、互联网与计算、资源整合的能力是企业在新时代实现变革的六大重要力量。在介绍东软近年来新一轮转型和创新发展时，刘积仁博士表示，新经济环境给东软带来了更多新的发展机会，包括医疗、教育等新需求中的机会；客户创新运行效率、新商业模式的机会；政府对未来基础设施投资的机会；在互联网环境下新商业模式的机会；传统业务向云与大数据应用方面转变的机会；知识分子和技术人才的红利。我国智能医疗市场规模如图 5-4 所示。

2015 年东软医疗获得了快速发展，16 层 CT 在国内市场占有率第一，2015 年发布的 NeuViz128CT 在全球销售近 100 台，海外销售量达到 30%。如今，东软医疗所生产的产品已遍布全球 109 个国家和地区，为全球 9000 家医疗机构提供医疗设备产品与服务。东软医疗拥有全部自主知识产权，拥有 380 项核心技术专

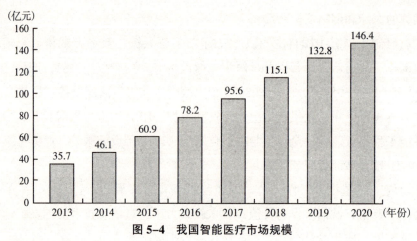

图 5-4　我国智能医疗市场规模

资料来源：http://www.chyxx.com/industry.

利（包括国际专利），全线产品通过了 ISO9001 国际质量体系认证，其中 CT、磁共振、X 线机、超声、PET 等主要产品还通过了美国食品药品管理局（FDA）和欧洲 CE 认证。2015 年，东软所生产的全线 CT 和超导 MR 产品均具备远程服务功能，目前已经连接了全国各地近 300 台设备，对这些设备的运行状况进行实时监测，提供更加及时的售后服务。

目前东软业务中软件外包占 35%，医疗设备占 15%~18%，行业解决方案占 47%~50%。近来，东软加大数据中心建设力度，旨在构建云计算基础平台和应用平台，建立可扩展的应用架构。目前东软在全国三甲医院中市场占有率达到 40% 左右，在社保和医保领域的市场份额亦稳居第一。现在备受欢迎的熙康行表和熙康益体机，整合了物联网、互联网、云计算技术以及医疗领域的专业资源，可以动态收集和管理个人健康信息，实现家庭实时跟踪与监测，是东软医疗电子商务由 B2B 向 B2C 转型的开始。借助本土化优势，东软还为唐山、郑州、无锡、沈阳、都江堰、海南省澄迈县等 20 多个城市提供健康城市解决方案，构建起了区域医疗卫生平台和区域的以物联网、互联网为核心的健康服务平台。此外，东软还积极与大型医院和医疗机构合作，向家庭和个人推广健康管理解决方案。

通过并购与战略合作，东软不断拓展新的产品线。例如，与圆刚科技携手开发医疗影像设备的软件和硬件。2011 年年初，东软斥资 1.141 亿元收购 ERP 提供商望海康信 73.14% 的股份，正式进军 ERP 市场，创下了医疗信息化行业的最大规模并购纪录。

"东软未来的发展规划将以商业模式创新、全球化战略和企业参与运营为重点，构筑东软面向未来的可持续发展能力。"刘积仁说。未来十年，东软的国际业务收入将占公司全部收入的60%以上；来自于产品与持续服务的收入要占公司全部收入的50%以上；公司营业收入要有5倍以上的增长。

对于东软未来的增长驱动力，刘积仁表示，在商业模式创新方而，东软将在发挥过去积累的优势能力基础上，加大向以创新和服务驱动为主的公司转变。

（三）商业模式

2014年9月，宁波市卫生局与东软熙康共同签署战略合作协议，基于云计算、互联网、物联网、大数据等新技术，联手打造中国首家城市云医院即宁波云医院平台，开创"云+端"、O2O的医疗服务模式。

从图5-5可以看出，东软依托东北大学，进行人才交流研发合作的互动，在多个城市建立东软信息学院，为企业提供了技术支持以及人力资源支撑。同时与国际国内合作伙伴实施人才培养计划，通过研发合作、实验交流，达到人力资源共享的目的。

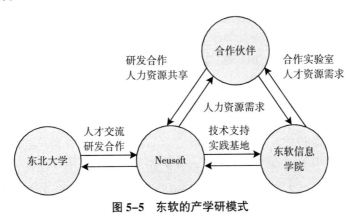

图5-5　东软的产学研模式

现在东软在探索一条O2O模式的医疗服务道路，打通线上线下的优势医疗资源，跳过烦琐的就诊流程与高昂的医疗费用，通过远程医疗构建一个协同医疗的闭环，这就是一个协同医疗的医联体，让更多医生、患者受益。

东软集团将熙康定位为协同医疗和健康管理O2O平台，计划未来3~5年在全国建立基础平台，打造社区健康服务点。熙康是东软在医疗和健康领域进行的一次重大创新，直接将业务面向广大的用户群体，开拓了面向医疗领域B2C市场的业务发展模式。熙康健康云平台与熙康自身开发的智能终端产品将进行无缝对接，其产品和服务集聚和整合了互联网、物联网和云计算以及医疗专业领域资源。通过这一平台对个人的健康信息进行动态收集、系统跟踪、全面干预和管理（见图5-6）。

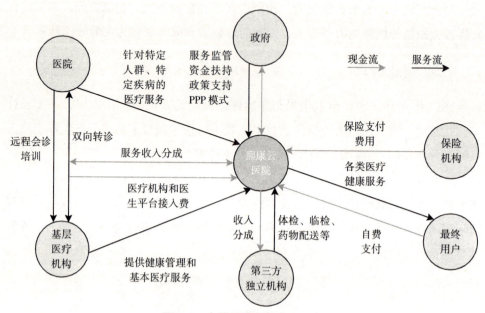

图 5-6　东软的熙康健康云平台

此外，公司还将通过熙康平台与医保系统、药商相连。一方面，病人可直接基于熙康平台支付购买药品并完成医保报销；另一方面，平台将通过大数据技术协助政府进行医保控费。面对目前医保资金紧张的局面以及全民医保、大病医保等政策压力，监管方面对医保控费的重视不断增加，而过去医保资金运营也存在着效率不高、专业性不强的缺陷。东软熙康更大的作用是整合外部资源，外部资源包括医院资源、医生资源、社保资源、基层医疗机构。这样，东软熙康将成为一个为个人和家庭提供全生命周期健康管理的服务平台。

通过整合上述资源能实现两个目标。一是打通所有医疗环节，病人不仅可以通过该平台找到最合适的医生，诊治结束后，可以直接基于东软熙康平台进行支付，完成医保报销等。东软能够搭建东软熙康这一智慧医疗平台的基础是东软通过解决方案业务在社保、医疗行业积累的资源。目前，东软是社保、医疗行业最大的解决方案与系统集成提供商。

二是实现医疗资源的平等。东软熙康是一个开放的平台，即使是边远地区的人也能通过这一平台找到最好的医生，医疗资源通过平台的技术进行分配，医生面对的是患者数据，而不是贴着贵贱标签的个人。

东软通过自主创新与技术引进的融合，掌握了核心技术，构造了自主知识产权体系，并在开放的环境下，通过合作的方式获得了国外先进技术，走上了一条由知识产权、专利技术引领的自主创新与引进技术相融合的发展之路。信息产业的融合发展已成为当今社会的发展趋势，东软是高新技术产业与制造业融合的典型案例，东软的"虚拟制造"路线使企业成功打入了高新制造业领域，同时对于制造业的发展也起到了重要的推动作用。技术创新已经远远超出了企业范畴，是大学、科研机构、政府、金融机构等各个领域的合作，通过产学研的融合创新，可以使企业的创新绩效达到最大。

（四）投资价值

东软医疗拥有全球 9000 多家客户，通过大量不同的设备，使上千家医院实现了对多种医疗影像设备的连接、数据传输和共享。2012 年，东软为上海闵行区建立了区域影像中心平台，以区内两家综合医院为中心，服务区内 12 家社区医院，日均服务 500 人左右；2013 年、2014 年相继为芜湖和昆山建立了覆盖全区域范围的影像中心平台，并建立了全国首家云医院——"宁波云医院"。2014 年，东软成立了培训教育部门，向东软的设备用户提供设备操作、维护和诊断能力提升等方面的远程教育培训服务。2015 年，东软所生产的全线 CT 和超导 MR 产品均具备远程服务功能，目前已经连接了全国各地近 300 台设备，并对这些设备的运行状况进行实时监测，提供更加及时的售后服务。

公司在 IT 解决方案领域深耕 20 余年，产品多、客户广，面临不断增长和深入的政企 IT 需求，未来有望实现稳健增长，预计至 2016 年软件及集成业务规模将超 70 亿元。东软医疗影像设备生产的微笑路线如图 5-7 所示。

汽车电子从外包到产品，在国内市场崭露头角。公司车载电子业务起步于国际外包，长期的汽车电子外包经验助力公司在国内市场发力，已与奇瑞等国内车厂签订了车载系统销售合同或意向，业务模式也从此前的外包服务向产品许可证销售模式提升。我们认为国内车厂在车型和车载电子方面的发力将为公司带来发展空间，预计未来车载电子占公司收入比重有望达到 10%，成为公司主要的收入

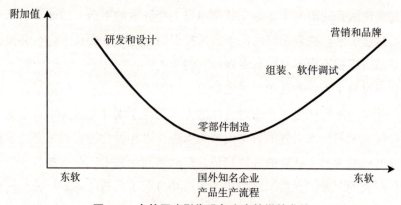

图 5-7　东软医疗影像设备生产的微笑曲线

增量。

2014 年是费用增长大年，经过 2013 年费用率下降后，公司战略性地加大了 2014 年的费用投入。公司在软件领域加大对健康管理服务、云计算和汽车电子等领域的投入会带来费用的提升，从而影响业绩。我们认为东软集团仍然具备很明显的国企特征，从中长期来看，公司的费用率下降和净利率提升需要等待国企改革和高管的新一轮股权激励。

若不考虑本次交易所带来的投资收益，预计 2014~2016 年收入分别为 84 亿元、96 亿元、110 亿元，每股收益（EPS）分别为 0.39 元、0.44 元、0.50 元，当前股价对应 2014~2016 年市盈率（P/E）分别为 45.3 倍、40.0 倍、35.1 倍。基于信息化与互联网的新型医疗健康产业趋势明显，作为行业龙头布局最早且最全面的企业，公司可以占据最核心的竞争地位。维持"推荐"评级，给予目标价 21.5 元，对应 2015 年 EPS 的估值为 50 倍。

（五）风险控制

第一，用人的风险。作为领导，首先要准确地对人做出判断。在了解员工的基本素质以及专业技能之后，应用"长板理论"，最大限度发挥个人的能力。

第二，战略的风险。在执行战略和计划之前需要认真细致地审查整个战略，把握每个细节，做到毫无瑕疵可言。决策者需要有良好的大局观，不能只看到眼前利益，而应该看到长远情况，做到可持续发展。在战略执行之后，在战略正常推进情况下不要去干涉战略的执行。

第三，熙康等新业务拓展不顺的风险。市场接受熙康等新业务需要时间的累积，熙康不可能在短时间内就获得大量的市场份额。熙康云平台背靠东软集团5000 多家医院客户资源，基于消费者、药商、医院的大量数据，可帮助政府在不影响医疗服务质量的前提下自主审核医保费用，达到控制药品使用的有效性和安全性等目的。预计未来几年里熙康云平台仍处于投入期，亏损将继续扩大。

第四，资源整合效果低于预期的风险。在资源整合的同时，相互协商，多次论证，达成广泛意见。若是资源整合效果低于预期，就需要用激励的方式使资源整合效果符合预期。

（六）注意事项

2014 年公司符合大众预期。公司 2014 年前三季度实现营业收入 49.3 亿元，同比增长 1%，主要是受医疗系统和国内软件及系统集成收入增长带动，归属于母公司股东净利润 2.1 亿元，同比减少 24%，管理费用的提升以及投资收益和公允价值变动损益的大幅减少是其下滑主要原因。

医疗行业信息化和汽车电子将是公司未来主要的增长动力。近年来公司在不断转型之中：第一步，从软件外包公司转型为国内解决方案提供商；第二步，升级国内解决方案的商业模式，主要通过软件运营模式、熙康健康管理平台等模式转变。"公司第一步的目标已经基本实现，对软件外包业务的依赖不断降低，但是国内解决方案业务的商业模式升级还未能见效，盈利能力依然有待提高。"

三、达安基因

（一）公司介绍

中山大学达安基因股份有限公司依托中山大学雄厚的科研平台，是以分子诊断技术为主导的，集临床检验试剂和仪器的研发、生产、销售以及全国连锁医学独立实验室临床检验服务为一体的生物医药高科技企业。公司于 2004 年 8 月在深圳证券交易所挂牌上市，成为广东省高校校办产业中第一家上市公司。

为实现成为中国一流的诊断产业上下游一体化供应商的战略目标，公司产品按领域布局，目前已发展成为一家拥有高新达安健康产业投资有限公司、广州市达安投资有限公司、广州市达瑞抗体工程技术有限公司、中山生物工程有限公司、安必平（LBP）医药科技有限公司、广东达元食品药品安全技术有限公司、佛山市达安医疗设备有限公司、杭州安杰思基因科技有限公司、广州市达泰生物工程技术有限公司等多家控股及参股公司的全面发展的生物高新技术企业，涵盖健康检测、产业投资、优生优育、免疫诊断、病理、食品安全、医疗器械、临床生化等领域，产品线全面进入整个体外诊断产业。

为满足市场需要，公司建立了合作共赢的市场营销平台，形成了一个覆盖全国 32 个省、市、自治区的强大营销服务网络，为几千家医疗机构、科研单位和政府应用平台提供产品和检验领域的高技术服务。这一网络的建立和完善，为诊断技术和产品在临床和广泛应用领域的运用起到了指导和示范的作用，使高新技术能够在整个诊断应用领域中得到迅速的推广和应用，并为高新技术成果的产业化打下了坚实的基础。

公司将发展成为中国诊断产业的上下游一体化供应商，成为中国一流、国际知名的诊断产业的生物高科技企业。

（二）发展空间

达安基因是国内核酸分子诊断试剂龙头，2013 年实现营业收入 8.54 亿元，同比增长 46.62%；营业利润 1.52 亿元，同比增长 88.79%；扣除非经常性损益后的净利润 6310 万元，同比增长 81.99%。对于上市公司来说，这个业绩表现不俗。年报显示，2014 年，公司实现收入 10.86 亿元，同比增长 27.13%，归属于上市公司净利 1.53 亿元，同比增长 6.46%，扣除后归属于净利润 6320 万元，同比增长 0.15%，符合预期，而它在资本市场上也同样表现突出。

据了解，公司在基因测序领域的发展迅速。基因测序作为一项变革型的技术，将对疾病的预防、诊断、个性化用药的指导、用药监测等领域产生重大影响。基因测序目前应用成熟的项目只有产前无创筛查，然而仅仅产前无创筛查这一项应用也已经显示出很大的市场潜力。国内公司基因检测服务以无创产前基因检测为主，2013 年市场规模仅为 10 亿元左右。2014 年 2 月中国食药监总局（CFDA）与国家卫计委叫停基因检测业务后，3 月启动试点单位申报。各龙头公司现处于向 CFDA 申报批文的阶段，短期内对这些公司的业务收入必定产生较大的负面影响，但行业长期发展有潜力。根据 Illumina 的测算，基因测序的市场规模有 200 亿美元左右。其中，肿瘤学 120 亿美元、生命科学 50 亿美元（包括生命科学工具、复杂病症，农业基因以及影响因子和宏基因组）、生育和基因健康 20 亿美元（孕妇和新生儿童的检测，以及基因健康）、其他应用 10 亿美元。全球基因测序市场规模预测如图 5-8 所示。

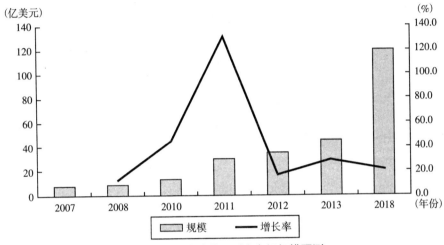

图 5-8　全球基因测序市场规模预测
资料来源：根据中国产业信息网整理而得。

基因测序从产业链上而言分为设备、试剂和后续服务。机构分析认为公司作为分子诊断龙头，未来有望从试剂与服务端快速切入产业链，创造新的利润增长点。"公司目前最大产品乙肝检测年收入 2 亿元，未来仅无创产检业务即有望给公司带来几亿元到十几亿元的收入，其他肿瘤、心血管等疾病领域的个体化诊疗运用也同样值得期待。"该机构分析认为。而且达安基因（002030）在 2014 年就在全景网互动平台上表示公二代基因测序仪已有销售。卵巢癌个体化治疗的检测试剂盒专利也已获批。据了解，本发明涉及卵巢癌个体化治疗，包括发生发展、分期分级、预测疗效等相关分子标志物检测探针的制备。本发明中涉及的卵巢癌分子标志物检测探针可用于指导卵巢癌个体化治疗方案制定，评价治疗效果、监测复发和转移、评估预后等。

此外，公司独立医学实验室业务正在好转。独立医学实验室业务目前有广州、成都、上海、合肥、南昌、昆明等中心，随着业务的积累、运营管理的精细化、内部业务的协同效应增加，预计将逐步实现盈利，和其他业务的协同也同样

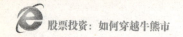
可期。

目前达安基因是国内最大的临床 PCR（聚合酶链式反应）诊断试剂企业，和
2000 多家大医院建立了合作关系，占据 60% 左右的国内临床 PCR 诊断市场份
额，分支机构遍布全国。PCR 技术示意如图 5-9 所示。

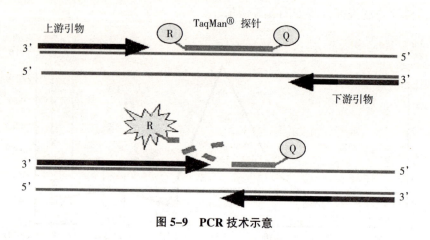

图 5-9　PCR 技术示意

达安基因也是国内最早拥有医学独立实验室业务的上市公司，达安基因的独
立实验室都已经通过了美国 CAP 和 ISO15189 的认证。全国经过审批的独立实验
室大概在 120~130 家，达安有 8 家。其中最大的是广州达安临检中心，收入规
模超过 8000 万元。而且和国内其他的一些独立实验室相比，达安的优势可能在
于有中山大学背景，即有中国医疗院系所认同的专业背景。国内有的独立实验室
可能只做业务链的一部分，或者做独立实验室，或者有部分代理业务。而达安不
同，它在做 IVD 的全产业链，跟医院是直销关系，在医院有很高的知名度。多
重 PCR 技术如图 5-10 所示。

虽然达安基因的独立实验室业务收入和毛利率增速分别高达 30%、50%，但
是目前公司的这项业务尚在发展阶段。公司独立实验室起步早，目前独立实验室
市场发展正呈现出稳步增长的趋势，未来独立实验室业务一个重要拓展方面就是
向健康服务平台转变，一边关注民生一边瞄准个人专业健康服务，有望为公司带
来新的利润增长点。此前由于物流和人力成本偏高等不利因素造成独立实验室整
体盈利状况并不如意，但在多年韬光养晦后，眼下该项业务质量和盈利能力正逐
步得到提升。另外，除目前运营中的这八家独立实验室之外，其他新独立实验室
的选址工作也在继续进行中。达安基因除拥有分子诊断和独立实验室核心竞争力

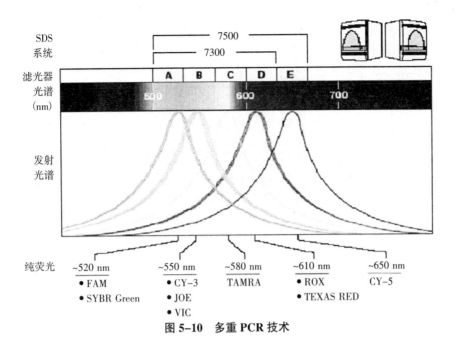

图 5-10　多重 PCR 技术

外，开发高技术含量的产品是其优势，其产业链在国内做诊断领域的公司中也是
最全的。

（三）商业模式

目前国内 IVD（体外诊断产品）行业，很少有公司能够实现全产业链布局，
基本都是覆盖产业链的一环或者有限的几个环节。全产业链管理模式，即核心企
业通过资本运营的手段对上下游企业进行整合形成产业链系统，通过对系统管理
和关键环节的有效控制，最终在产业与市场上获得关键的话语权、定价权和销售
主导权，以最大限度挖掘产业链价值，实现企业、客户和消费者利益最大化的管
理模式。企业实行全产业链模式，本质上是取代市场实现交易以取得更大的企业
价值。

达安基因在寻找符合中国医药企业现状和大部分创业者心态的产业发展之
路，目前形成了达安基因诊断产业链条，完成了诊断试剂及核心原料的研发、试
剂生产、销售和下游服务的全产业链布局。达安基因主营业务为诊断试剂、仪器
的生产、销售和诊断外包服务，医院为试剂和服务的下游客户，未来通过中大医
投投资收购医院，将打通上下游，有利于推动试剂销售和外包业务发展。在产业

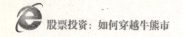

投资方面，截至 2015 年 7 月投资达到 108 家企业，集中在医疗器械、医疗健康领域。

以公司的独立实验室业务为例，如果单独拿出公司的独立实验室业务来看的话，确实不如其他的独立实验室盈利能力那么突出，比如 2013 年达安基因的独立实验室虽然收入达到 2.54 亿元，同比增长了 38%，但除了旗下广州临检中心之外，其他实验室依然处于亏损状态，总体没有实现盈亏平衡。但也不能孤立地评估公司的独立实验室业务，而是要将其放到公司的全产业链中整体评估。比如目前国家将放开高通量测序服务试点，医疗机构将成为试点的主体，医院一旦拿到试点资格，那么对于一些测序项目，比如说无创产筛这样一个需求巨大的市场，医院更有动力自己开展检测服务。在这样的背景下，单纯的服务提供商就会受到挤压，但是达安基因能够提供产品和服务，将会在整个产业链环节上分享市场的扩容。所以公司独立实验室所扮演的战略角色更值得关注，这也是公司全产业链布局值得认同的主要原因。

（四）投资价值

IVD 行业是一个技术更新替代比较快的行业，新技术层出不穷，酶联免疫技术在国内经过不到 20 年的应用就被化学发光技术所取代，分子诊断技术更是日新月异，从 20 世纪 90 年代的定量 PCR 到 2000 年之后的测序与芯片技术，再到现在的一代测序（高通量测序），新技术的快速发展给 IVD 行业的公司提出了较高的要求，所以技术平台的构建对于 IVD 企业具有尤为重要的意义。

技术平台方面，公司在成立之初就选择了最具活力的分子诊断领域。从行业发展现状和未来趋势来看，生化诊断技术基于基本的生物化学反应，该行业无论是技术还是市场应用都已经非常成熟稳定了，这个领域适合跨行业并购切入 IVD 行业。业内人士表示，免疫诊断技术基于抗原抗体的特异性结合，化学发光基本完成了对酶联免疫吸附试验技术的替代，以罗氏和雅培为代表的跨国公司垄断了 90% 左右的市场，未来国内公司的机会在于进口替代，但受限于技术壁垒，进口替代的过程会比较艰难和漫长。分子诊断技术基于"中心法则"，直接检测遗传物质 DNA 和 RNA，所以从方法论的角度来看，分子诊断必定是未来 IVD 行业中最具活力的细分领域。达安基因构建了一套完善的分子诊断技术平台，从 PCR、FISH、基因芯片，到一代测序和二代测序，公司的技术平台一直站在分子诊断技术发展的最前沿。所以结合对行业发展的认识，以及对公司技术平台构建的理解，只要分子诊断技术不过时，达安基因就有市场。

分子诊断行业是 IVD 行业中增速最快的子领域，全球销售金额从 2007 年的 28 亿美元增长到 2013 年的 60 亿美元，复合增速达到 13.54%，明显高于全球 IVD 行业 5% 的平均增速。我国分子诊断市场基数小，成长迅速；2013 年大概为 15 亿元人民币，近年来复合增长率保持在 20% 左右。分子诊断业务可分为诊断仪器和试剂捆绑销售以及提供诊断服务两种，公司两种业务发展相辅相成，2013 年仪器和试剂占比 69.70%，诊断服务占比 29.78%，独享两种业务的成长红利；行业的竞争者基本只发展一方面：仪器和试剂销售有科华生物、利德曼、博晖创新等，诊断服务有金域检验、艾迪康、迪安诊断。公司分子仪器和试剂为市场第一，随着整个市场的扩容有望持续保持第一；诊断服务为市场第二梯队，有望增加收入的同时提高市场占有率。

2014 年 7 月 2 日，国家食品药品监督管理总局宣布，经审查，批准了 BGISEO-1000 基因测序仪、BGISEO-100 基因测序仪和胎儿染色体非整倍体（T21、T18、T13）等医疗器械注册，这是中国首次批准注册的第二代基因测序诊断产品。次日，相关概念股均大幅上涨，达安基因（002030）开盘后即刻涨停。随后几日，达安基因持续放量，股价震荡微调。截至 7 月 9 日收市，公司股价已累计上涨 6.91%。

Wind 资讯统计数据显示，统计期内，达安基因 1 次登上交易龙虎榜。公开交易信息显示，在 2014 年 7 月 3 日，即其涨停当日，达安基因单日成交额达 3.1 亿元。

作为基因检测概念股，达安基因自 2014 年 6 月底以来一直受到机构的普遍看好。在首次批准注册了第二代基因测序诊断产品后，达安基因迎来极大利好，但在众多券商的研报中，看多达安基因除了基因检测行业的广阔前景外，还有其分子诊断的主业：

（1）看好基因测序作为变革型技术带来的行业性机会：基因测序作为一项变革型的技术，将对疾病的预防、诊断、个性化用药的指导、用药监测等领域产生重大影响，应用前景广泛。

（2）公司的基因测序业务的定位和方向很符合行业发展规律，有望抓住盈利点。

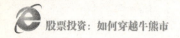

（3）公司作为分子诊断的龙头，分子诊断的主业有望保持超过 30% 持续快速增长。

达安基因 2011~2015 年业绩及净利润情况如表 5-1 所示。

表 5-1　达安基因 2011~2015 年业绩及净利润情况

报告期	营业收入		净利润	
	营业收入（万元）	同比增长（%）	净利润（万元）	同比增长（%）
2015 年	147388	35.7	10145	-33.7
2014 年	108615	27.1	15306	6.5
2013 年	85437	46.6	14377	59.5
2012 年	58269	27.4	9017	32.6
2011 年	45756	23.8	6801	21.7

资料来源：浪潮信息 2011~2015 年年报。

对比 A 股医疗服务板块（迪安诊断、爱尔眼科、通策医疗），公司的 PE 低于平均水平，PEG 也是最低。我们认为对于达安基因这样的公司，虽然静态估值较高，但是对于一个处于快速成长期的行业龙头，同时考虑到其分子诊断行业全产业链的价值以及中大控股唯一的资本运作平台价值，我们认为值得推荐。

达安基因是一只在 A 股市场上为数不多的令人瞩目的股票，从 2004 年上市以来连续十年高增长、高送配。达安基因所在的 IVD 行业的飞速发展，给这家龙头企业带来了无限生机；达安基因的 50 个子公司经过精心布局，各有所长，不论以后如何，起码在相当长的一段时间里无可取代。

（五）风险控制

（1）产权关系不顺，学校直接承担企业运营风险；产权界定以及人员分流问题导致改制工作难以进展等。归属清晰、权责明确的现代产权制度，是建立现代企业制度的重要基础。只有产权归属清晰，才能在维护包括国家在内的出资人权益的同时，使企业拥有法人财产权，成为享有民事权利、承担民事责任的法人实体；也才能使企业以其全部法人财产，依法自主经营、自负盈亏，对出资者承担资产保值增值责任。有了良好的企业财产组织形式和规范的法人治理结构，才能真正建立起适应市场经济发展要求的管理体制和运行机制。

（2）缺乏完善的资本投入和撤出机制；遭遇资金瓶颈的风险。可以通过公开上市、股份回购、兼并与收购、破产清算等方式变现回收。发行股票上市是投资回报率最高的方式，风险企业被兼并收购是投资收回最迅速的方法，股份回购作为一种备用手段是风险投资能够收回的一个基本保障，而破产清算则是及时减小并停止投资损失的最有效的方法。

（3）新产品研发风险和市场推广风险。公司需要事先调查市场需求情况，并在充分了解市场空间之后进行新产品的研发，对可能研发失败的风险需加以规范。投资者应警惕板块过热给公司带来的风险。

（六）注意事项

不少业内人士都认同达安基因的全产业链发展模式，认为其能够使公司最大限度地抵抗行业风险，但同时也降低了公司的业绩爆发力。

达安基因公布的三季报显示，1~9月，公司买现营业收入9.94亿元，同比增长31.12%。但是，公司却出现了增收不增利的局面，归属于上市公司股东的净利润为7885.78万元，同比下滑19.91%。

我们可以从其成功的经验中得出一些启示，针对校办企业普遍存在的一些问题提出一些对策：①明确学校与企业之间的产权关系，理顺校办企业管理体制，建立规范的现代企业制度；②建立完善的资本撤出机制，有条件的企业可以上市，没有条件的可以采用"资产经营公司"的模式在学校与企业之间建立一道有效的"防火墙"；③实现校办企业投资主体的多元化，广开引资渠道，吸纳社会资金来扩大生产和经营；④建立有效的激励机制，激励、约束并重，促进企业发展，形成社会和企业、资产所有者与经营管理者共赢的局面。

四、白云山

（一）公司介绍

广州白云山制药股份有限公司创业于1973年，1992年11月经广州市人民政府批准，由广州白云山制药总厂等五家企业通过改制成立股份制企业，1993年11月作为广州市首批上市公司之一在深圳证券交易所挂牌上市，现拥有总股本4.69亿元。2007年销售规模达36.1亿元，2008年销售规模超过40亿元。广州白云山制药股份有限公司总部坐落在林木葱郁、风景秀丽的白云山东麓，是我国著名的园林式企业。现公司属下有九家制药生产企业，总资产超过 25 亿元，年销售收入达 20 多亿元，实现利税总额近 3 亿元，是我国制药行业最具实力的大型知名企业。被国际权威机构评为 2002 年 78 家医药类上市公司经营状况第一名，核心竞争力第四名，公司价值第五名。

公司专注于制药业，业务包括生产和经营多种剂型的中西成药、化学原料药、外用药、儿童药、保健药等系列药品。经过多年的发展，目前白云山属下共有 12 家成员企业，已全部通过了国家 GMP、GSP 认证，广州白云山化学药创新中心是广东省工程技术中心。

公司多年来致力品牌建设，是最早在国内树立药品制剂品牌的公司之一，其品牌的知名度和美誉度在全国消费者中具有强大的影响力。2006 年"白云山"商标被认定为中国驰名商标，2007 年被确定为"重点培养和发展的广东省出口名牌"，2008 年品牌价值被评估为 105.2 亿元。

在科技创新方面，公司实行"科技白云山"战略，与一流的科研院校、国内知名研究机构、国际抗生素巨头合作，研制具有世界先进水平的药物。目前拥有药品批文 1700 多个，有几十个品种的生产销售规模在全国制药行业中处于领先地位，其中，仙力素（头孢硫脒）粉针剂的开发和投产上市，填补了我国自行研制、开发头孢类抗生素的一个空白，并于 2007 年获得国家技术发明二等奖。公司成立了由刘昌孝院士领衔的华南首家现代中药研究院，该院被国家批准为博士后工作站；成立了由钟南山等五院士领衔的"中医药防治病毒性传染病产学研联盟"，这是目前我国中医药界产生的首个跨领域产学研联合体，形成了国家、省、市三级科技研发体系。

今后，公司将以专业化做稳，以科学管理做好，以科技创新做强，以资本运营做大。白云山制药将建成高科技含量、高文化附加值、高市场占有率、具有强大竞争力的一流名牌企业。

（二）发展空间

中国目前是全球最大的原料药和药品中间体出口国，原先全球第一大原料药和医药中间体提供国是印度，中国在 2010 年超越印度成为第一。这意味着原料药、中间体出口到国外或者供应给外资药厂，经过加工包装，摇身一变成为洋品牌，从制药到商品的流程中，利润的大头被外资品牌药厂拿走。2001 年至今全球药品行业规模及发展情况如图 5-11 所示。

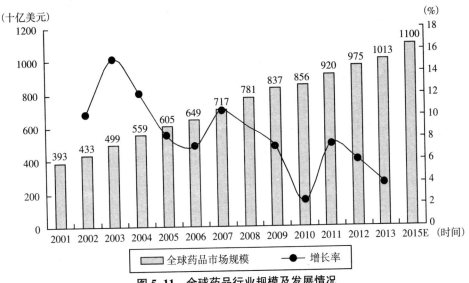

图 5-11 全球药品行业规模及发展情况

资料来源：根据中国产业信息网整理而得。

在网络建设方面，企业有从二十多年前领先在国内构成的独有的销售网络，当前有发展总部带头，覆盖国内和世界的销售网络。

从技术改进方面，企业开展科学白云山规划，和高水平的科研学校、国内著名研究机构龙头合作，开展具有国际高水平的医药研究。现在存在医药批文 1700 多个，国内医药行业几十个种类的制造销售规模都排在先进位置。

2014 年的夏季，国家低价药目录政策继续发酵。此前发布的《国家发改委定价范围内的低价药清单》共收载了化学药品种 283 个，中成药品种 250 个，共 533 个品种 1154 个品规，大都是老百姓常用的廉价药。

国家药品价格政策的变化是引入更多市场化机制，如何发挥低价药目录给予的政策红利，考验着众多药企的管理者。业内不少受惠于低价药政策的企业均加大相应的投入。其中，对此次政策出台反应最迅速企业之一的白云山中一药业，因拥有 3 个独家品种（共 22 个入选品种）、32 个品规入选低价药目录，迅速打出组合式营销牌组，构建工业、商业、消费者多赢的格局。

白云山中一药业为了实现自我的突破，选择在两个方面进行了创新，并将创

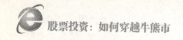

新作为企业发展的核心竞争力。

首先是产品创新。在消渴丸诞生之初，就创新地采用了中西药结合的方法，研制糖尿病治疗药物，获得了国家发明专利优秀奖，2012年消渴丸还荣获了广州市科技进步奖一等奖。胃乃安组方也获得第一届广州市专利奖。白云山中一药业也相继被评为广东省、广州市高新技术企业。目前中一药业正在引进胰岛素的先进剂型和开发新型作用机理的药物等，将坚持走产品创新的道路。

其次是营销创新。在消渴丸30年的发展历程中，可以很清晰地看出，从渠道上提出"二定分销"，学术营销推出"教育大循环"，数据平台建立"数据中国"，创新是消渴丸不断发展的原动力。

最后是模式创新。近年来，随着宏观环境的变化，大多数医药企业面临"两降一升"的局面：价格下降、利润下降、成本上升，企业的发展受到了前所未有的严峻挑战。中一药业正在开展电子商务营销等新型模式的创新，将在传统营销模式的基础上，开创新型的销售模式。

对于OTC来说，品牌就是生命。没有品牌，即使渠道建设得再好，也远远达不到应有的市场效果。在与连锁药店的合作中，白云山中一药业拥有得天独厚的品牌优势。

首先，"中一牌"商标已经被国家工商行政管理总局商标局认定为中国驰名商标，加之公司现已更名为白云山中一药业，通过白云山与中一两个驰名商标的强强联合，必将产生更强大的品牌影响力；其次，白云山中一药业是中华老字号的国有大型企业，是我国医药航母巨舰广药集团属下的名优企业，具有雄厚的综合实力；最后，白云山中一药业自身拥有一大批极具品牌价值的产品，如消渴丸、胃乃安、安宫牛黄丸等。

(三) 商业模式

白云山中一药业的"大众化学术营销"模式，始于其拳头产品胃乃安的营销思路的改变。胃乃安作为全国名老中医、广东省中医院原院长梁乃津教授的献方，在治疗反复发作的慢性胃炎方面疗效显著，民间素有"脾胃同治，其胃乃安"的说法，上市30多年来在民众中有较好的口碑，被称为"金牌胃药"。

胃乃安最初只在广东本地稍有知名度，其广东省外的品牌知名度和销量都表现平平。开展"大众化学术营销"主题活动后，胃乃安的年销售额迅速从2005

年至 2010 年的平均 1800 万元，到 2011 年仅广州市的销售额就有 3000 多万元，取得了 86.23% 的增幅；而在河北、山东、河南等省份，胃乃安 2011 年取得的销售增幅分别是 450%、226.09%、983.36%。

奇迹的发生起因于营销模式创新。市场调研后发现，大部分深受胃病频繁复发困扰的消费者，正在寻求一种可以"对症治疗"的药物，而针对慢性胃炎患者特别是脾胃虚弱的慢性胃炎患者的胃乃安，正是对症"脾胃虚弱"的胃病用药，且同类竞品极少、规模不大。由此，一场基于"大众化学术营销"的市场推广活动全面拉开序幕。

由上可见，胃乃安的学术营销过程，构成了"专家—媒体—消费者"的完整闭环，即通过医生途径传播产品信息，再通过大众媒体进行大面积宣传，最终影响目标消费群体。

零售药店终端同样需要模式落地的环节。白云山中一药业主要采取店员教育方式，邀请专家对零售药店店员进行针对性讲座，以通俗易懂的方式将相关知识传达给店员；与专家、媒体合作后，白云山中一药业还将相关宣讲内容发放给药店店员，从而在"专家—媒体—消费者"的链条中增加了药店店员这一环。此外，白云山中一药业还通过促销、顾客教育、更好的利润空间等，与零售药店展开全方位合作，从而实现"空中"的学术营销与"地面"的终端推进无缝衔接。

针对零售终端现状，张春波对近年流行的高毛利品种、贴牌品种等保持了理性观察。"长期来看，只有品牌药能够坚守在零售药店，这是市场的趋势，也是历史的必然阶段。"张春波说，"高毛利、贴牌等都只是阶段性的，行不通后药店自然会回归。"

白云山中一药业将继续推进其创新步伐，除将"大众化学术营销"进一步推广覆盖到更多产品外，还将与电子商务等新型渠道结合，实现模式创新；在公司整体战略上则与母公司广药集团保持一致，采取"大南药+大健康"两轮驱动战略，加大健康产品开发力度，实现产品创新；同时还将加大与零售终端的合作力度，以契合零售药房的品牌药回归趋势，实现供应链合作模式的创新。

（四）投资价值

2013 年 6 月 30 日，广州药业通过换股并购白云山的并购各方签署交割协议，企业的财务报表合并完成，由此中国首宗"二地"上市企业并购重组项目顺利落幕，新广药彻底摆脱了历史的包袱，踏上了新的征程。

企业资本运作的背后是巨大的利润与市场发展空间驱动。广州药业通过换股吸收合并白云山的资本运作方式，不仅有效避免了企业周转中的现金流压力，而且实现低成本下品牌、专利以及商誉等无形资本及企业产业资源的有效整合，推动企业价值链有效管理和各相关利益既得者经济效益、企业价值最大化。

并购重组后的新广药进一步建立规范的公司治理架构和营运体系，实现与集团人员、资产、财务分开以及机构、业务的独立性。自此，新广药作为独立的经营管理中心，实现购、产、销及研发系列一条龙，有利提升公司经营效率和实现可持续盈利的能力。

并购重组后的新广药主营业务整合形成"大南药"和"大健康"两大方向齐驱并进发展，并继承原广州药业与白云山的产品资源和商标专利，拥有中国驰名商标 4 项，广东省著名商标及广州市著名商标合计 47 项。其中，"白云山"作为国内最具价值的医药品牌之一，在全国消费者中具有极大影响力和号召力，重新注入的"潘高寿、陈李济、敬修堂、星群"等商标均为中华老字号，甚至拥有上百年的历史和文化沉淀，仅仅这些品牌已赢得广州医疗专家和广大消费者信赖。重组后的白云山激发释放广州药业华南地区品牌的资源优势潜能，实现广药集团医药业务的平台整合和医药产业的整体上市，市场核心竞争力全面得以提升。

大健康业务将是未来主要的业绩增长点，凉茶的市场规模迅速扩张，行业统计已达到 700 亿元/年的销售。公司在一体化运作的平台下加大了对王老吉产品和文化的深度开发，建成了全国最大的凉茶博物馆；成立了全国首家凉茶研究机构：王老吉文化研究会；与瑞士穆拉德转化医学中心及 SGS 签约推动凉茶国际标准的研究；同时积极扩大王老吉的产能：公司投资 3 亿多元在四川建两条生产线；投资 3.67 亿元在梅州建凉茶浓缩液基地，建成后日产浓缩液 40 吨；在河南新乡投资 3.2 亿元建年产 2000 万标准箱产能生产线 2 条。当这些潜能释放出来，未来业绩潜力可期。近年凉茶市场的份额分布如图 5-12 所示。

主营成本仍然维持前期均衡成本 68%，考虑到进一步整合的效率提升，销售、管理费用占比从 2014 年到 2016 年，每年下降一个百分点，分别为 26%、25%、24%，此后持续维持 24% 的销售、管理费用占比。税率及股权结构均不改变。在以上前提下，借助王老吉凉茶系列产品的爆发，2016 年新广药可以突破500 亿元的销售，每股收益达 2.6 元；实际上新广药并购协同效应的体现还不止

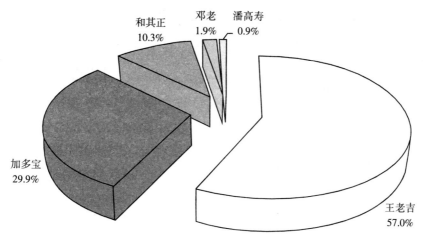

图 5-12 近年凉茶市场的份额分布

资料来源：http://www.chinabeverage.org/.

这些，中药科技创新的加强和广药总院的注入，还会提升其业绩和效益，对未来三年的预计持相对保守态度。

（五）风险控制

白云山中一药业自 2011 年作为广药集团试点企业启动全面风险管理体系以来，经过三年时间的融合和完善，已经逐步建立起具有自己特色的全面风险管控体系，建立和完善了风控工作架构，形成了业务部门、企管部、审计监察部三大风险防线。其中企管部下设风控小组，负责全面风险管理的日常工作，企业的决策机构对实施风险管理效果负最终责任；通过定期的全面风险评估和重大风险的防范跟踪对风险事件进行梳理，结合内控工作对管理体系进行全面测试评估，缺陷整改，巩固内控防御系统。以风险管理、内控管理和流程管控三大体系相结合，从支撑战略目标实现、构建管理结构、建立业务规则、执行业务流程到内控监测整改，构成一个可持续改进的风控管控完整闭环。

随着我国经济进入新常态，药品药政监管力度不断强化，医药企业库存压力增加，财务风险加大，各企业要重视大宗经济合同风险管理、大额应收账款管理，针对已发现的问题，要"审后必整改，整改必跟踪"。

广药在经济整体面临下行压力、竞争激烈的环境下，司属企业在加大经营开拓力度的同时，十分重视风险管理，在加强风险管理制度建设、在业务层面推行风险管理、在决策层面推行风险管理、推进风险管理文化建设四方面取得了良好进展，使集团总体获得了较快发展。但同时，外部环境变得更加复杂化，特别是货币政策趋紧的情况下，企业的经营压力加大，个别企业也发生了货款回收困难等风险事件，风险管理工作仍有待加强。

（六）注意事项

第一，白云山处于医药行业竞争最为充分的子行业中，传统产品很难提升品质，市场扩张能力有待提升。在了解市场需求量大小以及需求是否平稳之后，适时进行市场扩张，但也不能盲目进行扩张。

第二，管理成本高昂，国营老企业的包袱沉重。利润侵蚀严重，包括风险控制、费用预算等管理方面有待进一步创新。

第三，创新技术薄弱，对国际前沿的生物医药等准备不足，没有形成新的增长点。当社会情况持续改变，居民生活水平不断提高，生活的富裕给人们带来了各种疾病，医药企业应该加大研发新药的力度，加强新药品的研发能力变得尤为重要。一个医药企业一直延续之前的经营模式，会导致失去竞争力，有时一个新产品的研发能够给企业提供较好的发展希望。

第四，2015年营业业绩增长不及预期。从白云山的2015年的营业收入情况来看，自2014年以来，其营业收入增长大幅下降，业绩增长不及预期（见表5-2）。

表5-2　白云山 2011~2015 年业绩及净利润情况

报告期	营业收入		净利润	
	营业收入（万元）	同比增长（%）	净利润（万元）	同比增长（%）
2015 年	1912466	1.6	130035	8.9
2014 年	1881823	6.8	119414	21.7
2013 年	1760819	46.0	98005	34.4
2012 年	1206264	51.3	72904	37.5
2011 年	543961	21.3	28753	7.6

资料来源：白云山 2011~2015 年年报。

全集团上下都要重视风控、审计工作，既要做好本企业的风控、内控、内审工作，也要积极支持并配合集团及外部的审计风控工作，通过上下联动配合，实现审计监督全覆盖；要确保各项规章制度得以贯彻执行，确保企业具备针对各项重大风险的解决方案及事后危机处理能力。

五、乐普医疗

（一）公司介绍

乐普（北京）医疗器械股份有限公司创立于 1999 年，总部位于北京市中关村科技园区昌平园。公司是从事冠状动脉药物支架、先心封堵器、心脏瓣膜、造影机等心血管疾病植介入诊疗器械设备及心血管药品研发、生产与销售的中外合资高新技术企业，是 2009 年在深交所创业板首批上市的 28 家企业之一，2014 年 11 月入选央视财经 50 指数 2014 年度 50 只样本股。公司目前拥有国内外 8 家子公司，产品临床应用覆盖全国 1200 家以上心脏诊疗中心，已发展成为国内领先的心血管病植介入诊疗器械、设备与药品的高端医疗产品产业集团，初步建立包括器械、制药、服务和移动医疗四位一体的心血管全产业链平台。

乐普公司聚集了材料、机械、电子、精密加工、临床医学等各类专业人才，拥有一支在产品研发、质量控制、临床验证、市场开拓、企业管理等方面专业的经验丰富的人才队伍。研制开发涵盖：冠心病、结构性心脏病、心脏节律、预先和术后诊断及诊疗设备五大领域的高端植介入产品和药品，取得了一系列具有国内、国际领先水平的研究成果。是国内规模最大的也是唯一拥有多种技术特点药物支架产品的制造企业，是亚洲最大的人工心脏瓣膜制造企业，是国内心脏起搏器的先行者，是国内心脏封堵器、血管造影机（见图 5-13）的市场领航者，是国内率先研制肾动脉射频消融导管的企业。

乐普公司自创立以来，先后承担了国家发改委高技术产业化示范工程项目、国家科技部"863"计划发展项目、科技支撑计划项目等几十项国家重大课题。2013 年，以乐普公司为依托单位，组建了"国家心脏病植介入诊疗器械及设备工程技术研究中心"，将进一步推动建设国家心脏病植介入医疗器械及设备技术创新、产业化和人才聚集的国家级平台，攻克一系列行业发展的核心技术和核心工艺，推动我国心脏病植介入医疗事业的快速发展。公司秉承"以科技的力量，从心点燃生命的光辉"的理念，为广大医护工作者提供更好更强的医疗产品与技术，使更多心血管病患者能够享用中国自己的先进医疗技术和产品。

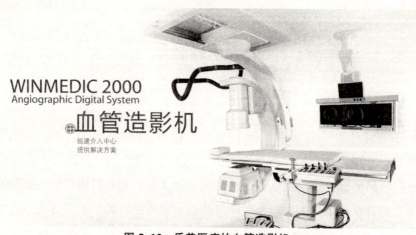

图 5-13　乐普医疗的血管造影机

（二）发展空间

近些年，我国加大在政策上对医疗器械自主创新以及国产化的扶持力度，在监管、创新审批、资金等方面创造良好环境。根据《关于印发深化医药卫生体制改革 2014 年重点工作任务的通知》，进一步加大医药产品研发的组织推进力度，重点做好基本医疗器械产品国产化工作。2014 年 5 月，中国医学装备协会启动了第一批医疗器械遴选工作，医疗器械重点科技专项确定的"十二五"目标逐步实现，X 线机、超声、生化等基层新"三大件"全线技术升级，MRI、彩超、CT、PET/CT 等高端产品的国产化不断推进。

2015 年以来，对医疗器械的支持进一步加大，科技部下发《数字化医疗工程技术开发项目》；科技部、卫计委联合颁布《数字诊疗装备重点专项》；食药监总局发布《医疗器械行业标准、创新医疗器械特批程序》。政策红利将进一步加速医疗器械国产化进程。我国医疗器械销售额增长情况如图 5-14 所示。

到 2020 年医疗器械产业规模达到 6000 亿元，到 2025 年达 1.2 万亿元；2020 年县级医院国产中高端医疗器械占有率达 50%，到 2025 年达 70%；2020 年国产核心部件国内市场占有率达 60%，到 2025 年达 80%；形成 3~5 家国际知名品牌、6 个产值超千亿元的升级产业集群。

乐普医疗董事长蒲忠杰介绍，2014 年，公司已围绕医疗器械、医药、移动医疗、医疗服务四大板块布局完备，已构建了心血管大健康生态圈。乐普医疗财务指标如表 5-3 所示。

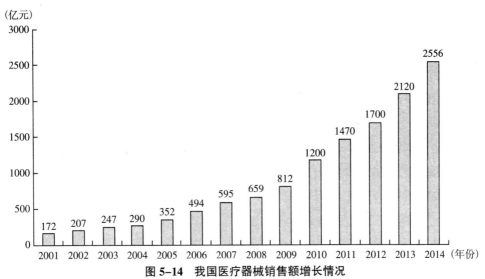

图5-14 我国医疗器械销售额增长情况

资料来源：http://www.chyxx.com/industry.

表5-3 乐普医疗财务指标

指　　标	2012 年	2013 年	2014 年	2015 年
净资产报酬率（%）	21.5	16.3	13.1	15.6
总资产报酬率（%）	20.3	15.5	12.3	20.1
销售净利率（%）	51.4	39.7	27.8	31.0
销售毛利率（%）	82.5	79.1	69.0	66.4
营业利润率（%）	58.4	45.9	32.3	32.7
市盈率（%）	23.5	18.4	37.6	23.2

资料来源：乐普医疗 2012~2015 年年报。

在 2015 年报告期内公司实现营业收入 277695.99 万元，较上年同期增长 66.4%；营业利润 68589.54 万元，较上年同期增长 32.7%；利润总额 70279.99 万元，较上年同期增长 31.0%；实现归属于母公司净利润为 52144.09 万元，比上年同期增长 23.2%。

上述指标变动的主要原因是：公司医疗器械板块继续保持增长的态势，收入及利润较上年同期均有稳定增长；药品板块中乐普药业原有品种快速增长，加之新东港药业纳入合并范围，使得该板块的收入及利润较上年同期有显著的增长。此外，公司在移动医疗、医药电商、网络医院等方面进行了较大投资，为公司的长期发展打下基础。

公司支架系统业务未来有望恢复稳定增长，心脏起搏器和完全可降解支架将为公司带来中、长期新的增长点；药品业务产品线进一步丰富之下，未来有望逐步支撑公司中短期业绩的快速成长；医疗服务及移动医疗业大健康生态闭环布局已经初步成形，未来通过进一步构建专科医院群并结合线下销售网络和线上电商平台，通过全新的商业模式实现变现。所有制属性变更后，公司治理进一步理顺，经营更为灵活，前期管理层及员工参与定增也显示出对公司未来发展的强烈信心，激励机制的理顺也有望进一步促进公司的长期发展。公司近期一系列密集的运作，逐步达成了原先对于业务转型的目标规划，整体执行力越发得到市场的认可。2015 年公司业绩弹性有望加大。氯吡格雷基药招标采购省份增加，左西孟旦学术推广加速。在新药研发进度方面，抗心衰药物奈西利肽已完成药品一期临床，等待二期临床的批件；降血糖药艾塞那肽已向 CFDA 提出药品生产注册申请。医疗器械重磅产品研发进度超出预期，完全可降解聚合物支架已完成可行性临床试验，效果良好，已于 2015 年 11 月完成临床植入任务；双腔心脏起搏器也已完成临床试验病人观察期及随访工作，已于 2015 年 1 月正式向国家药监局进行注册申报并获得受理。这两款产品的推出，将是器械业务长期增长的有力保证。

（三）商业模式

乐普医疗通过内生式发展和外延式扩张，逐步形成了医疗器械、制药、移动医疗和医疗服务四大业务板块，着力打造的大健康生态圈已初具雏形（见图 5-15）。而其中的 O2O 平台及远程会诊模式更为其突出亮点。

不同于当前以政府为主导，县级医院与三甲医院互联的远程医疗模式，乐普医疗以药店诊所作为起点，快速网点布局。以药店诊所为起点，一方面避免了与基层医院抢患者的尴尬，另一方面基层药店诊所开设远程医疗积极性高，降低谈判成本，网点快速布局。由医院提供在线医务人员，乐普提供网络平台，在社区医疗中心、农村卫生室、大型连锁药店等地建立网络就诊点，患者可以在网络就诊点直接和在线的医生通过视频通话完成就医过程，医生根据患者的病情开具处方，患者在社区医疗中心或药店拿药，完成就诊过程。

医生是远程医疗服务链中最重要的资源，与传统的收入分成方式不同，乐普医疗构建的模式通过网络医院获取的诊疗费，全部归医生所有，增加医生收入，确保服务质量，提高医生参与的积极性。不仅如此，乐普的网络医院还为著名医院的专家团队支付报酬，最大限度减少医生在远程医院的工作量，提升其工作效

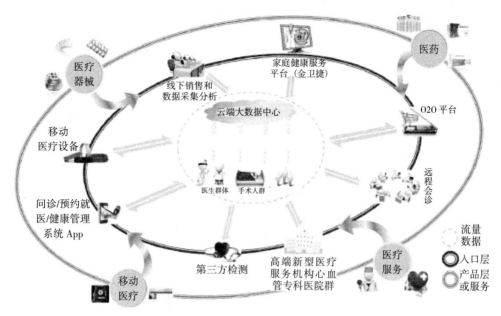

图 5-15　乐普医疗大健康生态圈

率。在对远程医疗核心资源的投入及利益分配方面，乐普医疗的模式具有很强的竞争力。

乐普医疗表示，除了巩固公司在心血管医疗器械及设备领域的技术领先地位，研发、储备心血管类药物外，公司还将整合在传统医疗器械、药品领域积累的丰厚资源，探索将固有资源优势与互联网思维相结合，兼顾发展心血管医疗服务及移动医疗，走出适合自身发展的商业模式。

（四）投资价值

据悉，乐普医疗已制定了围绕心血管领域的一系列目标并迅速开展了相关投资。公司近期持续密集地进行了外延式拓展布局，涵盖医疗器械、药品、医疗服务、移动医疗、医药电商等领域，显示出公司高效的执行力和较强的资源获取能力。

2015 年 3 月 18 日，乐普医疗披露了《关于投资江苏优加利健康管理有限公司的公告》和《关于投资北京护生堂大药房的公告》。其中，优加利公司是国内唯一的医疗级远程心电实时监测服务商，拥有 1100 万份医用级心电监测数据。双方将合作开发 B2C 与基层医疗卫生机构市场，迅速切入中国领先的心电远程监测技术领域，抢占心脏病移动医疗核心入口，构建乐普医疗心血管云端大数据平台。与此同时，乐普医疗拟全资收购北京护生堂大药房，后者持有《互联网药品交易服务资格证书》、《互联网药品信息服务资格证书》。通过此次收购，乐普医疗能够切入医疗电商平台。此外，公司还发布了两款 App——"同心管家"和"心衰管理"，目前已经投入使用，通过并购金卫捷、参股优加利，公司对移动医疗和慢病管理进行了全面布局。同时并购乐健医疗，与知名心血管医生合作，开展线下医疗服务，目前在线平台已经推出了知名医生的预约服务。未来公司有望线上线下结合，全面进军心血管慢病管理市场。深耕心血管领域，四大平台搭建完毕。目前公司在心血管领域打造了高值耗材、药品、诊断试剂、移动医疗四大业务平台，这四大平台共同的基础就是公司在心血管治疗领域优秀的渠道。投资国内庞大的心血管市场，乐普医疗是一个无法回避的优质标的。

战略高效执行力，动作迅速准确，大健康生态闭环逐步完善，维持增持评级。维持盈利预测 2015~2017 年 EPS 为 0.73/0.93/1.18 元。从确定移动医疗平台战略以来，公司积极抢占心血管疾病入口资源，从并购移动心电监测的优加利，到智能心标仪和智能手机血糖仪获批，体现出高效战略执行力。未来心血管全产业链平台还将不断完善，有望成为最具竞争力的专业用户平台，维持增持评级，参考行业平均估值，考虑公司高效整合能力，给予一定溢价，上调目标价至65 元。

2015 年 7 月 2 日公司实际控制人、董事长蒲忠杰以其控制的北京厚德义民投资管理有限公司以集中竞价方式增持本公司股份 60 万股，平均增持股价为36.70 元/股，占公司总股本的 0.0739%。董事长增持体现长期信心。2014 年并购的新东港、乐健医疗、海合天等企业均纳入并表，带动了收入体量大幅提升。近期公司又并购了烟台艾德康和深圳源东创新，进一步丰富诊断试剂产品线和移动医疗终端，保持高速扩张。乐普医疗 2011~2015 年业绩及净利润情况如表5-4 所示。

表5-4　乐普医疗 2011~2015 年业绩及净利润情况

报告期	营业收入		净利润	
	营业收入（万元）	同比增长	净利润（万元）	同比增长
2015 年	277696	66.4	52144	23.2
2014 年	166864	28.0	42319	17.0

续表

报告期	营业收入		净利润	
	营业收入（万元）	同比增长	净利润（万元）	同比增长
2013 年	130327	28.3	36165	−10.3
2012 年	101592	10.4	40327	−14.8
2011 年	91985	19.4	47316	15.5

资料来源：乐普医疗 2011~2015 年年报。

上述一系列行动构成了乐普医疗的移动医疗战略：建设心血管病网络医院，向全国患者提供远程会诊服务或线下会诊服务；聚焦于心脑血管疾病治疗和管理的医药电商；患者互联网社区建设，主要包括通过术后患者管理构建的患者互联网社区和应用移动智能器械构建的患者互联网社区。乐普医疗器械股份有限公司在 2015 年 3 月 20 日发布移动医疗战略后，就引起各方关注，股价也随之大涨。

此外，乐普医疗还运用现有的心血管医生的资源做医生和病人的社区；通过社区医院构建健康管理互联网社区；通过自有医疗机构构建患者互联网社区。据蒲忠杰介绍，目前公司在移动医疗领域的布局专注于心血管和糖尿病领域。

（五）风险控制

第一，需注意移动医疗模式探索致费用增长过快、药品招标降价的风险。有人把 2014 年称为移动医疗发展的元年，而称 2015 年为移动医疗百花齐放的一年。人们普遍十分看好移动医疗的未来，但就目前来说，移动医疗的未来与其说是一个金矿，不如说是一个黑洞。若投入过多资金，可能会导致公司财务问题。

第二，需注意产品降价的风险，研发进展不达预期的风险。药品的研发一定非常慎重，跟人们的健康有关联，若研发不好，会造成致命的伤害。但是药品研究开发的周期性长、十分困难，有太多的不确定性，加大了医药企业研究开发新药品的风险，风险有可能来源于不太精准的技术设备或定位、不对称的研发项目的信息来源等。

（六）注意事项

首先，明确战略目标，减少盲目并购。从这三年的财务指标来看，最严重的问题莫过于战略目标不明，在心血管周围产业盲目并购，而忽视并购企业与母公司产品、技术销售等方面的融洽度。医药等相关产品的成长期过长，研发团队能

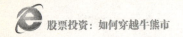

力不足。随着支架产业的激烈竞争，应加快相关药品的研发与推广，改善仅仅依靠支架产业盈利的局面。

其次，抓住政策时机，加快公司发展。在众多的利好政策下，应充分利用国家的专项资金、人才计划等，提升自身研发能力，加快新药品、新产品的研制。同时还要加快出口，充分利用欧洲分公司的海外优势，搭国家政策的顺风车。

最后，完善销售渠道，扩大销售层面。2012~2014年营业费用的增幅均超越营业收入的增幅，充分说明乐普医疗销售渠道的问题，但不仅是乐普医疗，在我国医疗器械销售渠道的单一和狭窄同样限制着医疗器械市场的发展。若不考虑整个医疗器械市场销售渠道受限制的大背景，乐普应继续在未来五年扩大销售层面，应不只是限于医疗器械专卖店、医院、政府采购等被动机会，而且要主动出击，锁定销售人群，加大销售力度。

随着社会发展和人们生活水平的普遍提高，以及人类生活方式的改变，健康产品的总需求急剧增加。以生物技术和生命科学为先导，涵盖医疗卫生、营养保健、健身休闲等健康服务功能的健康产业成为21世纪引导全球经济发展和社会进步的重要产业。我国健康产业发展十分迅速，市场容量不断扩大，健康产业在国民经济中的比重也不断上升，特别是保健品行业，成为推动我国经济发展的又一新兴动力。

第六章

《中国制造 2025》，让创造成就中国

经李克强总理签批，国务院于 2015 年 5 月印发《中国制造 2025》，部署全面推进实施制造强国战略。这是我国实施制造强国战略第一个十年的行动纲领。《中国制造 2025》提出，坚持"创新驱动、质量为先、绿色发展、结构优化、人才为本"的基本方针，坚持"市场主导、政府引导，立足当前、着眼长远，整体推进、重点突破，自主发展、开放合作"的基本原则，通过"三步走"实现制造强国的战略目标。

一、行业空间

近年来，中国自动化市场迎来了高速发展的机遇期，除了受 2008 年次贷危机影响外，自动化市场均以高于 GDP 增速的水平快速增长，且要显著高于世界自动化市场的增速。随着经济结构调整的深入，自动化市场的增速将有望保持增长。

（一）产业情况

有一个基本无争议的观点就是：目前与发达国家相比，我国工业自动化比例依然偏低。从世界主要工业国家的工业机器人密度上看，到 2009 年，中国的工业机器人密度仅为 14.4，远低于世界平均的 107.4 的水平；和发达国家比较差距

就更为明显，同样的数据，日本领先全球达到 350 以上，美国、德国也都远高于世界平均水平，分别达到 140 和 240。从经济结构特点上看，中国在工业自动化发展上复制美国路径的概率很高。照此推断，中国将有望在 2020 年左右达到或者超过世界平均的工业自动化水平。

中国已经进入经济结构转型的临界点，各个工业子行业在中国劳动力成本进入上升通道的时候选择进行产业结构升级，从劳动力密集型行业向资本密集行业转变将是个大概率事件，中国的工业自动化水平已经进入了加速发展的初期，未来超常规增长可期。

国内生产工艺进步催生对自动化装备的需求。机械替代人工是人类一直以来利用智慧简化劳动、提高生产力的缩影。国内的工业生产水平发展到当今，已经由过去的简易工具、半自动化装备等阶段逐渐过渡到利用电子、通信、计算机等进行控制的智能化装备阶段。这是日本、美国等发达国家已经走过的路。目前我国智能制造市场情况如图 6-1 所示。

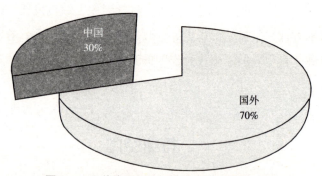

图 6-1　目前我国智能制造市场大半拱手让人
资料来源：根据网络资料整理而得。

从近期汽车、电子、电力等行业开始大量使用工业机器人的转变来看，国内已经开始逐渐复制国外机器人与工业自动化发展的路径。国内企业的生产工艺与技术已经允许机器人及自动化装备的广泛应用，这是生产水平不断发展所必然到达的一个阶段。

关于我国人口红利期结束与刘易斯拐点到来的问题，学界已有诸多讨论。我国至少已经越过了刘易斯第一拐点，即劳动力由无限供给向紧缺转变。这可以从经济发达地区的"用工荒"和普工工资的快速提升得到验证。随着人力成本的不断上升，机械生产的成本相对下降，优势逐渐体现，并开始逐渐对人力进行替代。

而我国政府近年密集出台的行业政策，充分体现了政府对机器人及自动化行业的扶持力度。《国家中长期科学和技术发展规划纲要（2006~2020)》、《国家振兴装备制造业发展战略（先进装备)》等国家文件中突出了对机器人行业的支持。发改委《产业结构调整指导目录（2011 年本)》中明确将"机器人及工业机器人成套系统"单独列入鼓励类目录中。

细化下来，政府从土地、税收、财政补贴等方面，全面支持了行业发展。以新松机器人为例，公司在杭州新松的新产业园土地是以非常优惠的价格购入；公司的所得税按高新技术企业进行减免；公司每年均会收到政府大量技术研发方面的财政补贴；等等。政府近年对行业的明确扶持，也是促使行业进入快速发展期的重要原因。

智能装备行业的景气程度与宏观经济相关性密切，但是由于其产品对于工业节能效率提升和劳动生产效率提升具有显著的改善特性，在经济结构调整的大基调下，包括机器人在内的智能装备行业会有望取得超过其他行业的发展增速。

（二）未来市场空间

随着信息技术与先进制造技术的高速发展，我国智能制造装备的发展深度和广度日益提升，以新型传感器、智能控制系统、工业机器人、自动化成套生产线为代表的智能制造装备产业体系初步形成，例如，2010 年工业自动化控制系统和仪器仪表、数控机床、工业机器人及其系统等部分智能制造装备产业领域销售收入超过 3000 亿元。我国智能制造行业规模及预测如图 6-2 所示。

根据科技部编制的《智能制造科技发展"十二五"专项规划》和《服务机器人科技发展"十二五"专项规划》，"十二五"期间，将发展和培育一批高技术产值超过 100 亿元的核心企业。同时，研发工业机器人及自动化柔性生产线，攻克飞机自动化柔性装配生产线和百万吨级乙烯成套工艺技术及关键装备。服务机器人规划中提到，全球服务机器人的产值将由 2010 年的约 171 亿美元，增加到 2025 年的 517 亿美元，其中潜在市场巨大。

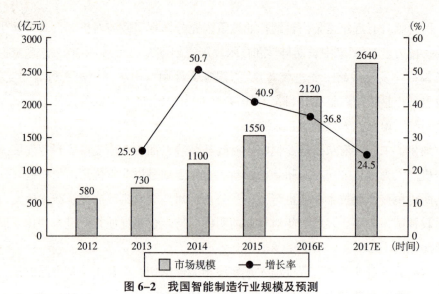

图6-2 我国智能制造行业规模及预测

资料来源：中国产业信息网。

（三）重点技术

1.基础成套装备技术

成套装备是评价装备工业水平最直接和最典型的依据。改革开放以来，我国装备制造业已形成具有一定技术水平、比较完整的装备制造体系，已能成套提供大型冶金、石油化工设备。但是，与国际先进水平相比，我国的成套装备制造业还有较大差距，尚不能制造具有国际先进水平的大部分大型成套装备，重大技术装备主要依赖进口，仍不能满足国民经济发展的需要。

2.工业机器人与自动化成套装备技术

工业机器人是工业自动化水平的最高体现。我国的工业机器人技术在驱动方式、传感器技术以及信息处理速度等方面已经得到了长足发展。虽然在工业机器人本体的生产技术水平方面与国外尚有一定的差距，但是在机器人应用技术和成套化方面，已达到了国际先进水平。

（1）驱动技术。通过采取伺服电机驱动逐渐取代液压驱动、交流伺服驱动逐渐取代直流伺服驱动的方式，我国的工业机器人在响应速度、精度、灵活性等方面都有很大的提高。

（2）控制器技术。随着CPU信息处理能力的提高，我国工业机器人设备控制器的性能也取得了很大的发展，控制器性能的提高进一步促进了工业机器人本体性能的提高，扩大了工业机器人的应用范围。

（3）传感器以及信息处理技术。随着信息处理技术和传感器技术的迅速发展，触觉、力觉、视觉等外部传感器也已得到广泛的应用。各种新兴传感器的应用不但提高了工业机器人的智能程度，也进一步拓宽了工业机器人的应用范围。

（四）主要商业模式

工业自动化行业传统的商业模式是通过直销与分销途径销售产品，其中分销占比达到 70% 以上。未来这种模式将发生改变：随着行业应用领域的拓展、产品线的不断延伸，工业自动化将表现出与节能环保、新能源、物联网等领域的深度融合，凡是用到电的地方，均会出现工业自动化的身影。这种变化同时给工业自动化赋予了新的概念：其传统的对成本与效率的渴望将随着客户的需求被改变，专机、系统集成等概念被提起。这些产品本身的变化也会引导产品供应商商业模式的变化，行业解决方案将帮助企业迅速占领市场，并逐渐引导市场。提前转变的先知们将会分享蓝海带来的美餐。

1. 单一销售产品的商业模式逐渐成为红海，行业解决方案是蓝海

技术实力决定了产品的竞争实力，商业模式决定了公司盈利能力。中国工业自动化发展晚于国外先进公司，大多数中国工业自动化企业以传统的赚快钱思路完成原始积累，导致其在规模较小时成长很快，但其销售的中低端工业自动化产品无法与国际公司直接竞争。单一销售产品的商业模式逐渐成为红海，行业解决方案是工业自动化行业的蓝海。制造业向节约化和信息化演进。

行业增长放缓，节约化和信息化演进催生超越行业领域。工业自动化旨在降低生产成本，提高工业生产效率与工艺。工业需求的释放使中国工业自动化行业经历了一段快速发展期，未来工业自动化行业增速将回归到与工业增加值基本同步。

工业自动化产品能够提高效率、改善工艺，但是采购成本占整个设备投资额的比例却不高：在重工业领域，其成本占比只占全部成本的 1%~2%，却决定了50% 的产品性能；在轻工业领域，其常备占比 10%~20%，却决定了 80% 的产品性能。因此客户并不太关心自动化产品的价格，更关注产品的性能和品质。

与此同时，工业自动化逐渐切入节能环保、新能源、企业管理等领域，并表现出与节能环保、产业升级（MES 制造执行系统）的深度融合。这种不可逆的趋

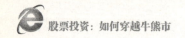

势随着社会的进步在不断加快。

但目前 MES 商业模式混乱，ERP 与 MES 厂商、IT 咨询公司与 MES 厂商之间缺乏商业合作。这造成了客户分散采购、不同公司业务对接容易出现纰漏，责任划分不清的结果。因此迫切需要有行业解决方案的公司为该行业提供成套解决办法。工业自动化企业熟悉软硬件及控制、驱动、执行、反馈等操作，容易上下贯通，为客户提供贴身的解决方案。

2. 行业演变催生解决方案市场——工业自动化的蓝海

中国工业自动化的发展从进口替代开始，最初主要是全套引进国外成套设备并进行消化吸收，然后进行二次开发和应用。因为全套生产线很贵，并且技术壁垒较高，国内的工业自动化企业只能对某些设备进行替代、优化，客户对国内工业自动化企业的产品需求也仅限于单一设备。

随着技术实力的提升与进口替代的推进，内资产品的品牌认知度在逐渐扩大。内资工业自动化企业逐渐发现客户在购买单一产品的同时，对相关产品也有需求，这推动了工业自动化企业力求满足客户需求，不断完善自己产品线的过程。

未来的工业自动化是个黑匣子。自动化企业解决问题的能力比提供单一产品更具有竞争优势。这给工业自动化企业提供了新的发展途径。为客户提供一套量身定制的解决方案逐渐受到客户的欢迎。而这个方案又可以在相同领域的不同公司里推广。行业解决方案应运而生。工业自动化供应商的发展趋势是在越来越复杂的方案里面，挑选出最优方案给客户。

企业的竞争战略主要分三种：集中化战略、差异化战略、成本领先战略。集中化战略瞄准的主要是特定的细分市场或为特定的购买者提供特殊的产品或服务；差异化战略更多的是以创新为手段，使企业与竞争对手的产品产生明显不同；成本领先战略主要是通过综合成本低于竞争对手而获得优势的战略。

我们认为，行业解决方案第一步需要采用集中化战略，针对行业内某一领域或某一公司推出解决方案。在行业内竞争对手尚未察觉时，迅速扩大规模，占领细分市场，形成品牌优势。第二步，则是避开跟随者的竞争，在从灯塔客户推广到全行业的过程中，不断升级并丰富行业解决方案，从打开市场的集中化战略过渡到抢夺市场的差异化战略，这种演进可以有效避免与强大竞争者的正面冲突，并持续享受蓝海带来的高利润。第三步，工业自动化属于劳动密集型行业，符合成本边际递减的规律，随着规模的扩张与竞争的激烈，未来终将采用成本领先战略。

（五）重点上市公司

2013 年以来，智能制造一直是二级市场热捧的"香饽饽"，任何一家上市公司，无论业绩如何，只要能与机器人概念沾上边，立马会受到投资者热捧，股价飙升。高工产研机器人研究所（GGII）统计数据显示，在两三年时间内，A 股市场逾 80 家以上的上市公司并购或投资了机器人及智能自动化项目。当然，这其中也不乏跨界转型炒作概念，在机器人领域昙花一现、真假难辨的机器人概念股。

实际上，真正能在国内机器人市场争得一席之地的机器人概念股屈指可数，结合国内机器人上市公司的业绩、产业布局以及综合实力，主要机器人概念的上市公司有机器人、歌尔声学、同方国芯、中航动控等。

二、机器人

（一）公司介绍

沈阳新松机器人自动化股份有限公司是 2000 年 4 月经辽宁省人民政府辽政 [2000] 84 号文批准，由中国科学院沈阳自动化研究所（以下简称"自动化所"）作为主发起人，联合沈阳火炬高新技术开发中心、辽宁科发实业公司、辽宁科技成果转化公司中国科学院沈阳分院四家法人单位及王天然、张念哲、曲道奎、胡炳德四名自然人共同发起设立，公司注册资本为 4000 万元人民币。

新松机器人隶属中国科学院，是国内首家机器人上市公司，公司的机器人产品线涵盖工业机器人、洁净机器人、移动机器人、特种机器人及智能服务机器人五大系列，其中工业机器人产品填补多项国内空白，洁净（真空）机器人多次打破国外技术垄断与封锁，大量替代进口；随着公司研发的不断深入，公司推出了激光设备、智能电表装备、洁净自动化装备等新产品，最终形成工业自动化、交通、能源、民生四大板块布局。

公司自 2000 年成立发展至今，机器人与自动化研发实力国内领先，自主研发的机器人产品和成套装备大量取代进口，打破了国外机器人技术的封锁，并远销到欧、美、亚洲的 10 多个国家和地区。公司国内外客户逾千家。我国形成产业化规模的工业机器人企业较少，公司的竞争对手主要是国外工业机器人公司及其在国内的合资公司。我国的工业机器人企业与国际同行业公司的竞争领域主要集中在汽车零部件、大型汽车企业的汽车车型改造以及摩托车弧焊市场。公司在该领域占有 30% 的市场份额。

2014 年跨过 15 亿元营收大关后，使得广州数控、埃斯顿（002747）、埃夫特等全年销售额不足亿元的国产本土机器人企业只能望其项背，新松机器人进一步巩固了自己在国产机器人行业的龙头地位。

目前，新松机器人已确定了"2＋N＋M"模式。即国内总部在沈阳、国际总部在上海，其在青岛等城市建设了 N 个区域性公司，在不同区域公司下面建立不同的工程应用、服务等子公司，形成全国的网络化大布局。

公司已形成全国化战略布局，在北京、上海、杭州、深圳设立四家控股子公司，在广州和山东设有机器人工程中心。公司在杭州投建的新松南方研究创新中心及产业化基地将重点发展公司未来新兴战略产业，攻克制约我国高端装备及激光产业发展的关键技术，切实提升我国高端产业的核心竞争力。这也是公司南北创新研发基地建设、全球化产业布局的战略举措。

2015 年前三季度，公司在巩固原有机器人市场优势地位的同时，不断拓展新领域、开发新产品。洁净机器人开拓中国台湾市场，自动化成套装备打入新材料、轮胎制造等新领域，开发研制出煤层气页岩气钻机、快速公交综合监控系统、激光快速成型设备等新产品。军用特种转载和移动机器人 2015 年年底前全部交付，新型号正在研发设计阶段。

公司是国内机器人与自动化研发能力最强的公司。随着近年来新产品的不断推出，公司的盈利能力逐年改善，净利润的增长率也显著超越收入的增长率。

（二）发展空间

综观目前经济发展现状，我国机器人市场增长异常迅猛。2005~2015 年，中国工业机器人的市场销量以年均 29% 左右的速度高速增长。目前，汽车行业、电子行业、工程机械行业成为了中国工业机器人应用规模最大的几个领域，主要以焊接、搬运、装配等类型的工业机器人为主。我国机器人市场增长情况如图 6-3 所示。

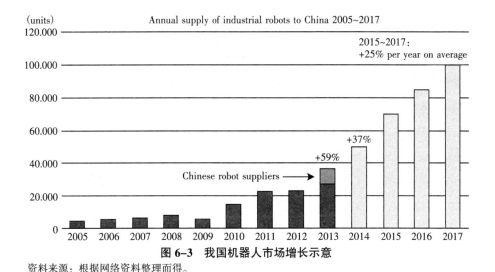

图 6-3　我国机器人市场增长示意

资料来源：根据网络资料整理而得。

目前，我国机器人企业减速机、伺服电机、控制器等核心零部件受制于人，大多依赖进口，且产值规模小，导致议价能力弱，进口成本高，造出的机器价格竞争力弱。从机器人路径分析中可以看到，多家机器人公司（如发那科等）均是从核心零部件制造商发展成为行业巨头。因此，公司可以做好技术预研发、突破核心零部件生产。

上游核心零部件的突破需要一定的时间来完成技术和经验的积累，公司还可以从具体行业的应用解决方案设计上实现突破。国外巨头精力集中于大型高端项目，而机器人下游中低端领域总需求很庞大，很多劳动密集型企业都面临招工难、劳动力成本上升的问题，急需工业机器人来改造生产线，提升自动化程度，从而降低成本、提高竞争力，但是国外机器人巨头由于定制、研发、服务成本较高，成套的应用解决方案服务很贵，对很多中小企业来说难以承受。公司可以抓住机会，借助"工程师红利"的低智力成本优势，为中小企业的生产线改造提供定制化服务，针对具体行业应用的需求设计合理的解决方案，搞定生产过程中企业的"痛点"。

目前，欧美和日本都在加快速度研究和推出各类型智能机器人，中国未来经济需要机器人，我们有十年时间发展自己的机器人工业，机器人或将成为中国人口红利逐渐消失后中国未来经济的救星。全球机器人市场分布如图 6-4 所示。

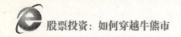

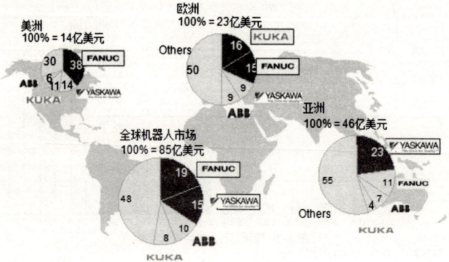

图 6-4　全球机器人市场分布

资料来源：根据网络资料整理而得。

（三）商业模式

物联网、云计算等技术的成熟不仅改变了工业制造模式，更为以上述技术为载体的智能服务机器人带来了广阔的市场空间。因此，公司依托多年来对智能服务机器人专研的积累以及项目应用经验，加速智能服务机器人的产业布局。

公司通过整合资源把机器人控制器、伺服电机及系统、传感器等零部件独立出来产业化，提高收入规模同时降低自身产品成本；机器人板块亮点很多：AGV系列在汽车、电力、机械等多个行业持续扩张，仓库机器人已逐渐进入电商领域，后续百亿元市场逐步打开；作为唯一国产洁净机器人厂商参加 2015 年中国半导体展，产品得到广泛认可；展示机器人、送餐机器人等已进入深交所、银行、房地产等场所。工业 4.0 板块需求依然强劲，公司大力推广智能工厂项目，为航天系统、电厂、汽车、金融、化工等不同领域提供完整的自动化系统解决方案。

（四）投资价值

公司是机器人行业龙头，企业综合竞争力居国内行业首位。公司是一家以机器人技术为核心，致力于数字化智能高端装备制造的高科技企业。公司旗下机器人产业众多，并建成了国内最大的产业化基地，产业布局遍布辽宁、北京、青岛、上海、杭州等多个省市区。公司的产品广受国内外客户好评，是国产机器人第一品牌，下游应用遍布汽车、电气、电子、物流仓储、交通等众多领域。

公司主营业务涵盖多个自动化生产制造领域，竞争实力突出。公司旗下涵盖四大主营业务：工业机器人、物流与仓储自动化成套装备、自动化装配与检测及系统集成、交通自动化系统，实际上涵盖了多款机器人（工业、洁净、军工、服务等）、AGV、自动化立体仓库、生产线系统集成、交通自动化设备与信息系统等众多高科技产品。

公司订单高速增长，产品供不应求。近两年，公司的收入和利润增速略有下滑，其主要原因是公司IPO后进入了高速成长期，业绩基数不断抬高，但下游需求的爆发式增长仍然使得公司面临产能不足的局面，所以导致近年来公司只能选择一些订单来做。即便在这样的情况下，根据公司公告，每年新接订单金额仍然保持40%的增长，预计其当前在手订单超过33亿元。机器人2011~2015年业绩及净利润如表6-1所示。

表6-1 机器人2011~2015年业绩及净利润

报告期	营业收入		净利润	
	营业收入（万元）	同比增长（%）	净利润（万元）	同比增长（%）
2015年	168575	10.7	39348	20.8
2014年	152354	15.5	32567	30.3
2013年	131908	26.3	24986	20.1
2012年	104442	33.3	20802	30.3
2011年	78356	41.9	15967	48.0

资料来源：机器人2011~2015年年报。

高端制造平台日益扩大，人才优势明显。其中，技术人员和生产人员是最主要的构成，显示了其高端制造的特点。公司员工整体素质较高，硕士及以上学历人数占比23%，而本、专科学历人数占比则高达67%。此外，据调研了解，公司的员工明显偏于年轻化且富有活力，而且公司对于人员招聘有很高要求。公司的人才优势十分明显，其高端制造平台正逐步发挥吸引力，成为人才荟萃的地方，公司未来在技术研发和生产上后劲十足。

公司打通产业链上下游，产业化和成本优势逐步显现。公司是机器人行业中为数不多的打通核心零部件—本体制造—系统集成等产业链各个环节的企业，并

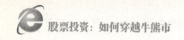

且实现了较大规模的产业化，近年来其综合毛利率有较明显的提升。

公司背靠中国科学院沈阳自动化研究所，具有深厚的学术背景。大股东中科院沈阳自动化研究所（持股比例为 27.37%），是中国较早从事工业自动化技术的研究与开发工作的科研机构，是中国机器人工业的"摇篮"。目前从事机器人科学的理论、水下机器人及工业信息学等领域的基础和应用研究。大股东承担了智能机器、先进制造和光电技术等领域大量的国家攻关项目、国家"863"计划、国家"973"计划、中科院重大项目，给予了公司大量的支持。

作为国内机器人行业的领军企业，公司受到了多方面的关注，国家领导人多次考察并要求给予公司发展全方位的支持，央视还将其作为制造强国的典范企业列入纪录片《大国重器》，大大增强了其品牌知名度。国家部委、地方政府对其支持力度大，每年对其的补助达数千万元。

公司自设立之初，就吸收了相关核心人员出资入股以保证核心管理层的稳定性，此后公司又通过大面积的管理层和核心技术人员持股保证全方位的激励。上市初，高管持股比例达 16.2%，核心技术人员持股比例达 3.7%。

当前公司下设 10 个事业部，每个事业部均涉及公司的核心业务，事业部领导均为公司核心人员，在公司的从业年限长达 5~10 年，整体团队十分稳定。扁平化的组织架构能够保证公司未来灵活应对市场变革，未来各个事业部将成为公司发展成集团型企业的重要支撑。

公司业绩稳健增长有保障。一方面，2014 年度公司新签订单约 33 亿元，同比增长 32%；另一方面，预期随着公司产能投放，以及增发完成，将有更多资金和能力承接大型、高毛利的自动化项目。

2015 年公司重点进行资源整合，集中进行平台建设，以达成创新链、产业链、金融链协同发展。①整合联盟资源。公司参与中科院智能制造及机器人技术创新与产业化联盟，该联盟要促进新松成为世界级机器人企业并实现中国科学院机器人产业集群式发展。预计到 2020 年联盟预期实现的机器人产值目标超过500 亿元。②公司有望加快其他外延式并购。

（五）风险控制

1. 技术成果产业化的风险

公司是以机器人独有技术为核心，致力于数字化智能高端装备制造的高科技企业，公司的可持续发展离不开技术创新和新产品的储备，更依赖于高效的技术成果产业化转换。公司结合市场契机和发展需求将新产品产业化，如果技术成果产业化速度较慢或新产品不能得到市场广泛认可，将影响公司前期投入的回收和公司效益的实现，对企业未来经营活动带来一定压力。

公司凭借长期的技术积累和项目经验，充分发挥创新优势，完善技术研发体系，根据行业发展趋势和市场需求开发新技术和新产品，并结合技术水平和市场变化做出适当调整，使其能够满足市场的需求，扩大市场占有率。公司会把握市场抢占先机，在加大研发投入的同时，加速技术成果产业化，加大新产品宣传和营销力度，重视新产品的示范应用，借助成功案例向各领域进行全面推广。

2. 管理风险

公司自上市以来，产业规模迅速扩张，员工人数大幅增长，公司已成为集团化的机器人及自动化成套装备供应商。同时，公司在已有的资源积聚优势的基础上，加速全国化产业布局，未来公司将结合发展情况适时采用兼并收购等方式进行资源、产业整合，加速公司战略扩张，实现公司跨越式发展。这无疑对公司管理层的管理能力和战略高度提出了更高的要求，给公司的人力资源管理、生产管理及面向客户的综合管理等方面带来了更多的挑战。如果公司不能够及时优化管理体系，实施有效的管控制度，将有可能给公司业务运作带来一定管理风险。

公司为满足集团化的管理和生产、销售、服务等环节正常运营，不断完善对子公司的管控，提升内部控制和公司治理水平，培养管理层后续力量，通过搭建合理的管理梯队结构、完善发展中的企业管理制度的顶层设计确保公司管控制度的有效实施，使企业管理制度与业务快速发展相匹配。

3. 市场竞争加剧的风险

随着社会的进步和发展，人口红利优势逐渐消失，机器人行业得到了市场的广泛认可，智能化装备在社会生产及服务的各个领域得到了广泛应用。巨大的市场需求和广阔的发展前景给中国机器人产业带来前所未有的机遇与挑战的同时，也带了复杂的市场竞争环境。国际机器人厂商陆续进入中国，抢占中国市场。由于人工成本倒逼和制造业转型升级的需求，促使工业机器人产业进入爆发式增长的黄金时期，全国多省市也相继筹建机器人产业基地，机器人市场竞争日益加剧，公司发展迎来新的机遇和挑战，公司若不能在竞争中脱颖而出，保持高速增长的态势，则有可能导致公司的行业地位下降。

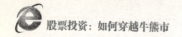

面对广阔的市场空间和机器人产业爆发的巨大机遇，公司将在继续保持自身业务特色的同时坚持创新，始终坚持"推动产业进步、保障国防安全、提升生活品质"的发展使命，保证公司新产品的研发和技术产业化，以高科技、高智能装备提升传统制造技能，改变原有制造模式，提高企业核心竞争力，在市场竞争加剧的情况下，始终保持行业领跑者的地位。

（六）注意事项

1. 国内自动化渗透率低于预期，导致行业需求增速低于预期

尽管劳动力成本不断上升，且市场对产能和质量的要求不断提高，但是随着经济结构调整，国内经济增长速度放缓使得企业面临一部分去库存压力，因此在当前情况下市场对自动化产品需求的增长率有一定的下降，行业需求增速可能会低于预期。

2. 行业进入者过多，中低端市场竞争超预期

我国工业自动化市场特点表现为厂商数量众多。全球自动化厂商数量高达20万家，仅变频器的生产商就达到2000余家。市场竞争激烈，国内工业控制系统产品供应商直接面临美、日、欧各国公司的竞争，外国公司占统治地位的状况将长期存在。

3. 公司定增扩产进度低于预期

在国内宏观经济环境不是非常景气的情况下，企业原先制定的增产扩容计划可能会放缓进度，导致企业产能规模增长方面存在一定的不确定性，使得投资者的预期难以实现。

4. 整体经济继续下行、产业发展低于预期

公司是一家以机器人技术为核心，致力于数字化智能高端装备制造的高科技企业，工业自动化主要解决的是企业在生产方面劳动力成本过高、产能有限的问题。但是随着整体经济继续下行导致市场对企业产品的需求有一定限度，因而企业在产能方面扩容的压力将会减小，使得整个市场对工业自动化解决方案的需求降低，工业自动化产业发展将会低于预期。

三、歌尔声学

（一）公司介绍

歌尔声学股份有限公司成立于 2001 年 6 月，2008 年 5 月在深圳证券交易所成功上市，是目前中国股票市场中市值最大的声学企业。歌尔声学是国家高新技术企业，主营业务为电声器件、电子配件和 LED 封装及相关产品的研发、生产和销售，主要为全球顶级厂商提供产品与服务，客户涵盖三星、LG、松下、索尼、谷歌、微软、缤特力、思科等。

自成立以来，歌尔声学生产经营状况良好，业绩也一直保持稳定快速增长，截至 2013 年年底，公司总资产和销售收入均超过 100 亿元；在微型麦克风领域，歌尔声学市场占有率居国际同行业之首；在微型扬声器/受话器领域，歌尔声学居国内同行业第二名、国际第三名；歌尔声学蓝牙耳机 ODM 业务和 3D 眼镜业务量均居世界第一。先后被评为中国（含香港）科技百强企业第 11 名、2013 年（第 26 届）中国电子元件百强企业第 6 名、全国电子信息行业标杆企业，山东省省长质量奖，山东省科技进步奖等奖项。公司与中科院声学所、清华大学、南京大学、北京邮电大学、山东大学等多家知名科研机构和高校建立了长期的战略合作伙伴关系，致力于电声领域前沿技术的基础研究和新技术、新产品的开发。公司设有中科—歌尔通信声学联合实验室、北邮—歌尔通信技术联合实验室、山东省企业技术中心、山东省电声工程技术研究中心、国家地方联合工程实验室等研发机构。

（二）发展空间

声学行业已经从量变到质变，从精密制造轻小化向高保真、高功率、高质量进发。公司声学技术积累雄厚，将凭借声学为入口切入智能耳机、智能音箱、智能汽车和智能家居。

可穿戴的市场空间巨大，无论是在声学方面还是在其他精密制造方面，公司都有优势切入。可穿戴设备市场预估 2018 年可达到 300 亿美元，保守到乐观的估计是 100 亿~600 亿美元。除了 iWatch 中的麦克风和扬声器的切入以外，公司还会涉及其他零组件如天线和蓝牙（弹片、模组和 FPC）。从产业链上了解到，公司和华为、LG 等都有合作，通过腕带切入在整机和零部件（新材料注塑）上。三星的 Fit、Gear 两款，索尼和苹果的可穿戴设备，公司都有切入。公司目前拓展过程中的 MEMS 传感器也将是下一步切入可穿戴式设备的重要武器。中国智能可穿戴设备市场交易规模及预测如图 6-5 所示。

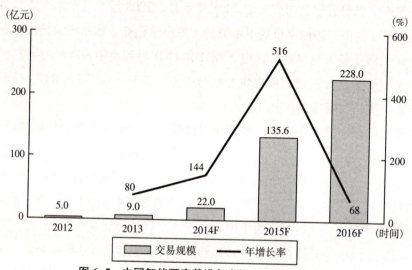

图 6-5　中国智能可穿戴设备市场交易规模及预测

资料来源：http://www.chyxx.com/industry.

公司目前研究及未来投入方向包括以手机为中心的移动设备方案，以电视为中心的方案，穿戴式设备方案，重点研究主动降噪、回声消除等技术。歌尔声学公司蓝牙耳机使用的降噪技术是业界一流的。汽车智能化、娱乐化也是未来发展方向，公司已经实现高端汽车音箱突破性进展。公司从 2012 年开始积极布局汽车市场，在整车认证、配套开发方面都已经具备了一定的基础和实力。未来汽车电子化、智能化和娱乐化的大趋势确定，公司在大功率和高保真扬声器方面技术超出业界平均水平，在高端车型认证领域具有优势。

（三）商业模式

为摆脱中国制造的僵局，公司将凭借声学技术追寻中国制造的梦想，未来将凭借互联网思维寻求转型机会。公司起步是从传统声学器件的代工开始，随着公司精密制造技术的精进和研发水平、客户量、战略平台的提高，仅仅做代工已经不能满足公司未来高质量成长的需求。同时公司董事长和管理层都是具有全球战略眼光和企业家梦想的人，希望打破目前中国制造的僵局，能够凭借公司优秀的声学技术实现中国制造的梦想。公司在智能音响方面进行长期研发开拓，在这个新市场中，公司将先从代工入手，最终实现自有品牌创立。

回顾公司发展历程，首先，公司通过纵向垂直一体化不断加深客户壁垒，覆盖了上游自动化设备、中游零部件制造、下游代工三大环节；其次，公司根据下游市场的发展择机横向扩张产品线，从第一个产品周期的 MIC/SPK/RCV 和蓝牙耳机延伸至第二个产品周期的免提/高保真耳机、3D 眼镜、游戏手柄、智能机顶盒等各类消费电子零配件；最后，公司还在横向产品线扩张的同时实现了纵向客户多元化扩张，不仅成为了苹果的核心供应商，还同时大量供货给三星、索尼、诺基亚、微软等国际消费电子巨头。歌尔声学凭借其管理层的前瞻式布局和公司上下极强的执行力才成功抓住了两个产品周期的发展机遇，可谓大陆电子行业的成功典范。

歌尔声学和互联网公司大量合作，颠覆传统领域，切入可穿戴等新兴领域。歌尔声学通过互联网企业合作解决渠道问题，自动化生产解决价格问题，创新颠覆音响行业。歌尔声学将搭建新的生态系统，越来越多互联网企业要通过硬件入口抢夺用户，歌尔声学将为它们提供产品研发、设计到制造的一系列服务，以前"产品＋渠道＋品牌"，未来随着互联网企业兴起，渠道与品牌将集中于互联网企业本身，公司从事 ODM 业务前移，与互联网企业深度定制合作，保持高毛利率。

（四）投资价值

歌尔声学公司作为平台型企业，具备规模效应、客户渠道和企业家精神。公司注重可持续研发，在自动化设备等上游的前瞻布局，是精密制造竞争力最核心基础。客户壁垒特别是消费电子巨头的技术壁垒是制造业最大的困惑。对于具备全球所有一线客户紧密合作关系的歌尔声学来说，掌握核心客户，进入所有一线客户，产品持续复制是可行的。

歌尔声学公司除了现有声学产品以外还积极切入传感器、精密零组件和产品系统领域，加快全球产业整合。MEMS 传感器业务 2015 年让歌尔声学公司获得该项业务全球第一大份额。全球 MEMS 传感器市场规模及预测如图 6-6 所示。

另外，心率传感器和气压传感器已经研发成熟，配套客户量产，这些产品都将复制声学；公司还将和全球主要消费电子巨头以及互联网企业合作，切入可穿戴、音响、智能电视、智能汽车领域，由于公司介入产品定义、设计和上游零组件，成长速度放大。

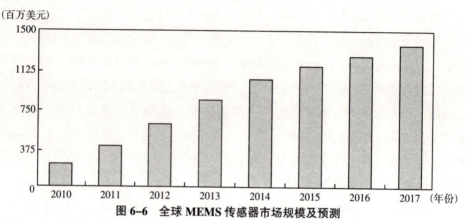

（百万美元）

图 6-6　全球 MEMS 传感器市场规模及预测

资料来源：根据网络资料整理而得。

公司下一步声学成长目标放在智能音响，具有战略布局意图，智能音响成为下一步智能家居和智能汽车入口，大数据业务前景广阔。从苹果收购 Beats 可以分析出下一步声学硬件互联网化的趋势和路径。公司定位在于大声学提供商，则目标需要定位在大声学布局的厂商，Beats 在声学布局上兼顾软硬件和互联网服务，其中音效系统和音频设备业务是歌尔声学目前已经具备的声学基础，而流媒体服务将是公司未来发展需要借鉴的大数据道路。

公司未来智能音响将是声学发展重点，也将是一项重要的大数据入口。由于音乐版权和用户习惯具有地域性，公司与本土版权商以及互联网厂商更具有优势。凭借音乐数据的抓取分析，公司在汽车娱乐、客厅娱乐的大数据业务都大有可为。

公司从声学出发，首先，实现天线整合。目前公司天线方案已经获得客户认可，未来将成为公司大客户深度拓展的第一步。其次，FPC 为模组不可缺少的一部分，公司在上游材料逐渐提高自供比例，降低成本提高盈利能力。再次，公司在 MEMS 技术积累丰富，召集全球先进研发人才进入非声学传感器大领域。公司 MEMS 麦克风已经实现高速增长，在 MEMS 技术的经验的引导下，公司网罗传感器优秀人才，苏州和上海的 MEMS 人才在国内业界最优秀，未来将有望加盟公司。公司的心率、气压等传感器已经获得专利和产业化产品，2015年是研发送样期，2016年将进入一线客户。此外，公司在身份识别方面也进行了深入研发，未来将借助智能化大浪潮，实现多传感器方案切入品牌客户。

（五）风险控制

1. 利润下滑风险

2015年歌尔声学营业收入增长大幅放缓，净利润相对2014年有明显下滑，且下滑幅度不小。歌尔声学公告显示，2015年公司营业收入和净利润分别为137亿元和12.8亿元，同比分别增长7.9%和下滑22.6%。我们认为，公司业绩下滑主要是由于：①非苹果智能手机销售量增速放缓；②可转债发行带来较高财务费用（同比增长超过120%）；③新产品投入带来较高研发费用（同比增长42%）。公司当时预计，2015年1~9月净利润将同比下滑10%~30%，低于我们的市场预期。歌尔声学2011~2015年业绩及净利润情况如表6-2所示。

表6-2　歌尔声学2011~2015年业绩及净利润情况

报告期	营业收入		净利润	
	营业收入（万元）	同比增长（%）	净利润（万元）	同比增长（%）
2015年	1370654	7.9	128315	−22.6
2014年	1269899	26.4	165739	26.8
2013年	1004882	38.5	130663	43.8
2012年	725321	77.9	90870	72.1
2011年	407700	54.2	52802	91.5

资料来源：歌尔声学2011~2015年年报。

2. 电子配件业务拖累毛利率

2015年上半年，公司毛利率为26.5%，同比下滑1.4个百分点。其中电声器件毛利率为28.8%，基本维持稳定；而电子配件业务毛利率为18.1%，同比下滑4.7%，拖累公司毛利率下行。我们认为，这主要是由于公司转型，开始为索尼、华为、LG等品牌厂商代工生产智能手环、智能手表等可穿戴产品（属于电子配件业务），带来了较高的设备投资和研发成本，影响了毛利率水平。

3. 新业务短期内难以贡献业绩

公司在2014年年末发行25亿元可转债，用于扩建可穿戴产品、智能传感器、无线和汽车音响、天线及扬声器模组等项目。不过，我们认为，公司新业务

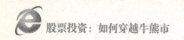

在客户开拓、产品定义等方面尚存在较大不确定性。2015 年上半年公司仅投入募集资金不到 1.7 亿元，我们认为新业务短期内难以贡献业绩。

抵御风险的能力来自于企业自身发展的内生动力。公司应积极提升公司治理和管理水平，完善公司内控制度，不断提高公司核心竞争力、盈利能力和全面风险管理能力，为投资者谋求更大的投资回报。

（六）注意事项

1. 声学产品不达预期，市场需求下滑

歌尔声学主要生产的声学产品包括耳塞、话筒、蓝牙耳机、3D 眼镜、LED等，这些产品都属于一些电子产品的附属产品，因此声学产品的需求受到电子产品需求的影响，所以声学产品的市场需求存在不确定性。

2. 收购整合不达预期，新产品拓展低于预期

由于并购业务过程较为复杂，存在较多不确定性，因此并购项目能否按计划完成也不能够确定，收购项目直接影响着产品的研发及生产能力，因此企业计划通过收购整合产业链来提升产品研发和产能扩充存在不确定性。

3. 消费电子产品渗透率趋于饱和导致产业链增长放缓

整体经济继续下行导致市场对消费电子产品的需求有一定程度下降，因而企业在产品研发及产能方面扩容的压力将会减小，使得整产业链增长放缓。

四、同方国芯

（一）公司介绍

同方国芯电子股份有限公司是一家专业的集成电路设计公司，是目前国内最大的集成电路设计上市公司。

公司以"成为中国集成电路设计龙头企业"为目标。公司为深圳证券交易所中小板上市公司，股票代码为 002049。

同方国芯致力于成为国内领先的集成电路芯片产品及应用方案的提供商，坚持"科技服务社会，智能改变生活"的理念，推动智能卡芯片、智能终端芯片及特种集成电路芯片核心业务的发展，同时发挥资本平台优势，积极寻求新业务的拓展，向股东提供长期稳定的价值回报。

公司为国家高新技术企业，下属全资子公司北京同方微电子有限公司和深圳市国微电子有限公司均为国家高新技术企业和国家规划布局内重点集成电路设计企业。公司产品线包括电信SIM卡、身份识别、金融支付等智能卡芯片；USBKEY、读写器、功率半导体器件等智能终端芯片；微处理器、可编程器件、存储器、SOC等特种集成电路芯片，并能提供移动通信、金融支付、身份识别以及信息安全、电源管理、特种领域等应用解决方案。公司拥有多年芯片设计经验，产品及应用遍及国内外，芯片年出货量超过10亿颗。

经营范围：压电石英晶体器件的生产、销售；经营本企业自产产品及技术的出口业务；经营本企业生产、科研所需的原辅材料、仪器仪表、机械设备、零配件及技术的进口业务（国家限定公司经营和禁止进出口的商品除外）；经营进料加工和"三来一补"业务。

展望未来，公司将继续聚焦集成电路主业，积极寻求核心业务的拓展，结合公司技术优势，提供差别化的产品支持与服务，向"成为中国集成电路设计龙头企业"的总体目标前进。据中国压电晶体行业协会统计，晶源电子主要经济指标居全国同行业首位，连续多年进入全国电子元件百强企业行列，是科技部"技术创新示范企业"，国家科技部和商务部"科技兴贸百家重点出口企业"。

（二）发展空间

1. 军工信息化+国产化提升，军工芯片进入高速增长期

随着智能探测、自动巡航、雷达等各类技术的应用，武器装备信息化电子化率不断提升，目前美国军工装备中电子元器件占比达60%以上，中国不足40%，预计随着军工装备对网络化、自动化等要求的提升，军工电子元器件市场将进一步扩大。此外，国家要求2020年之前高精尖及常规武器国产化率达到90%，估测2014年我国军工元器件国产化率在25%左右，未来国产化将大幅提升增长空间。军工电子元件国产化市场情况如图6-7所示。

随着2014年10月《关于进一步加强军队信息安全工作的意见》下发，国家对军工装备信息化及国产化的要求不断提升。国内军工芯片年度市场规模约60亿元以上，行业年增速远超50%，在军工芯片公司中，公司品种最全、实力最

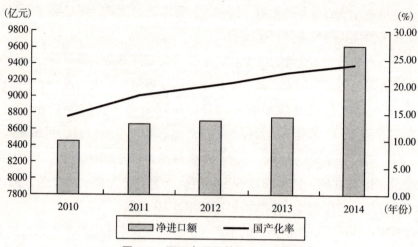

图 6-7　军工电子元件国产化市场情况

资料来源：前瞻网。

强，在航空航天及地面通信领域公司处于绝对领先地位。

2. FPGA 市场增长快，进口替代加速，公司是龙头

FPGA，即现场可编程门阵列，它既可以快速成品，又可以被修改用于改正程序中的错误，同时功耗低，目前在军工、信息安全、通信领域已经大量应用。2012 年全球 FPGA 市场约为 48 亿美元，中国市场超 50 亿元。目前 FPGA 市场主要被国外厂商 Xilinx、Altera、Lattice 占据。随着物联网及云计算的发展，FPGA 在视频处理及云存储、工业智能化和机器人等领域已经开始应用，未来发展空间巨大，市场规模快速增长。叠加进口替代等因素后，国内 FPGA 市场年增速远超 30%，预计未来 3~5 年，国内 FPGA 市场有机会达到上百亿元。

国微电子是国内技术最成熟、供货量最大的 FPGA 厂商，公司 FPGA 已达600 万门以上，且已有千万门级产品储备。在传统的信息安全领域，公司已经和国内大型安全硬件厂商进行合作；而在通信领域，子公司同创国芯 FPGA 军转民项目已有产品推出，和中兴、烽火合作，未来也会向国内其他大型通信设备厂商切入，2017 年通信 FPGA 将大规模放量。此外，公司 FPGA 未来也将瞄向视频处理、云计算、汽车电子等业务。

投入巨大，具备自主知识产权，未来公司将是国内 FPGA 龙头。作为核高基专项，FPGA 军转民子公司同创国芯获得总投资已超 4.5 亿元，为加强自主知识产权及配套软件工具研发，2014 年公司收购北京晶智达，并在上海、北京和

美国硅谷分别设立了分公司和子公司，目前已拥有近百人的研发团队，实力强大，从自主的底层架构和 IP 核、工具链考虑，预计公司将是国内 FPGA 龙头，未来将拿到一半以上的市场份额。

3. 金融 IC 卡及居民健康卡具备爆发潜力

卡及支付类芯片业务，金融 IC 卡、居民健康卡作为两个未来具备爆发潜力的品种，分别拥有 180 亿元、60 亿元以上市场空间，预计公司作为龙头将拿到 30%、50% 以上的份额，放量空间大。我国金融 IC 卡市场销量测算如图 6-8 所示。

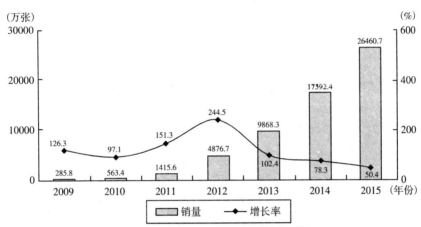

图 6-8 我国金融 IC 卡市场销量测算

资料来源：http://www.chyxx.com/industry.

（三）商业模式

同方国芯的主要商业模式以项目委托方式承接地空天军口特种元器件设计研发，客户委托支付的项目研发费用为公司单笔项目的主要收入，之后部分项目可能转为产品化并进行销售，这种模式使得国微毛利率水平极高，并且具备较大的爆发潜力。

政府政策导向的支持、国内检测机构的健全与完善、国内芯片厂商技术水平的提升，均给国产金融 IC 卡在商业银行中的推广带来新的机遇。然而，随着国产芯片的上市，国外芯片厂商依托工艺和成本优势，把芯片价格迅速向下调整，试图以市场手段把国产芯片扼杀在摇篮里，或减慢国产芯片推向市场的速度。国产芯片刚刚推出，就要面对技术和价格的双重竞争压力。

面对非常乐观的行业潜力和不太乐观的市场环境，同方国芯的模式却非常坚

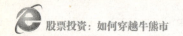

定：一是通过认证加强市场认可；二是要继续优化成本。

同方国芯（重组前的北京同方微电子有限公司）因国家二代居民身份证项目而生。二代居民身份证项目形成了同方国芯在非接触、多界面、高安全芯片上的核心能力和技术优势。在此次中信银行联名卡项目中应用的 THD86 系列芯片，是国内首款 32 位 CPU 双界面卡芯片，通过了包括银联、国家信息安全评测中心、国密在内的几乎所有智能卡的有关认证，支持金融应用扩展，支持国外密码和国产密码双算法体系。目前该款芯片已在居民健康卡、银行卡等金融 IC 卡领域实现大批量商用，量产超过了千万颗，是目前国内出货量最大的带金融功能的双界面芯片。

与此同时，同方国芯还于 2014 年投入大量基础研发工作，推出了一款基于110 纳米的到目前为止国内最有成本优势的芯片产品 THD88 系列，2015 年时有望拿到国际上最高等级的认证证书，从而拿到国产芯片"走出去"的通行证。而基于 90 纳米工艺的更小面积的芯片也在应用调研阶段，未来其成本将优于目前的国外芯片。

为加速实现国产芯片的批量商用进程，同方国芯认为，作为厂商需要在市场上换一种思路，不能坐等市场的成熟，而要主动出击，从在运营模式比较灵活和在创新项目中态度比较积极的中小型商业银行中独立推动开始，主动争取自己的地位。

在鹤壁项目之后，同方国芯相继与招商银行、平安银行、中信银行、北京银行等合作，发行联名卡，目前这些银行已进入批量发卡阶段。这是真正进入流通领域使用的银行卡，意义非常重大。银行卡的生产过程是所有智能卡当中最为复杂的。实现规模商用，可以验证国产芯片在实际应用中的真实效果，使芯片在批量生产和使用过程中接受压力测试，从而暴露在试验阶段无法发现的问题。从目前的使用效果看，同方国芯的芯片很稳定，用事实证明了国产芯片的可靠性。

2015 年，同方微电子提出了"全民银行"，每个人都可以去拓展银行的业务。"中国的银行数量达三四百家，我们的做法是不等政府推动，主动走到市场前端去，在 2016 年金融 IC 卡真正批量商用的大潮来临前，把前期工作都做完。"

（四）投资价值

同方国芯的主要业务分为三块，智能卡芯片、特种集成电路设计和石英晶体元器件。随着我国近年来对集成电路行业扶持力度的逐渐增强，国内半导体行业的发展有望迎来新的发展机遇，但即使是在行业景气向好的背景之下，也需要冷静地看待各个公司所面对的市场情况。典型的半导体类公司，特别是前段设计类公司在 A 股电子板块中占比甚少，A 股半导体设计类公司中绝大多数的下游应用集中于智能卡、电力通信、家电控制等非全球化竞争领域，这些领域与消费电子相比周期性稍弱，而且技术更替节奏也较慢，成长性相对稳定。同方国芯在智能卡芯片和集成电路设计两块领域的卡位俱佳，是 A 股市场鲜见的优质成长型半导体标的。

1. 智能卡增长稳健，关注健康卡与金融卡的销售进展

智能卡芯片毫无疑问是公司目前最为核心的利润贡献来源，目前占比最大的两块是 SIM 卡和身份证的芯片销售，占公司总体营收比例接近五成。2015 年这两块营业收入主体依然保持稳健的增速：SIM 卡芯片销售同方国芯是毫无疑问的国内第一，全球第二，2015 年受惠于三大运营商 4G 换卡以及 JAVA 卡份额的增长，市场的总体份额依然有增长，但是由于竞争对手的增加，预计体现在盈利上会有一定程度的摊薄。我国自 2005 年开始大规模换发二代居民身份证，2015 年首批 10 年期的身份证使用已经到期，未来几年将迎来第一波 10 年期的换证高峰，因此身份证芯片卡将有望进入一个新的成长周期。

居民健康卡是近年来公司一直重点开拓的领域，公司进入这个领域很早，在多个省份份额占比较高。从卫计委的发展计划来看，居民健康卡未来的目标是实现人手一张，虽然目前出货量尚小，但市场潜力很大，一旦国家开始加速推广居民健康卡，公司前期的悉心布局必然将有所回报。金融 IC 卡芯片公司过去两年已经通过多家银行的标准检测和送样测试，2015 年供应开始逐步起量，所以这一块会是 2015 年公司增量的重要部分，但是从无到有需要一个过程，2015 年的发行目标应该在百万片级别，真正发力应该在未来两年。

此外，公司于 2014 年年末认购华虹半导体 1033 万股股份后，进一步紧密深化了与华虹的上下游关系，华虹是公司最大的智能卡芯片晶圆代工厂，每年的采购量非常多，认购股份以股东身份能够有效绑定供应产能，未来还有可能在晶圆前端设计领域实现进一步合作。

综合以上，智能芯片卡依然会是公司利润的重要组成部分，其主体 SIM 卡与身份证芯片的体量结构不会改变，2015 年开始起量的居民健康卡和金融 IC 卡芯片会是成长较为快速的品种，而且也会是公司未来两年增长的重要助力。

2. 特种集成电路是未来核心增长动能来源

特种集成电路的主体深圳国微电子是一家非常正统的集成电路设计公司，主要从事专用集成电路、可编程逻辑器件、微处理器、系统级芯片、总线接口与驱动等产品的设计与开发。在渠道与设计经验方面，国微电子具备极佳的先发优势，2008年至今承接超大规模可编程逻辑器件（FPGA）、创新结构的大容量存储器等多项国家"核高基"重大专项项目。

从封装测试子行业这两年成功弯道超车的例子来看，我国对半导体产业的扶持有效地促进了整体行业的发展，具体的扶持方法包括国内应用空间的准入和产业资金的补助等。在封装、装备、晶元制造这些资金与设备密集型领域，主要以产业基金的方式进行投资扶持；在公司所处的前端设计领域，则重点以行业准入和课题专项补助为主，而这些专项补助与行业准入则与公司的行业位置和业务关系有着非常紧密的联系。国微电子不仅是A股市场中少有的具备集成电路全道设计能力的优质标的，同时依托自身以及母公司多年的积累，具有非常深厚的行业关系和渠道优势资源，获得多项"核高基"工程是公司资源卡位的最好诠释，标的稀缺性不言而喻。近年全球集成电路市场规模及预测如图6-9所示。

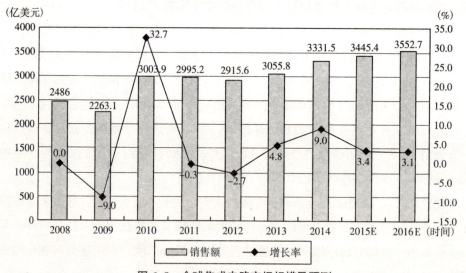

图6-9　全球集成电路市场规模及预测

资料来源：http://www.askci.com/news.

首先我们非常看好在当前安全形势下公司特种集成电路产品在军品以及信息

安全领域的进口替代空间，从产品结构来看，国微电子的FPGA与存储器在总体销售中占比最大，而这两块也是目前国内半导体进口依赖最为严重的领域。目前全球可编程逻辑器件90%以上的市场份额被国际巨头Xilinx与Altera两家公司所垄断，国微电子的产品虽然与它们还有差距，但是在很多应用场景下已经能够实现逐步替代。

近期业内的一个重要新闻是英特尔以总价值167亿美元收购了Altera公司，这对整个半导体芯片行业都具有非常大的影响。当下PC市场增长乏力，移动终端市场成长也不尽理想，而各行各业都在加大数据分析领域的投入，因此服务器与数据中心对于芯片制造企业而言，重要性已经毋庸置疑。值得注意的一点是：目前FPGA产品越来越多地应用于各类数据服务器、通信中心和存储器产品市场，以从事查找、影像识别、智能化等特殊应用。

FPGA所包含的逻辑架构和存储可以根据客户的需求配置，并且根据客户需要进行修改。传统ASIC虽然对单一任务的执行效率非常高且功耗低，不过功能固定，无法执行固定操作外的操作。随着计算机结构和体系越来越大，当从全局考虑时，这些固定功能组件虽然包含着强大计算能力，但无用武之地，而且在大数据分析时代，客户需求往往是频繁变化的，产品所面对的分析模式也千变万化，如何将不同功能的计算组件联合在一起实现针对应用最有效率的计算（即异构处理）开始成为设计的主流思路。用简单的比喻来说就是，与其费劲思考如何用斧子（ASIC）来实现雕花（特殊场景应用）的处理，还不如现做一把钻刀（FPGA）直截了当。另一个重要的原因在于，在部分定制化应用领域，ASIC流片太昂贵，时间周期太长，不可编程，这些特性都不适合作云计算这类需求定制化、迭代频繁的智能前端处理器应用。

目前来看，最适合异构化计算的GPU得益于其相对完善的开发环境，在云端计算等场景中得到广泛应用，但其功耗较大，而FPGA则相对中肯，而且能够更好地适应系统电路开发环境，因而在数据中心、图形处理等应用领域被频繁使用。受到西方棱镜门事件的影响，近年来国内越来越重视信息服务器、通信中间件、数据处理中软硬件产品的国产化率。国微电子作为国内少数具备微处理器、可编程器件、存储器较强研发与生产能力的半导体公司，未来将有较大希望在以上信息安全、核心通信、大数据处理领域占有相当比重份额，而这些领域也符合我国对特殊行业领域的市场准入与扶持政策，因此我们特别看好国微电子的行业卡位和供应商资质，国产化替代领域发展潜能很大。

3. 晶体材料：盈利水平下滑，亟待产品结构调整

与其他两块主营业务相比，石英晶体产品的市场形势就稍显严峻：石英晶体的下游消费应用市场如家电、电脑、3C 产品近几年毫无例外都处于低迷期；智能手机和平板电脑市场基本被中国台湾大厂如晶技等独占，大陆企业基本没有过多涉足的空间；网络通信受惠大陆 4G LTE 基站建设相对景气，但主要份额也被台湾大厂所掌控。大陆企业与台湾厂商的主要差距体现在产品性能与上下游供应链关系上，由于市场相对稳定成熟，新增产品应用量不大，而且大陆厂商对晶振晶体与底座原材料的核心制造技术还是没有完全掌握，因此石英晶体市场的竞争格局短期难以改变。

公司的石英晶体业务亦在这种行业格局下受到相当的制约，2010~2014 年，石英晶体收入规模从 2.9 亿元下滑至 1.9 亿元，毛利率亦从 27% 下滑到 11%，盈利能力下滑还是较为明显。为适应市场的严峻竞争，公司近年来不断加强在技术进步方面的投入，提高高性能产品在整体产品中的占比，并将产品方向逐步由消费类电子领域向通信、工业控制及汽车电子领域转移，这是一个需要时间的过程，能否成功提升高端器件市场占有率将直接左右石英晶体业务未来的盈利水平。石英晶体业务营收与毛利情况如图 6-10 所示。

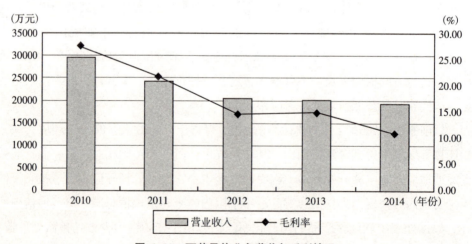

图 6-10 石英晶体业务营收与毛利情况

资料来源：同方国芯 2010~2014 年年报。

除石英晶体外，公司还在 2011 年自筹资金建设了 LED 蓝宝石衬底生产线，

但是主要是给台湾厂商代工，而且至今为止规模都比较小，在目前大陆蓝宝石行业的竞争格局下很难有较大的突破。

(五) 风险控制

目前中国芯片制造能力还属软肋。国产芯片行业要想借"换芯潮"之机打破既定市场格局，看似寸步，实则千里。一方面，它们正经受着国际巨头大打价格战的沉重压力，另一方面，又不得不面对国内商业银行人为抬高芯片认证"软门槛"，以及它们对国产芯片不愿率先尝试的"安全惰性"。同方国芯面对的市场风险不应忽视。

国际巨头大打价格战，使得国产芯片行业破局困难重重。目前我国市面上的纯磁条银行卡保有量高达 34 亿张。面对如此巨大的金融 IC 卡芯片需求，国产芯片推广仍然处于试点阶段，规模几乎可以忽略不计，整个市场基本被荷兰恩智浦、德国英飞凌与韩国三星等国际巨头瓜分。我国企业在芯片领域发力太晚，和国内的银行卡芯片相比，以恩智浦为代表的外国芯片确实存在技术优势。恩智浦公司的芯片，前些年要十几元一片，随着国内芯片企业开始进军金融 IC 卡芯片研发生产，现在恩智浦把价格降到了 5 元一片。国际巨头在国内市场已经挣够了钱，有足够的资金储备来打价格战。而国产芯片尚未大规模生产，成本很高，在这种情况下，目前多数厂商已经是成本价格倒挂。

(六) 注意事项

1. 健康卡放量程度低于预期，二代居民身份证更换高峰已经分步平缓化

健康卡市场推广力度有限导致健康卡发放量增长速度放缓。另外，二代居民身份证更换高峰期已过，因此公司在该项业务上的增长速度放缓，对公司业绩的支撑作用降低。

2. 金融卡 IC 国产化进度不及预期，五大银行对恩智浦芯片的依赖程度比想象更甚

自 2014 年 5 月中国人民银行印发《关于逐步关闭金融 IC 卡降级交易有关事项的通知》，就各商业银行关闭线下渠道金融 IC 卡降级交易提出了时间表。这就基本标志着芯片国产化成为必然趋势。但是，由于以恩智浦芯片为代表的国外巨头进入市场时间较早已占据较大市场份额，且该芯片在技术水平上已经被几大

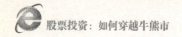

国有银行认可，因此要改变这种竞争格局在短期内需要付出较大努力。所以金融卡 IC 国产化进度不及预期。

3. 整体利润增长放缓

受市场格局制约，石英晶体生产商较多，行业竞争较为激烈，石英晶体的盈利能力继续下滑，导致公司整体利润增长放缓。同方国芯 2011~2015 年营业收入及净利润情况如表 6-3 所示。

表 6-3　同方国芯 2011~2015 年营业收入及净利润情况

报告期	营业收入		净利润	
	营业收入（万元）	同比增长（%）	净利润（万元）	同比增长（%）
2015 年	124980	15.0	33914	11.4
2014 年	108656	18.1	30436	11.7
2013 年	91999	57.4	27250	92.9
2012 年	58456	−7.2	14128	36.6
2011 年	62998	80.7	10343	175.0

资料来源：同方国芯 2011~2015 年年报。

五、中航动控

（一）公司介绍

湖南南方宇航工业有限公司（公司简称：中航动控），隶属于中国航空工业集团公司，坐落在国家两型社会综合配套改革试验区——长株潭城市群中的工业重镇、宜居城市和南方交通枢纽株洲市。公司是国家高新技术企业，湖南省"双百工程"企业，株洲市"5115 工程"企业。这里曾诞生过我国第一台航空发动机、第一台军用重型摩托车、第一枚空空导弹等许多新中国"第一"。

本着"航空报国，强军富民"的集团宗旨，公司积极推进"两融、三新、五化、万亿"的集团发展战略，以国家中小型发动机基地为依托，除在中小型航空发动机相关业务上卓有建树之外，在汽车电动助力转向器（EPS）、新能源汽车、环保水处理设备等领域的研制开发和生产制造方面，形成了核心竞争优势，公司拥有多项技术专利和管理专利，创建了国内第一家 EPS 研究院，通过了 ISO9001、ISO14001、TS16949 体系认证。

遵循"敬业诚信，创新超越"的集团理念，公司致力于职工队伍建设和职业经理人队伍建设，搭建员工和企业共同发展的成长机制。公司法人治理结构规范，构架科学，下设了航空业务、新能源汽车、EPS 汽车电动助力转向器、环保水处理设备、国际工贸等七个业务单元。

公司前身是株洲兵工厂，创建于 1950 年 1 月。1951 年 10 月 1 日更名为"株洲三三一厂"。1983 年 4 月 15 日，组建成"国营南方动力机械公司"。1992 年 6 月 6 日更名为"中国南方航空动力机械公司"。1997 年年初，中国南方航空动力机械公司独家发起设立"南方摩托股份有限公司"，于 3 月 7 日正式定名成立。

公司现已形成 6 个系列产品、30 多个型号的摩托车及其发动机产品。南方 NF125 系列摩托车，1996 年获全国摩托车厂牌赛团体、个人、外观质量三个第一。1993 年获国内贸易部"金桥奖"；摩托车发动机主要有长江 CT750 系列，1996 年获得国家质量奖审定委员会银质奖章，获得 1990 年全摩托车"骏马"一等奖。

公司经营范围主要是开发、生产、销售摩托车、摩托车发动机及其他零配件、相关产品，生产、销售民用航空发动机零部件、汽车零部件；外贸机电产品加工生产；资产租赁与经营；提供摩托车生产设备及其零部件安装、摩托车维修以及相关技术咨询、技术转让及居民生活服务。

公司从 20 世纪 80 年代初期开始实施军转民的战略转移，利用军工技术，大规模地组织新产品的研制。三十余年来，经过几代人的努力和多年的科技积累，已拥有一支高素质、高知识层次的产品开发队伍，广泛采用 CAD/CAM 进行二维、三维工程（造型）设计、制造与分析，掌握了一批典型产品的关键技术。公司投资数百万元，建立了微机工作站，给新品开发的多层并行工程提供了有力保障。为提高产品研制能力，加快新品开发进度，公司建立了研制开发部，该部现有员工 38 人，其中，中、高级职称人员占 85%，具有雄厚的系列产品设计开发能力，是新产品的研制开发和公司创新发展的重要基地。

公司拥有较为全面的检测手段，具有包括三坐标测量机、投影仪、轮廓仪、2 秒分度头、万能工具显微镜、测长机等高精度测量设备。可对不同形状的产品零件进行首件检测、过程检验、最终检验，也可检测各种形位公差、空间角度尺寸、平面尺寸、表面粗糙度等。

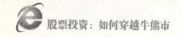

公司贯彻落实"质量第一，顾客满意，持续改进"的质量方针，坚持质量管理体系建设与提高产品实物质量相结合，重点型号的质量工作与在役机种质量问题的解决相结合的指导思想，狠抓质量管理体系的转换工作，引入市场竞争机制，全面提高全员特别是领导干部的质量意识和竞争意识。

（二）发展空间

目前我国三代机加速列装，有三代机 600 余架，未来十年我国仍将生产 1500~2000 架三代机，一架双发战机全寿命需装备 8 台发动机及 10 台发动机控制系统及备件，因此为战机配套的发动机控制系统销量增速将超过主机增速。另外，我国新型发动机在未来几年或将量产，将成为公司另一巨大的增长点。公司除供应航空发动机控制系统外，还生产包括舰用燃机控制系统、坦克战车燃机控制系统、导弹动力控制系统和火箭动力控制系统等横向军品，而目前我国舰用燃机和坦克战车燃机渗透率严重低于欧美等发达国家，因此这两种产品将迅速增长。

作为我国航空发动机控制系统唯一供应商，依托航空核心技术拓展非航民品。公司以航空发动机控制系统为核心业务，控制系统业务占公司收入 60% 以上。依托核心技术，公司逐步拓展国际转包、非航民品业务，2013 年通过定向增发募集 17 亿元投向 4 个民品业务。未来公司业务将逐步形成军、民品双轮驱动格局。

受益于航空发动机产业快速发展，公司航空发动机控制系统业务将快速增长。预计未来 20 年我国航空发动机市场需求约 2.8 万亿元，其中发动机采购需求 1.5 万亿元，配套服务需求 1.3 万亿元。短期军品需求快速放量，长期看民用领域需求更为广阔。我国当前正处于战机更新换代关键时期，新机型也处于快速研制中，带动我国航空发动机产业进入高速成长通道。公司作为国内唯一专业从事航空发动机控制系统研制、生产、销售及服务企业，将充分受益于航空工业大发展，预计未来 3~5 年公司发动机控制系统业务将保持 15%~20% 增速。我国航空发动机产业规模及预测如图 6-11 所示。

募投项目发力非航高端装备，打造业绩新增长点。募投项目中，公司投入且回报最大的为无级驱动产品项目和汽车自动变速执行机构项目。其中，无级驱动产品属高端装备制造领域重要部件，广泛应用于性能要求较高的装甲战车、重型坦克、工程机械、矿山机械和专用车辆，国内相关产品几乎空白。汽车自动变速

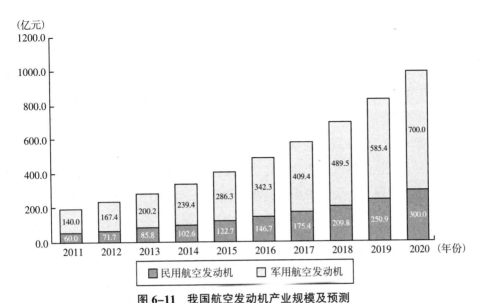

图 6-11 我国航空发动机产业规模及预测

资料来源：中国航空发动机产业发展趋势及"十三五"发展规划研究报告。

执行机构瞄准国产自动挡乘用车自动变速器领域，目前这一领域约 80% 为进口产品，20% 来自外资控股合资企业。随着我国大力发展高端装备制造产业，公司募投项目产品未来有望获取大量进口替代市场，成为公司业绩新增长点。

关注科研院所改制进展，研究所资产注入值得期待。公司体外发动机板块下尚有中航工业集团下属国内唯一航空动力控制系统专业研究所（614 所）。614 所承担各类军用飞机、民用飞机、舰船、导弹以及燃气轮机发电等动力装备控制系统和其他机电一体化产品的研制和生产任务，资产质地优良，盈利能力强，2013 年营业收入达到 8.51 亿元，净利润 8817 万元。在军工资产证券化和事业单位改制大背景下，公司未来有望成为 614 所改制注入平台，关注由此带来的投资机遇。

航空发动机重大专项补贴力度有望超预期，公司将从中极大受益。2015 年政府工作报告首次将航空发动机与燃气轮机列入，国家重视达到空前高度，意味着我国超千亿元的航空发动机及燃气轮机专项有望出台。在我国经济转型和军备建设提速大背景下，两机专项投资规模有望超预期，达到 2000 亿元甚至 3000 亿元。公司作为我国航空发动机控制系统唯一供应商，占据关键产业链环节，未来将有望极大受益于重大专项补贴。

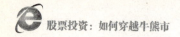

（三）商业模式

长期的高端工业实践使"只有技术能力是决定企业生存、发展，赢得市场的核心"的认识深植企业发展基因。公司的核心模式体现于：产品成功、技术领先、队伍成熟等。

1. 需求牵引，不断研发高安全、高可靠、高质量的产品

航空发动机控制系统及产品具有功能复杂，结构复杂，使用环境恶劣，控制对象复杂，可靠性、安全性指标高，涉及学科专业领域广等特点，为此公司坚持将满足客户需求放在研发首位，努力实现全指标测试、全过程验证。公司通过近些年持续加大研发投入，初步建立起相对完整的预研、研制、生产、试验和售后服务体系；拥有先进的数字化精密机械加工、特种工艺、计量检测能力，形成了柔性化、数字化、高水平的关键零部件加工制造能力。通过型号科研生产任务的带动，打造了一支国内一流专业技术人才队伍。

2. 以国际先进水平为标杆，加强预先研究和知识产权管理，抢占技术制高点

秉承"探索一代、预研一代、研发一代、装备一代"的发展思路，公司借助各种渠道积极开展预先研究和探索研究，在分布式控制技术、变循环发动机控制、轻重量离心泵、变流量组合泵、大流量柱塞泵、离心组合泵、大功率超高压柱塞泵马达和新型燃油计量装置等先进技术研究方面取得突破。通过鼓励与重视科技成果与专利技术的发展工作，有效地促进了公司的科技进步和技术累积，公司知识产权创造和保护不断增强，同时产品市场经营和竞争力结构不断完善。近年，科研成果与专利的数量和质量持续增长，核心技术竞争力不断增强。

3. 以创新平台为载体，外联内合，提升专业能力

公司现有国家级技术中心1个，省级技术中心2个。以技术中心为轴心打造开放型研发平台，同时与北航、南航、西工大、中科院、北邮等科研院所建立了产学研合作关系，识别、孵化和分类开发先进技术和关键技术，使以核心技术为支柱的产品平台和技术平台持续拓展，保持技术优势。通过开放型专家团队、员工岗位认证，建立 IPT 团队和基于专业共识的技术评审工作模式。公司大力拓展同国外知名公司的合作，先后与 GE、罗罗、赛峰、霍尼韦尔、联合技术、伊顿等国外知名航空企业长期深入合作，通过对国际标杆企业研发流程、标准规范的导入，夯实了技术基础，初步实现了经验完整，认识完整，专业完整，确保不断收获"领先的技术，专业的能力，敏捷的服务"。

4. 推进集成产品研发模式，打造管控高效的质量体系

面对新产品开发急剧增长的态势，为实现多项目集成开发和异地协同的产品开发模式转型升级，公司大力建设以流程为主导的信息化平台，搭建以研究为先导的知识创新、以标准化为轴心的技术创新、以信息化为载体的管理创新体系，通过完善规范、充实数据库、改进设计软件，加强制造能力，全面提升新产品开发能力。公司针对武器研制许可资质的深化要求，以及国际合作转包生产中客户对产品质量不断升级的需求，系统规范地组织了一系列的资格认证工作，取得了国际、国内多方面审核评定的良好评价与权威资质。公司各项业务均具备以质量体系、行业标准、用户许可达标认证为标志的过程管理、开发能力资质和准入通行证。各单位通过了 GJB9001B、AS9100C 质量体系认证，同时已将综合平衡计分卡、精益 6 西格玛、矩阵式项目管理和并行工程等多种先进的管理工具和方法应用于经营和科研生产管理。通过健全的质量体系保障能力，满足了顾客使用要求，保证了产品实物质量，顺利完成各项生产经营任务，获得了客户的高度评价。

（四）投资价值

1. EPS 领先地位

公司在汽车电动助力转向器（EPS）领域处于国产品牌领先地位。公司将强化 EPS 产品的低成本优势，在经济适用车型领域快速铺开，形成较大的市场占有率，逐步培育品牌知名度。同时公司将开发新产品，尽快进入中高档车型市场，以合理的定价赢取利润。

2. 航天军工题材

公司形成了摩托车、汽车零部件制造、航空产品加工、转包生产四大产业。目前，航空发动机零部件加工、汽车电动助力转向器、汽车发动机零部件制造等业务已逐步形成规模。公司逐步打造具有领先技术的汽车零部件制造基地，到 2010 年，使公司的汽车配件达到 3 亿元以上的产值规模；公司将建设具有专业特色的航空零部件加工基地，形成具有国际水准的民用转包业务生产基地。到 2010 年承揽转包业务收入达到 1000 万美元，并形成规模 1500 万美元以上的转包生产能力。

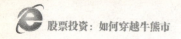

（五）风险控制

1. 外部环境风险

公司内外部环境发生较大变化，正在对原战略进行修订，需深刻理解政策变化，提前统筹策划，对接航空动力控制系统领域的机遇与风险，提升核心竞争力，促进其持续健康发展。

2. 经营风险

2015 年军品新机交付、修理业务和型号研制任务重，长期处于资源交叉占用局面，需加强瓶颈能力快速建设，确保准时交付和质量受控。为稳步推进公司募投项目和重点民品项目进展，公司采取了不同产品的区别管控模式，对于正在进行技术升级和试验验证的产品，面临技术攻关风险，如产品不能如期顺利完成验证，则公司产业结构调整中收入规模的稳定增长面临挑战。在能力建设上，需加强市场拓展和工艺验证，确保投入产出符合项目期望水平。

3. 资金管理风险

公司应收款项较高，虽然大部分应收款项为集团内客户，风险较低，但持续较高的应收账款产生较高的资金占用，影响生产正常运营。公司预算中拟安排银行贷款等融资渠道解决，但将提高财务费用，影响盈利能力的提升。

（六）注意事项

1. 军品订单大幅波动

由于中航动控与部队合作较多，因此订单在公司所有业务中比重较大，公司对部队需求依赖程度较高。但是军品订单存在不稳定性，并且随着市场竞争日益激烈，过分依赖单一需求将给企业带来风险。

2. 宏观经济持续低迷导致转包业务不达预期

宏观经济不景气导致各行各业发展速度都有不同程度的放缓，同样这会使得制造业的市场需求减少，进一步使得中航动控转包业务收入增长放缓，导致转包业务对公司业绩支撑作用降低。但由于该业务在公司收入和利润贡献中占比较小，对公司整体业绩影响较小。

3. 非航产品开拓不达预期

新产品的开发存在各个方面的不确定性，尤其是公司面对的是一个相对较新的市场，在新产品研发过程中要面临成本控制、技术研发等各方面挑战，因此短期内依靠非航产品开拓提升公司业绩存在诸多困难。

制造业是国民经济的主体，是科技创新的主战场，是立国之本、兴国之器、强国之基。当前，全球制造业发展格局和我国经济发展环境发生重大变化，必须紧紧抓住当前难得的战略机遇，突出创新驱动，优化政策环境，发挥制度优势，实现中国制造向中国创造转变，中国速度向中国质量转变，中国产品向中国品牌转变。到新中国成立一百年时，我国制造业大国地位更加巩固，综合实力进入世界制造强国前列。未来，《中国制造 2025》将成为最主要的投资热点。

第七章

我们的投资理念

从事投资不仅是一个把数字不断做大的过程，而且是一个不断提升个人能力、修养与境界的过程。如果你的修养与境界不能得到同步提升，那么，你可以在短期内赚到一点钱，但肯定无法持续地赚钱，特别是到了一定时候你就会止步不前。而形成符合自己个性的投资理念和投资哲学，能够严格遵守投资纪律，坚持自己的投资风格而不跟随市场主流，甚至逆主流而行，才能在长期内持续战胜市场。

一、买未来产业，与时代共舞

很显然，只要是在资本市场上打拼的人都有一个共识，那就是投资标的最好是未来产业。投资就是投未来，中国经济进入新常态，投资也要进入新常态。

趋势能看到，但如何应对更关键。可以预计，未来的牛市肯定会来，但不能保证谁都能盈利，牛市过了就是熊市，一个牛熊轮回，一半以上的人还是会不赚钱，甚至亏钱，这是常态。

今天的投资选择标准和逻辑，和 10 年前是一样的，对应行业图谱，区分产业发展处于哪个阶段，找一找哪些是高速成长的，没有必要去关注那些夕阳产业。在投资者眼里，重要的判断要素是尝试着去预见未来，与时代共舞，可能出错，但得形成自己的独特判断。

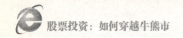

社会与经济进步的车轮永远不会停止，资本一直是推动新产业发展的弄潮儿，那么未来 10 年，又有哪些新产业值得我们期待？那些产业能够孕育出新的千亿美元甚至万亿美元市值的伟大公司，给投资人带来最丰厚的回报？比如云计算、大数据、物联网、虚拟现实、人工智能、3D 技术、无人技术、机器人、新能源、新材料、医疗服务、生命技术与生命科学、医疗器械、互联网医疗、环保等。只有投资未来产业，才能与时代共舞！

二、产业或行业前三名，或细分市场的龙头企业

龙头企业指的是在某个行业中，对同行业的其他企业具有很深的影响、号召力和一定的示范、引导作用，并对该地区、该行业或者国家做出突出贡献的企业。

所谓龙头股指的是某一时期在股票市场中对同行业板块的其他股票具有影响和号召力的股票，它的涨跌往往对其他同行业板块股票的涨跌起引导和示范作用。

行业龙头上市公司作为本行业最具代表性和成长性的企业，其投资价值远远超过同行业其他企业。因此，抓住行业龙头也就抓住了行业未来的大牛股。

从经验上来看，龙头股的走势往往具有"先于大盘企稳，先于大盘启动，先于大盘放量"的特性。在一轮行情中，龙头股涨得快跌得少，它通常有大资金介入背景，有实质性题材或业绩提升为依托，安全系数和可操作性均远高于板块内其他股票。因此，无论是短线还是中长线投资，如果能适时抓住龙头股，都能获得不错的收益。

三、新的商业生态系统、新商业模式、颠覆性商业模式

管理学大师彼得·德鲁克曾经说过："当今企业之间的竞争，不是产品之间的竞争，而是商业模式之间的竞争。"商业模式在企业初创、战略调整、遭遇瓶颈、转型升级和多元扩张等各种情况下，都有极强的启发和指导作用。

现代证券分析行业的开山鼻祖、巴菲特的老师格雷厄姆到晚年（1976 年）开始对证券分析的用处产生了极大的怀疑："四十年前（即 20 世纪 30 年代），到

处是便宜股票，因此证券分析让人们大获其利，但今天每只股票都被大量懂行的人反复研究过，不再值得费人力物力去研究。"而大约是 20 世纪 80 年代，也就是格雷厄姆说这些话后的几年，投资大师巴菲特也在格雷厄姆原来的价值投资理论上，接受了菲利普·费雪的投资成长股思想：只要公司的成长性足够好，可以支付合理的价格，而不一定非要等到账面价值打四折。于是有了吉列、可口可乐等一大批后来脍炙人口的成长性公司投资案例。

这个故事充分说明了价值投资并不是一成不变的教条，而是随时代变化而进化的。

具体到中国股市，在现在这个言必称巴菲特、每个分析师都把价值投资的标签打在自己额头上、书店的老太太也买《滚雪球》来看的时候，笔者认为是时候要对自己的投资方法进行重新审视，学习巴菲特当时的转变，在价值投资的基础上进行改良、升级，升拓投资成长性股票的新领域。

在这个转变中，研究公司的成长性、分析其商业模式是其中的关键。商业模式是什么？按国内专注于商业模式杂志《创富志》的定义，是"利益相关者的交易构架"。这个听起来有点复杂，而按笔者一贯简单思考的方式，商业模式就是公司通过什么途径或方式来赚钱。例如，饮料公司通过卖饮料来赚钱、快递公司通过送快递来赚钱、网络公司通过点击率来赚钱、超市通过平台和仓储来赚钱。这听起来近似废话，但是透过这些表象，仔细研究它们商业模式的本质，你就会发现上面并不是事实的全部真相。通过研究商业模式，你会发现饮料公司实际是通过向消费者售卖它们广告塑造的感觉来赚钱；快递公司最大的利润是做金融；网络公司卖的不单是点击率，更多的是体验；超市则是通过重组产业链，提高生产效率来实现更高的利润。发现这些商业模式上的秘密，作为投资者，就可以在大多数人没有意识到之前，购入你心仪的成长股了。

20 世纪 50 年代，新的商业模式是由麦当劳和丰田汽车创造的；60 年代的创新者则是沃尔玛；到了 70 年代，新的商业模式则出现在 FedEx 快递和 Toys R US 玩具商店的经营里；80 年代是微软、英特尔和戴尔；90 年代则是西南航空、eBay、亚马逊和星巴克；21 世纪呢？当然是谷歌和苹果了！你可以发现，这些拥有创新商业模式的企业，毫无疑问，在资本市场都有过极其出色的表现。

中国的股市，同样可以用这样的方法来做。在港股上市的国内企业，就有许多商业模式上创新的企业。比如贩卖体验的腾讯、做垂直整合的比亚迪、让中餐

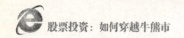

标准化的小肥羊等，这些典型的拥有创新商业模式的上市公司在资本市场上的表现也非常优秀，股价即使经历金融风暴，仍然屡创新高。

当然，投资上市公司的股票，除了对公司的商业模式做深入的研究外，还需要对企业价值做合理的估值。但是，选对企业一定是价值投资的第一步。在一定程度上，好的公司比好的价格更重要。因此，研究公司的商业模式对价值投资有着重要的指导意义。

四、公司业绩年增长 30% 以上

回顾历年行情可以发现，业绩高增长的股票在年初通常会受到资金的关照。高增长的股票之所以会受到资金的关照，其背后的根源是资本市场的不断成熟和投资者的趋于理性。尽管重组类个股依然受到市场的追捧，但是究其原因仍在于其重组或者资产注入后，业绩会出现明显的提振。投资者看重的仍是其估值水平降低带来的长期发展空间。

首先，上市公司业绩出现大幅上升，有助于其估值水平趋于进一步的合理化。其次，业绩的上升表明上市公司的主营业务不断发展，存在给投资者带来更多的分红或者送配的潜力，增加了投资回报。最后，业绩的增长同时也为上市公司未来拓展业务、获得更大的盈利空间提供机会，从而给长期投资者带来更为丰厚的回报。

进入 2016 年，首批上市公司年度业绩披露将于 1 月中旬开启。每年年报披露期间，市场都会围绕上市公司业绩展开一波年报。在两融标的中，275 股公布 2015 年业绩预告，其中，预增、预盈合计 125 家，预平 24 家，预亏、预降共计 126 家，整体来看，业绩喜忧参半。参照历史数据，那些年度业绩预计增幅较大、年报披露时间靠前的公司往往会优先获得资金青睐。

五、管理团队优势、财务费用控制能力强、研发能力强

企业管理是对企业的生产经营活动进行组织、计划、指挥、监督和调节等一

系列职能的总称。企业管理使企业的运作效率大大增强；让企业有明确的发展方向；使每个员工都充分发挥他们的潜能；使企业财务清晰，资本结构合理，投融资恰当；向顾客提供满足其需求的产品和服务；树立企业形象，为社会多作实际贡献。而一个优秀的管理团队能对企业文化的形成起关键的作用，能在新形势下，不断拓展和延伸企业文化，克服因循守旧的企业文化对企业发展、创新带来的观念障碍和模式自缚，实现文化转变。同时，还要把握企业文化建设在人力和物质方面的保证。

随着我国社会主义市场经济的快速发展，企业在发展过程中面临的市场竞争和经营风险在逐步地增大，财务管理工作在企业发展过程中发挥的作用也是越来越大。成本管理工作是企业在生产经营过程中一个重要的工作内容，在当前企业面临的市场环境发生着深刻变化的新背景下，成本管理工作必须进行相应的改革才能够适应新的市场经营环境的需求，而只有费用控制能力强的企业才能持续生存，才能获得更多的利润。

所谓企业研究开发能力，是指企业能否在掌握现有科学技术知识的基础上，把握市场需求，找到问题，确定选题，并组织人力物力，去解决问题的能力。它是创新资源投入积累的结果。对于引进技术而言，可以把消化吸收后的创新活动视为研究开发活动，相应地把消化吸收后的再创新能力作为研究开发能力的衡量指标之一。前面我们提到，高增长的企业一般集中于新商业模式和商业形态之中，从目前的趋势来看，新商业模式和商业形态往往集中于高科技企业和互联网之中，而科研能力往往成为一个高科技企业生存的决定性因素。

六、PE 水平在 60 倍以内

PE 是指股票的本益比，也称为"利润收益率"。本益比是某种股票普通股每股市价与每股盈利的比率。所以它也被称为股价收益比率或市价盈利比率（市盈率）。一般情况下，PE 值越高，则代表股票价值越被高估，投资风险越大，而 PE 值越低，代表股票价值越被低估，更具投注价值。而我们一般选择 PE 值在 60 以内的股票。

市场上有相当一部分股票其内在价值相对于目前股价处于低估状态。聪明的

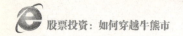

投资者总是善于以低于上市公司内在价值的价格购买股票。但是，实际操作中，不能仅仅关注股票的 PE 水平的绝对值，还应该和行业的实际情况相结合。

选股时可从两方面来分析，一是从目前行业运行状况和企业盈利状况分析，判定该行业整体估值偏低。因此除了选择价值低估的个股，资产额较大的投资者，还应关注整体价值低估的行业和板块，对于在整个市场中估值明显偏低的行业，加大对该行业的资金配置，一般中长期都可以获得较好回报。

二是不仅看估值的高低，而且着眼于企业或行业未来的发展。如 2005 年券商股在当时是估值偏高的，但如果能着眼于中国证券市场的长远发展，选择此类股票，那么随着证券业惊人的业绩增长，投资者就会大获其利。

七、风口、会讲故事且经常出来讲故事

买股票，就是一种投资行为，而作为股票，其本身的功能就是吸引投资者投资，那么，如何吸引投资者能让他们口袋里的钱流向股票呢？除了其公司本身要是一个好的公司外，它还必须经常出来讲故事。

无论是中国还是外国，股票就是一个说故事的过程！道理很简单，无论质地好坏，股票是需要人们去买卖操作的！吸引人买卖操作的很大原因就是业绩或者题材给人以无限遐想，让人有希望！只有人们积极地操作参与，人数众多，此股票才会活跃。有故事的股票是大涨的前提。

若问 26 年来的中国股市最吸引人的东西是什么？100 个人中会有 99 个人回答说：是题材概念。实质上就是能讲得出故事。无论是早期的"老八股"，还是 20 世纪 90 年代的"浦东概念"，或是 1999 年的"网络概念"，2003~2004 年的"五朵金花"，2006 年、2007 年的"股改"、"ST"，2009 年的"政府 4 万亿投资和区域经济"，2012 年年底的"大蓝筹"，以及 2013 年春节以来的创业板的"新五朵金花"，2013 年 8 月下旬以来的"上海自贸区概念"等，以及后来的云计算、大数据、物联网，再后来 2015 年的"一带一路"、国企改革等，每一轮题材概念股的大行情，无不是依托其背后有充满魅力、让人无穷想象、今后业绩有望出现高成长的各种故事。

八、最重要的是闲钱投资

投资，不管是原油、黄金、白银、股票，甚至是房产、服务等，差别都不太大。有人认为搞投资，就像赌博，一副牌出现在你手中，就已经注定了这局牌你的胜负，很多时候是这样，手中的牌不行技术再好也赢不了。诚然，有部分道理，但却不全是这样：赌博，博的是一朝暴富，是一局定江山；投资并不是这样，投资就像谈朋友，不能只看眼前一时之得失，你既然扮演一个追求者的角色，就必须要有作为一个追求者的心态准备。

而要有好的心态来投资，那必须是使用闲钱。如果押入全部身家，那势必会影响正常心态。

现实中虽然很多人认同这一观点，但在实际操作中很难让自己歇下来，最终一再满仓被套而不得动弹。笔者认为，其根源仍是"贪婪"心理在作祟，担心牛市随时启动而自己踏空，以至于患上了交易强迫症。其实作为一个成熟的投资人，不应有一夜暴富的心态，循序渐进、以小积大才是正确投资之道。

做股票心态调整很关键，每天心情随着红红绿绿上上下下，沉迷于看盘面也不会有很好的收益。投资者去除持股的忐忑心理的最好方式是深入研究投资标的，也就是遵循价值投资而非时时刻刻去投机。闲钱投资也很重要，有一些散户之所以频繁追涨杀跌，就是因为全部身家都投在股市里，这样心态肯定不好，亏损了就想着马上去扳本，结果越操作亏损越多。

用来投资的资金都是没有使用时间限制、不受盈亏影响、可以独立支配的"闲钱"，这样，即使资本市场充满变数，也能心态平和，不急不躁。在股市深陷低谷、短期难言看涨的背景下，我们股民切莫被暴跌吓破胆。如果您用来投资的是闲钱，又能确定自己手中股票的投资价值，那就无须担心一时的亏损。

关于"投资理念"，一般人都知道，但真正理解其含义或重要性的投资者则较少。而能够有自己正确投资理念并严格执行的，就少之又少。看看那些成功人士，无论是大师还是一般投资者，都有一套自己的理念或思路、方法等，并严格

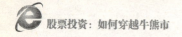

执行，例如，巴菲特的价值投资理念（虽然其不一定适合所有人）。正确的投资理念是投资人的核心和灵魂，只有形成适合自己的投资理念并付诸实践，才能在股市获得长久的成功。

让我们一起做风口中那只有信念的猪吧！

参 考 文 献

［1］余来文. 创业型企业商业模式的构成要素研究［J］. 当代财经，2011（12）.

［2］陈明，余来文. 商业模式：创业的视角［M］. 厦门：厦门大学出版社，2011.

［3］余来文，王乔，封智勇. 云计算商业模式［M］. 福州：福建人民出版社，2013.

［4］孟鹰，余来文，封智勇. 商业模式创新：云计算企业的视角［M］. 北京：经济管理出版社，2014.

［5］余来文，封智勇，孟鹰，温著彬. 物联网商业模式［M］. 北京：经济管理出版社，2014.

［6］余来文，封智勇，林晓伟. 互联网思维：物联网、云计算与大数据［M］. 北京：经济管理出版社，2014.

［7］石磊，余来文. 华平信息公司大数据商业模式［J］. 物联网世界，2014（2）.

［8］廖欣，余来文. 久其软件大数据商业模式［J］. 物联网世界，2014（5）.

［9］高新福，石鑫. 环保产业现状和未来走向刍议［J］. 城市地理，2015（20）.

［10］李宝娟，王政，王妍等. 基于调查统计的环保产业发展现状、问题及对策分析［J］. 环境保护，2015（3）.

［11］高敏雪. 资源环境统计［M］. 北京：中国统计出版社，2004.

［12］ 湖南大学. 环境工程概论 ［M］. 北京：中国建筑工业出版社，1986.

［13］ 杨乐. 浅议 PPP 模式与 BOT 模式——以碧水源为例 ［J］. 商，2015（26）.

［14］ 黄霞，莫罹. MBR 在净水工艺中的膜污染特征及清洗 ［J］. 中国给水排水，2003，19（5）.

［15］ 刘春城.《中国环境报》对雾霾议题的框架分析 ［J］. 东南传播，2014（8）.

［16］ 赵娜. 食品生产须遵循 6 项商业原则 ［N］. 中国环境报，2014-07-04.

［17］ 冯应馨. 以技术创新打造一流能源净化专家 ［J］. 中华环境，2015（7）.

［18］ 秦奕慧，侯军岐. 基于低碳经济模式的龙净环保发展战略及推广研究 ［J］. 价值工程，2010，29（32）.

［19］ 程良峰. 大气污染防治设备制造业行业分析 ［D］. 成都：西南财经大学硕士学位论文，2014.

［20］ 李俊. 环保产业投资价值研究——以龙净环保公司为例 ［D］. 太原：山西财经大学硕士学位论文，2012.

［21］ 王菲. 福建龙净环保股份有限公司除尘技术首席专家林宏：电袋除尘应对超低排放最有效 ［J］. 纺织科学研究，2015（2）.

［22］ 吕永龙，梁丹. 环境政策对环境技术创新的影响 ［J］. 环境污染治理技术与设备，2003，1（7）：89-94.

［23］ 国务院办公厅. 关于发展众创空间推进大众创新创业的指导意见 ［EB/OL］. 中国政府网，2015-03-11.

［24］ 黄丽丘. 大健康产业发展大势已成 ［J］. 大健康周刊. 2015-06-01.

［25］ 王秀华. 发展大健康产业，培育新的经济增长点 ［J］. 法制与经济：经济观察，2015（5）.

［26］ 徐华峰. 中国大健康产业的现在与未来 ［J］. 知识经济，2015（3）.

［27］ 胡凡，杜小磊. 中国大健康产业面临态势及对策分析 ［J］. 经济管理者，2015（11）.

［28］ 张苗苗. 东软熙康打造全新协同医疗模式 ［N］. 中国信息化周报，2015-01-19.

［29］ 张昊. 东软医疗：做民族医疗"智"造业的脊梁 ［N］. 健康报，2015-

12–31.

[30] 宦璐. 东软集团刘积仁：健康医疗领域空间巨大［N］. 上海证券报，2011–07–27.

[31] 马艳红. 巨资推动东软商业模式转型［N］. 中国医药报，2014–12–18.

[32] 吴洁. 小康·达安基因：迎来战略性投资机会［J］. 财智，2014（5）.

[33] 陈晓. 广州药业吸收合并白云山 A 估值研究［D］. 昆明：云南财经大学硕士学位论文，2015.

[34] 周玉涛. 白云山中一药业：开启低价药新长征［J］. 供应链，2014（17）.

[35] 陈长伟. 乐普医疗器械股份有限公司盈利能力分析［R］. 首钢工学院经济管理系，2015–10–08.

[36] 曲风.《中国制造 2025》探秘［J］. 新产经，2015（4）.

[37] 郭政，林忠钦，邓绩，王金玉. 中国制造品牌发展的问题、原因与提升研究［J］. 中国工程科学，2015（7）.

[38] 游方瑞. 浅析"中国制造"的发展——从世界杯的角度出发［J］. 武汉学刊，2014（3）.

[39] 覃爱玲. 中国制造的未来［J］. 当代社科视野，2014（3）.

[40] 李祝义. 中国制造的世界杯［J］. 中国品牌，2014（7）.

[41] 欧阳杰. "比较优势"变化下的"中国制造"［J］. 当代经济，2013（24）.

[42] 谭平. "中国制造"所面临的发展困境及应对策略［J］. 太原城市职业技术学院学报，2013（1）.

[43] 王一凡. 浅谈从"中国制造"到"中国创造"转型中的问题及对策［J］. 现代经济信息，2013（1）.

[44] 郎为民. 大话大数据［M］. 北京：人民邮电出版社，2014.

[45] 涂子沛. 大数据：正在到来的数据革命［M］. 桂林：广西师范大学出版社，2013.

[46] 郎为民. 大话移动互联网［M］. 北京：机械工业出版社，2012.

[47] ［美］迈尔·舍恩伯格. 大数据时代［M］. 周涛译. 杭州：浙江人民出版社，2013.

[48] 郭昕等. 大数据的力量［M］. 北京：机械工业出版社，2013.

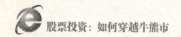

[49] 尹一捷. IT 新势力显山露水 [N]. 计算机世界，2008-12-29.

[50] 刘丽丽. 航天信息：多元化触角伸向物联网 [N]. 计算机世界，2010-11-15.

[51] 陈晓霞，徐国虎. 大数据业务的商业模式探讨 [J]. 电子商务，2013 (6).

[52] 姜书汉. 航天信息 ERP——企业管理好帮手 [J]. 物联网技术，2013 (2).

[53] 郭玥. 航天信息物联网领航创新应用背后——肩负产业责任回报社会民生 [J]. 信息系统工程，2011 (12).

后 记

据统计，截至 2015 年，全球共有约 70 家千亿美元以上的公司，主要分布在美、欧、中三大经济体。其中美国占据近半数，欧洲占据近 1/3，而中国有 15%。

美国千亿级市值企业中，诞生于 19 世纪的有 14 家，如宝洁、强生、可口可乐、百事可乐、通用电气、埃克森美孚等，可以看出那时是工业化和消费迸发的黄金时代；另一千亿级高潮发生在 20 世纪 70 年代，英特尔、微软、苹果、甲骨文、思科、高通、谷歌等 IT 巨头纷纷崛起。在欧洲的千亿市值企业中，先进制造业（汽车、机械、生物医药制造等）占据较大比例。而中国比较为人所熟知的千亿美元市值公司有阿里巴巴、腾讯、百度等。

目前，在中国 A 股市场上，大约只有 23 家市值千亿级别的大公司，这些大多数属于政府垄断行业如金融、石油、电力、汽车等行业，国有四大银行总市值约 3.9 万亿人民币。我们需要思考的是，中国下一个千亿级公司和行业会在哪里？中国企业需要千亿级公司去引领，去推动新兴产业的发展。

毫无疑问，中国的市场规模是巨大的，外部世界级公司已经摩拳擦掌。在这个飞速发展的时代，有哪些行业、哪些公司能够跨越时间与空间，达到千亿级别的规模？

本书通过研究几年来各行业发展趋势，总结出了几个未来必将达到千亿元甚至万亿元级别规模的产业，比如娱乐 TMT、大环保、大健康、智能制造、云计算、物联网、大数据，其中云计算、物联网、大数据在本人的另外几部拙著中也专门讨论研究过。

投资就是投未来，相信大部分投资者都认可这一观点。结合本人多年在投资领域的经验和对各新兴行业的研究，本书对五个行业及其相关公司进行了讨论分析，希望对广大股民朋友有所帮助。当然，未来的千亿元市场并不仅只有以上几个，互联网金融、移动电商（O2O）等都有望成为千亿元甚至万亿元的市场，本书仅对以上五个行业进行研究讨论，一方面是篇幅限制，另一方面也是水平及精力有限。

《股票投资：如何穿越牛熊市》是在投资和研究的基础上汇总而成。同时，江西财经大学宋晶莹、朱召平、石磊三位研究生，江西师范大学刘梦菲研究生等在深圳市野文投资管理有限公司实践过程中，协助收集整理并参与了本书相关章节的编写工作，具体参与编写人员分工为：第一章（宋晶莹、余来文）；第二章（石磊、余来文）；第三章（刘梦菲、余来文）；第四章（边俊杰、温著彬）；第五章（朱召平、余来文）；第六章（温著彬、余来文）；第七章（温著彬、边俊杰）。当结束《股票投资：如何穿越牛熊市》的写作时，如果说最后成书是一个成果，那么这是一个众人智慧的集合。感谢出版社编辑人员在出版本书过程中给予的大力支持。

我们有效利用了人民网、科大讯飞、碧水源、航天信息等公司的内外部资料，包括网站资料、相关总结、成功经验、管理智慧和商业实践，这些公司有价值的资料使本专著得以顺利完成，在此对这些成功企业表示感谢。

特别需要说明的是，本书在研究过程中，学习、借鉴、吸收和参考了国内外众多专家学者的研究成果及大量相关文献资料，并引用了一些书籍、报刊、网站的部分数据和资料内容，尽可能地在参考文献中列出，也有部分文献由于时间紧迫，未能与有关作者一一联系，敬请见谅，在此，对这些成果的作者深表谢意。

限于研究者的学识水平，书中错漏之处在所难免，恳请各位同仁及读者指正。如您希望与本书作者进行沟通、交流，扬长补短，发表意见，请与我们联系。联系方式：eleven9995@sina.com。